RECONSTRUYENDO LA AUTO-ESTIMA DE TU PAREJA

Dennis y Bárbara Rainey

RECONSTRUYENDO LA AUTO-ESTIMA DE TU PAREJA

editorial clie

Libros CLIE
Galvani, 113
08224 TERRASSA (Barcelona)

RECONSTRUYENDO LA AUTO-ESTIMA DE TU PAREJA

Traducido por: Santiago Escuain

Depósito Legal: SE-1946-2002
ISBN: 84-7645-570-4

Impreso en Publicaciones Digitales, S. A.
www.publidisa.com - (+34) 95.458.34.25.
Sevilla

Printed in Spain

Clasifíquese: MATRIMONIO-FAMILIA
Referencia: 22.36.64

Dedicamos este libro a las cuatro personas que han tenido un profundo y positivo impacto sobre nuestra propia estima, nuestros padres:

Bob y Jean Peterson

y

Ward y Dalcie Rainey

Gracias por vuestros solícitos cuidados e interés en el inicio del proceso de edificar una sana y creciente propia estima en cada uno de nosotros. Estamos orgullosos de ser vuestros hijos.

ÍNDICE

PRÓLOGO A LA PRIMERA EDICIÓN EN CASTELLANO

Es motivo de alegría poder presentar este libro en su primera edición en castellano. En primer lugar porque no es un libro típico sobre el matrimonio, tanto por el tema que aborda (Edificando la propia estima de tu cónyuge), como por la manera en que viene presentado.

Hoy más que nunca las personas tienen problemas de identidad y ello repercute en su propia estima y en la manera de relacionarse con otros. Muchos hombres están inseguros, no tienen confianza en sí mismos. No saben quiénes son o cómo comportarse; y aún menos cómo vivir la dimensión espiritual tanto a nivel personal, como a nivel matrimonial y familiar. Por otro lado, muchas mujeres muestran su inseguridad al ver cuestionado el papel tradicional de la mujer, y a la vez no tener las ideas claras de qué es lo correcto para ellas, especialmente si son esposas y madres al mismo tiempo.

Para ambos, marido y esposa, es de vital importancia saber cómo ayudar a construir la auto-estima del otro. Esto es lo que nos dice la Palabra de Dios cuando nos insta a edificarnos los unos a los otros (Romanos 14:19). Cuanto más fuerte, sólido y estable sea cada cónyuge, más fuerte, sólido y permanente será cada matrimonio y, en consecuencia, cada familia.

Ante tantos libros publicados de auto-ayuda, centrados egocéntricamente en uno mismo, Dennis y Bárbara Rainey han escrito un libro para ayudar al otro, a nuestro prójimo más próximo: nuestro cónyuge. Redescubrir quién es, cómo piensa y siente, cuáles son sus aspectos fuertes y potenciarlos, ayudándole en sus debilidades. Comprometerse a construir, a mejorar, a enriquecer, desde una perspectiva cristiana bíblica, tanto su vida espiritual, como su vida física, emocional, intelectual y social. Redescubir pautas para edificar; pautas quizá olvidadas, expresamente ignoradas o nunca aprendidas. Redescubir al otro en este año 1992, tan significativo para los hispanoparlantes. Los autores nos presentan diez pautas creativas para desarrollar la propia estima de nuestro cónyuge, desde su perspectiva y experiencia como matrimonio, como padres de seis hijos y como directores de FAMILY MINISTRY, uno de los ministerios más extendidos tanto en su país como internacionalmente.

Nuestro desafío es culturizar y aplicar las ideas, los principios a nuestras respectivas idiosincrasias hispanas, tan diversas en muchos aspectos, pero tan cercanas en otros. No olvidemos nunca que una persona se asemeja a otra como una gota de agua a otra. Lo mismo ocurre con los matrimonios y familias que, aunque la situación social, política, cultural, etc., sea marcadamente diferente, en su expresión más básica y elemental, son el diseño de Dios para que el ser humano pueda encontrar el calor, el amor, la educación, la seguridad y el camino para llegar a conocer personalmente a Dios y poder ser una expresión viva de su amor y una persona útil en su generación.

Alguien ha dicho que «en el matrimonio, o los dos ganan, o los dos pierden». No hay ni un vencedor, ni un perdedor solitario, ni siguiera un empate. Por eso, Dios nos ha dado a nuestro cónyuge para que juntos edifiquemos un hogar de amor, donde cada miembro de nuestra familia pueda desarrollarse en toda su plenitud, y nuestro matrimonio llegue a ser lo que Dios pensó que fuera. Deseamos que salgáis beneficiados de la lectura del mismo.

Os animamos, pues, a leer este libro, que muy bien podría

llevar por subtítulo, «Cómo servir y ministrar a mi cónyuge». Repasadlo, comentadlo con vuestra «media naranja», y volved al compromiso de ayudar al otro a realizar su máximo potencial.

Finalmente, es también un motivo de satisfacción presentar este libro por la amistad que nos une con Dennis y Bárbara Rainey. Gracias a ellos y a todo su equipo, hemos podido prepararnos para servir mejor a los matrimonios y familias de habla hispana. Ya sea aquí en Barcelona, España, o en Europa, Hispanoamérica y hasta el fin del mundo, en ello estamos empeñados.

VÍCTOR Y FRANCESCA MIRÓN
DIRECTORES DE FAMILIA A FAMILIA
BARCELONA, JUNIO 1992

Para más información sobre **DE FAMILIA A FAMILIA** y el MINISTERIO FAMILIAR HISPANO e INTERNACIONAL, consultar las últimas páginas de este libro.

PREFACIO

Después de una pelea matrimonial, fui llamado para consolar a una aturdida esposa. Los vecinos llamaron a la policía; ella me llamó a mí. Al entrar en la casa, pasé al lado del policía que se iba, y que dijo: «Sólo es cuestión de tiempo—lo que necesitan es un divorcio.»

Su conclusión se desprendía de la realidad. La mitad de los matrimonios americanos mueren en tribunales de divorcio. Muchos más se mantienen sólo por delgados vínculos legales. Puede que las bodas sean populares, pero los matrimonios *no* están vivos ni buenos.

Mientras se pasa revista a los pesimistas porcentajes, ha surgido una alternativa cuerda de auto-ayuda. Con *Edificando la propia estima de tu cónyuge*, Dennis y Bárbara Rainey han desarrollado una especie de solución no inculpadora al más común irritante en la unión de marido y mujer. Conocen el territorio y afrontan los puntos candentes con realismo y valor. Los proyectos de edificación de estima y la claridad de la redacción hacen de este libro una elocuente fuente de instrucción —y de repaso— para todos los que estén comprometidos en serio en un matrimonio que valga la pena.

Dennis Rainey no es ningún teórico. Sus Conferencias de Vida Familiar a nivel nacional le han enseñado a tomar con precisión el pulso conyugal. Ha sido empleado por Dios como un poderoso instrumento para impactar en hogares y matrimonios como pocas personas lo han hecho. Sus principios son fielmente bíblicos y, sin embargo, aplicados a nuestro entorno urbano. Desde la autenticidad de su propia relación, Dennis y Bárbara nos ofrecen no sólo otro libro acerca del matrimonio para poner en la estantería, sino más bien un eficaz instrumento que tanto el novato como el veterano encontrarán valioso.

HOWARD Y JEANNE HENDRIKS
Seminario Teológico de *Dallas*

AGRADECIMIENTOS

Escribir un libro es ya por sí mismo un desafío. Sin embargo, escribir en casa mientras uno se enfrenta a la realidad de seis hijos y de un ministerio en rápido crecimiento significa que este libro fue un esfuerzo de equipo.

Jeff Tikson ha dado un nuevo sentido al término «siervo». Tú supliste el liderazgo de manera heroica para resolver una miríada de problemas que se suscitaron mientras estábamos sumergidos en este libro. Gracias, Jeff: has llegado a ser un amigo y colaborador de fiar.

Gracias de manera especial a Lori Brickner, por cuidar a nuestros hijos. Mereces una medalla de honor. No podríamos haberlo hecho sin ti.

El equipo del Ministerio a la Familia merece un especial encomio. Vosotros orasteis, alentasteis, os involucrasteis, y nos apoyasteis, mientras os dedicábais fielmente a la tarea de fortalecer matrimonios y familias. Todos sois un «Equipo del Destino» —sólo hemos comenzado. Jerry Wunder, eres un don de Dios —gracias por ser un siervo y dar liderazgo.

Gracias de manera especial a Fred Hitchcock por toda su investigación y redacción. Lynne Nelson, Jeff Lord y Sue Stinson ayudaron a elaborar el manuscrito definitivo.

Les Stobbe y Jean Bryant, en Here's Life Publishers, fueron dos magníficos entrenadores —gracias por vuestra paciencia. Dan Benson y Gwen Waller fueron de enorme ayuda para mejorar lo que iba saliendo de nuestra máquina de escribir. Y gracias a Dennis Hensley, que nos dio la instrucción y el aliento que necesitábamos.

Craig Current, Joe Battaglia, Jane Ann Smith, Randy Marshall, Anne Crow, el doctor George Slaughter, Gay White y Steve Farrar —gracias a cada uno de vosotros por leer nuestro material en su forma original, y por darnos unos consejos y equilibrio muy necesarios. Gracias por ser amigos con una pluma acerada.

Don y Sally Meredith han tenido y continúan teniendo una influencia inconmensurable en nuestras vidas, matrimonio y ministerio —gracias por discipularnos de tantas maneras.

A nuestros hijos: Ashley, Benjamin, Samuel, Rebecca, Deborah y Laura —¡GRACIAS! Sois los más comprensivos y mejores hijos que ningún padre o madre podrían esperar tener. Las pequeñas notas, las galletas que nos hacíais, vuestros abrazos y oraciones, tuvieron más significado para nosotros de lo que os pensáis. ¡Sois maravillosos!

INTRODUCCIÓN

Éste es un libro acerca de motivar a las personas a confiar unos en otros. Tanto tú como tu cónyuge necesitáis que se crea en vosotros. Tu cónyuge necesita al menos una persona en su vida que acuda a su lado y le edifique. Tú eres esa persona. Y él es esa persona para ti.

Me preguntarás: «¿Por qué es esto tan importante?» Ésa es la razón: Vivimos en una época en la que el sentimiento personal de inseguridad ha alcanzado unas proporciones epidémicas. La confianza, la verdadera y sólida confianza, es infrecuente. Incluso las personas que parecen poseer una propia estima inamovible nos sacuden con confesiones de dudas acerca de sí mismos. Nos sentimos perplejos cuando vemos a tantas personas de grandes logros empujados por una propia estima rota —gente como líderes de los negocios, oradores, atletas profesionales, gente del espectáculo, e incluso muchos líderes cristianos.

Por sorprendente que sea, es en el ámbito matrimonial donde realmente salen «los ropajes de la ejecutoria», revelando las dudas de nuestro cónyuge acerca de su valor y valía como persona. La persona hermosa o apuesta, inteligente, dotada, con la que nos casamos admite profundos sentimientos de inseguridad. De hecho, muchas personas, al casarse, esperan que su cónyuge les ayude edificando y reformando lo que ellas no han podido hacer por sí mismas.

La esposa se queda aturdida cuando descubre que su marido,

su «caballero andante en resplandeciente armadura», es realmente sólo un muchacho crecido con serias dudas acerca de quién es él como hombre.

O un marido comienza a observar que la encantadora y estable mujer que le enamoró sufre de una penosa inseguridad al relacionarse con otros.

Cuando nos casamos, asumimos la responsabilidad de ayudar a asegurar y fortalecer la propia imagen de nuestro cónyuge. Desgraciadamente, estamos mal equipados para esta compleja tarea.

Nuestro personal encuestó a 17.000 casados y comprometidos para casamiento en nuestras Conferencias de Vida Familiar, preguntándoles: «¿En qué área preferiría usted tener instrucción adicional?» Como número uno, muy por encima de finanzas, paternidad, trabajo de la mujer, y otros, la respuesta dada fue «Cómo edificar la propia estima de tu cónyuge.» Aquella respuesta confirmó la necesidad de este libro.

Una de las principales autoridades sobre la familia, el doctor James Dobson, destaca la importancia de edificar la propia estima en el ámbito matrimonial.

> Los matrimonios de mayor éxito son aquellos en los que tanto el marido como la mujer tratan de edificar la propia estima del otro. Las necesidades del ego han de ser satisfechas dentro del vínculo matrimonial, y nada contribuye más a la intimidad y a la estabilidad que comunicar respeto para con la persona del cónyuge.[1]

No sólo el éxito de tu matrimonio depende de que edifiques la propia estima de tu cónyuge, sino también tu éxito en la crianza de tus hijos y de la vida en general. Dos cónyuges con confianza serán mucho más eficaces en cada aspecto de la vida que dos personas inseguras.

Bosquejemos cinco razones por las que creemos que tanto tu cónyuge como tú os beneficiaréis de este libro:

1. Te ayudará a centrarte en las necesidades de tu cónyuge y no sólo en las tuyas. Sabemos que también tú tienes necesidades en esta área, pero al fortalecer la propia imagen de tu cónyuge, podría quedar más libre para darte a ti a su vez. Demasiados matrimonios se componen de dos personas que esperan que el otro se proyecte hacia él y supla sus necesidades.

2. Tu cónyuge puede parecer confiado hoy —totalmente al control de su vida y capaz de tomar decisiones acertadas. Pero las personas cambian. Cambian las circunstancias. Y los cambios afectarán a tu cónyuge. Una decisión errónea en medio de estos cambios puede aplastar la propia confianza de una persona. Tu cónyuge necesita que leas este libro y que puedas aplicar sus principios.

3. Hay esperanza. Dios puede producir y producirá crecimiento en la propia imagen de tu cónyuge. Él sigue trabajando en las vidas de las personas y quiere emplearte a ti. Demasiadas personas subestiman su papel en las vidas de sus cónyuges. Pierden la esperanza, y abandonan demasiado pronto.

4. Creemos que las personas confiadas pueden finalmente ser liberadas de la ansiedad con el yo para llegar a ser todo lo que Dios les llama a ser.

5. Aunque los principios prácticos que se encuentran en nuestros diez bloques de edificación de propia estima están escritos para personas casadas, son también de aplicación en nuestras relaciones con nuestros hijos, nuestros padres, nuestos amigos, y nuestros compañeros de trabajo. Podrás motivar a otros para que sean todo lo que Dios quiere que sean, mientras aplicas estas verdades básicas.

Sin embargo, estas soluciones no son prefabricadas. Algunas puede que sean intensamente prácticas para ti, mientras que otras podrán requerir que desempolves este libro de aquí a diez años. Tenemos la confianza de que los descubrimientos que estás a punto de hacer puedan beneficiaros a ti y a tu cónyuge en los años venideros, mientras vais edificando vuestra propia valía.

Una palabra para terminar. Las Escrituras nos enseñan con claridad que debemos edificarnos unos a otros. La palabra *edificar* empleada en el Nuevo Testamento, proviene de dos palabras griegas: *oikos*, que significa «un hogar,» y *dimeo*, que significa «edificar». Por ello, edificar significa literalmente «edificar un hogar.» En el proceso de edificar a tu cónyuge, se erige un edificio. Como hemos mencionado ya, la edificación de tu cónyuge no es sólo para su bien. Será para tu propio provecho, para el de tus hijos, y para otros.

NOTA PARA NUESTROS LECTORES

Como escritores, hacemos frente a un dilema: Nuestra lengua no contiene un equivalente de una palabra que signifique a la vez «él o ella,» pero encontramos artificioso referirnos constantemente a tu cónyuge como «él o ella.» Así, para hacer la lectura más ágil, generalmente nos referiremos a tu cónyuge como «él.»

1 James Dobson, «Dr. Dobson Answers Your Questions,» *Focus On The Family* (Abril 1986), pág. 5.

1

Dando una nueva imagen a tu cónyuge

- Siendo atrayente sin condiciones para ser aceptado
- El espejo de tu cónyuge ... ¿aceptación o rechazo?
- Fortalece la propia imagen de tu cónyuge
- El amor echa fuera el temor
- Cómo la realidad empaña la propia imagen
- Índole natural de las relaciones
- El matrimonio no ha fracasado ... la gente ha fracasado
- No estás sin esperanza

¿Te has sentido alguna vez perplejo ante la falta de confianza de tu cónyuge, ante la evidencia de debilidad y de fallos en su propia estima? ¿Te has hecho alguna vez preguntas como:

¿Por qué mi marido vive dirigido hacia los logros y los éxitos?
¿Por qué mi mujer se compara constantemente con las demás?
¿Por qué mi marido muestra tanta apatía ante la vida? ¿Por qué es tan pasivo acerca de probar nada nuevo?
¿Por qué mi mujer es tan indecisa?
¿Por qué mi marido encuentra tanta dificultad en admitir un error y pedir perdón?

¿Por qué está mi mujer tan ensimismada en su pasado, en sus fallos y errores?

¿Por qué no puede relajarse mi marido? ¿Por qué muestra tantas reservas en sus relaciones?

¿Por qué mi mujer parece tan confiada en tantas áreas de su vida, y en otras está tan llena de inseguridad en sí misma?

Todas estas preguntas constituyen una deficiencia o erosión en la confianza en uno mismo. Tu cónyuge puede aparentar tener todos los cabos atados, pero tú sabes, como pocos, que debajo de este exterior autosuficiente vive una persona que necesita ser edificada y alentada una y otra vez.

Por cuanto tu cónyuge tiene estos puntos débiles, estos «agujeros en su armadura», él, al igual que tú, necesita ser aceptado incondicionalmente. Necesita la seguridad de saber que su mujer le acepta y que cree en él, incluso cuando él no cree en él mismo. Y ella necesita la seguridad de saber que su marido la conoce, y que con todo no la rechazará.

Cada uno de nosotros necesitamos que alguien nos diga que le gustamos. Necesitamos otra persona para que nos dé una nueva imagen de nuestro yo. Queremos ser amados aparte de nuestra ejecutoria —de manera total y completa. Como Maurice Wagner, autor de dos libros sobre propia estima, escribe: «En el núcleo de la personalidad existe la necesidad de sentir la sensación de ser amado sin tener que ganarse esta aceptación.»[1]

Para que tu matrimonio llegue a ser un puerto de refugio para tu cónyuge, deberás aceptarle como es, no por lo que esperas que llegue a ser.

Ella le amó por quien él era

El doctor Paul Brand, jefe de la sección de rehabilitación de un leprosario en el sur de Louisiana, sabe de la sed de las personas por ser aceptadas. No sólo sigue viendo esta necesidad hoy entre las víctimas de la enfermedad de Hansen, comúnmente conocida como lepra, sino que también ha visto esta necesidad de aceptación en otros lugares. Escribe así de su experiencia como cirujano en Londres durante la Segunda Guerra Mundial:

> Peter Foster era un piloto de la Real Fuera Aérea. Estos hombres [los pilotos] eran la flor y nata de Inglaterra —los hombres más brillantes, sanos, confiados y dedicados, y a menudo los más apuestos del país. Cuando andaban por las calles con sus uniformes condecorados, la población los trataba como dioses. Todos los ojos se volvían hacia ellos. Las muchachas envidiaban a las que eran suficientemente afortunadas como para pasear al lado de un hombre con el uniforme azul de la Fuerza Aérea.
>
> Sin embargo, la escena en Londres estaba lejos de ser romántica, porque los alemanes estaban atacando implacablemente. Durante cincuenta y siete noches consecutivas bombardearon Londres. Cada atardecer venían unos 1.500 bombarderos, en oleadas de 250, y machacaban la ciudad.
>
> Los Hurricanes y Spitfires de la RAF que pilotaban hombres como Foster parecían mosquitos aguijoneando a los enormes bombarderos alemanes. El Hurricane era ágil y eficaz, pero tenía un defecto fatal de diseño. Su único motor para la hélice estaba montado delante, sólo a unos 30 centímetros de la cabina, y las líneas de combustible pasaban junto a la cabina hacia el motor. En un impacto directo, la cabina se transformaba en una hoguera. El piloto podía saltar, pero en el segundo o dos que necesitaba para encontrar la palanca, el calor deshacía todos los rasgos de su rostro: la nariz, las cejas, los labios, a menudo las mejillas.
>
> Estos héroes de la RAF sufrían muchas veces una serie de 20 y hasta 40 operaciones de cirujía plástica para volver a dar forma a lo que había sido su cara. Los cirujanos plásticos hacían milagros, pero lo que quedaba del rostro era básicamente una cicatriz.
>
> Peter Foster fue uno de esos «pilotos abatidos». Después de muchas intervenciones quirúrgicas, lo que quedaba de su rostro era indescriptible. El espejo en el que se miraba a diario no podía ocultar la realidad. Cuanto más se acercaba el día de su alta del

hospital, tanto más crecía la ansiedad de Peter acerca de ser aceptado por su familia y amigos.

Sabía que un grupo de aviadores con heridas similares habían vuelto a casa sólo para encontrarse con el rechazo de sus mujeres o novias. Algunos de ellos se encontraron con que sus mujeres se divorciaron de ellos porque eran incapaces de aceptar esa nueva imagen externa de sus maridos. Algunos hombres se recluyeron, negándose a salir de sus casas.

En cambio, había otro grupo que volvía a casa junto a familias que les daban una amorosa seguridad de aceptación y de una valía continuada. Muchos llegaron a ser ejecutivos y profesionales, líderes en sus comunidades.

Peter Foster estaba en este segundo grupo. Su novia le aseguró que nada había cambiado, excepto por unos pocos milímetros de grosor de la piel. Ella le aseguró que le amaba a *él*, no a su membrana facial. Se casaron poco después que Peter saliese del hospital.

«Ella se convirtió en mi espejo», decía Peter de su mujer. «Me dio una nueva imagen de mí mismo. Incluso hoy en día, con independencia de cómo yo me sienta, cuando la miro ella me da una cálida y amante sonrisa que me dice que le gusto», dice, lleno de confianza.[2]

Espejos de aceptación

¿Sabías que eres un espejo para tu cónyuge? O bien puedes reflejar la misma aceptación amante que reflejaba la mujer de Peter Foster, o bien puedes apartarte de tu cónyuge, reflejando rechazo.

Cuando tu cónyuge mira en tu rostro, su espejo, ¿qué es lo que ve? Si tu cónyuge ve rechazo, o cualquier falta de aceptación, el resultado será temor. Y este temor—el temor a ser rechazado—es una de las fuerzas más poderosas que motivan y controlan a las personas en nuestro tiempo.

Si quieres ver fortalecida la propia imagen de tu cónyuge, comienza entonces a reconocer que el temor al rechazo es tu enemigo. Leemos en 1 Juan 4:18: «El perfecto amor echa fuera el temor.» El temor comenzará a deshacerse en tu cónyuge bajo una constante corriente de auténtico amor.

Dale a tu cónyuge el don de la valía

Denis Waitley, en su libro *Seeds of Greatness* [Semillas de grandeza], destaca el efecto ponzoñoso del temor y el poder liberador del amor. Así escribe en su primer capítulo «La semilla de la propia estima»:

> Así, entonces, el don de la valía es la ausencia del temor. Las personas que viven con temor crecen de pie al final de cada cola. Las personas que viven con encomios aprenden a mantenerse a solas y a conducir el desfile, aunque esté lloviendo. Las personas estropeadas por los mimos y la permisividad crecen para quedar llenas de una codicia contemporizadora. Las personas que viven con depresión necesitarán una bebida, una inhalación, una píldora, para que les den ánimo; las personas que viven con optimismo crecerán pensando que nacieron para volar. Las personas que viven con odio crecen ciegos a la belleza y al verdadero amor. Las personas que viven con amor viven para dar su amor y son ciegos al odio. Si a nuestra gente se le recuerda todo el mal que vemos en ellos, ¡llegarán a ser exactamente todo lo que nunca debieran ser! Pero si les decimos a nuestros seres queridos: «¡Qué contentos estamos de que estéis en el juego!», estarán contentos de estar vivos, ahora mismo, y contentos de ser quienes son.[3]

Eso es: ¡el amor quita el temor! El amor perfecto (el amor de Dios) es más poderoso que cualquier temor a ser rechazados. El amor perfecto que acepta y ama al otro, incluso en sus debilidades, ganará la lucha de poder con el temor cada vez. En lugar de realimentar el temor del rechazo, puedes eliminarlo aceptando a tu cónyuge.

Pero la aceptación no es siempre fácil, como descubrieron un joven mediada la veintena y una atractiva muchacha hace ya años.

Lo que ves NO es todo lo que consigues

Ella era tan inteligente como bonita. De hecho, fue escogida como una de las «Veinte mujeres destacadas» de la universidad.

De niña, esta muchacha recibió amor y aliento de parte de sus padres, y su familia era apreciada en la comunidad. Sus padres eran ejemplo de un matrimonio estable. Sufrió pocas tensiones. La vida parecía perfecta ... hasta que llegó a la secundaria.

Mientras sus otras amigas llegaron rápidamente a la pubertad y comenzaron a desarrollarse físicamente, ella no. Su pecho permaneció plano y sus piernas delgadas, y sus caderas no se redondearon.

A lo largo de sus primeros seis años de escuela se había sentido confiada, segura de sí misma, popular, pero como alumna de séptimo grado con un desarrollo lento, comenzó por primera vez a poner en duda su valía. Esas dudas acerca de sí misma fueron potenciadas por su mejor amiga, que observó su falta de «madurez física femenina.» Un día esta amiga le preguntó: «¿Estás segura de que eres una chica?»

Estas palabras la golpearon como un rayo procedente de un amenazador nubarrón. En lo más interior de su espíritu se levantó el temor de que nunca iría a desarrollarse. Su personalidad cambió. Se volvió callada, reservada, vergonzosa. Comparándose constantemente con las demás, siempre quedaba muy por debajo de ellas en su fuero interno. Se sentía impopular, nada atractiva, desmañada, sin valor personal, y solitaria. Y nadie sabía nada de sus temores.

Finalmente, comenzó a florecer a los trece años. De hecho, se volvió muy linda, pero interiormente había desarrollado una visión negativa acerca de sí misma. A lo largo de sus estudios en el instituto se consideraba inferior, y pensaba que también todos los demás la consideraban así.

Decidida a forjarse una nueva identidad propia, la joven decidió marcharse a una universidad de fuera del estado, donde pudiera comenzar de nuevo. Lo logró. Recibió honor tras honor. Consiguió buenas notas, participó en numerosas actividades universitarias, y se hizo muy popular. En su segundo año consiguió la membresía en una de las principales fraternidades femeninas de la universidad.

Pero detrás de este nuevo ámbito de éxito se escondía una personalidad insegura. Llegó a ser una estudiante de éxito, pero nadie, ni siquiera ella, se dio cuenta de que en el fondo de su ejecutoria se encontraba una niñita que tenía miedo que la conociesen. Sus logros potenciaron su confianza, pero seguía necesitando la aceptación de alguien que realmente la conociese. Necesitaba ser aceptada por quien era, aparte de sus logros.

Un día, después de su graduación universitaria, se enamoró de un joven que parecía tener un gran aplomo. Era la persona extrovertida y confiada que ella no era. Su tormentoso idilio los condujo a una boda después de sólo cuatro meses de salir juntos.

Después ella descubrió que, aunque él estaba seguro de sí mismo, también tenía sus necesidades. Era impulsivo, temerario y con un celo excesivo. Y detrás de este aire de bravura y de orgullo, ocultaba algunas inseguridades propias.

Se descubre la realidad

Después de casi un mes de casados, los dos comenzaron a darse cuenta de que era mucho más lo que sucedía en el interior del otro de lo que esperaban. Una noche, después de una velada con unos amigos, se quedaron hablando acerca de lo inferior que ella se sentía en un ambiente público. Las dudas que ella abrigaba acerca de sí misma fueron una sacudida para él. No podía concebir cómo aquella hermosa mujer, su esposa, pudiese abrigar aquellos sentimientos acerca de sí misma. Él tenía una total confianza en ella.

Después de varias de estas «charlas» en altas horas de la noche, se dio finalmente cuenta de que su mujer realmente tenía algunas serias dudas acerca de ella misma. De hecho, su conducta reservada en las reuniones sociales comenzaron a irritarle. Se preguntaba para sus adentros: *¿Por qué se escuda tras su caparazón protector del silencio, cuando yo me siento tan cómodo con la gente? ¿Por qué no puede ser como yo?*

Una encrucijada

Aquella joven pareja éramos nosotros hace más de catorce años. En aquel tiempo nos enfrentamos con unas decisiones críticas. ¿Aceptaría Dennis a Bárbara totalmente, y la amaría durante sus períodos de dudas acerca de sí misma? ¿Y quedaría Dennis vulnerable, arriesgando darse a conocer a una joven mujer que pudiese acabar rechazándole? Las decisiones que afrontábamos eran algo muy real. Afortunadamente, adoptamos las correctas.

Mirando retrospectivamente, creemos que aquellos tiempos fueron los más cruciales para nuestro matrimonio. En aquellos meses iniciales se echaron los fundamentos de la aceptación y de las pautas de respuesta.

Al salir a la superficie nuestras inseguridades, descubrimos asimismo la importancia de un concepto sano y positivo acerca de uno mismo para la vida matrimonial. Comenzamos a darnos cuenta de la magnitud de la responsabilidad que teníamos ambos para edificar o destruir la propia estima del otro. Y los dos comenzamos a ver que nuestra propia imagen o bien incapacitaba o bien completaba nuestra relación matrimonial.

Índole natural de las relaciones

Una carta que nos llegó recientemente da una ilustración adicional de la necesidad de edificar la propia estima de tu cónyuge. Esta esposa y madre compartió con nosotros cómo su hijo de ocho años sanó los daños causados por su marido.

> Mi hijo Benjie es un gran líder y un aliento. Hoy es su cumpleaños y le pidió a un anciano que vive delante que le comprase una rosa. Me la dio esta noche. Cuando le pregunté por qué me la daba, contestó: «Hoy es mi cumpleaños, y estoy contento de que seas mi mamá.» Ahora ya ve lo que me mantiene en marcha —este hombrecito en mi vida remienda los desgarrones que causa el hombre grande.

Aquí vemos a una mujer que ha experimentado rechazo, en lugar de aceptación, de parte de su marido. En lugar de que su matrimonio potenciara su propia estima, como era la intención de Dios, el menosprecio de su marido suscitó la necesidad de que un niño de ocho años tuviera el atento gesto de darle una rosa.

¿Por qué no somos mejores en edificar la propia estima del otro? ¿Por qué es tan difícil proveer una atmósfera de aceptación para nuestros cónyuges? Al buscar respuestas a estas preguntas, estudiamos las condiciones en nuestro mundo que creemos son principalmente responsables de la actual epidemia de una baja propia estima. La evaluación que hace tu cónyuge de su propia valía queda afectada por cuatro corrientes sociales actuales.

1. Una cultura egocéntrica

Vivimos en una sociedad de satisfacción del yo. Los hombres y mujeres modernos parecen más centrados en hallar una identidad individual que en cualquier punto de la historia, pero para la mayoría de las personas parece que una sana y positiva identidad propia sigue siendo como un objetivo escurridizo. Somos una sociedad agitada, autoindulgente, cuyos miembros a menudo se usan unos a otros para conseguir la aceptación que creen merecer. Así, nos sentimos usados, y no genuinamente necesitados, valorados o apreciados. La triste confesión de Christina Onassis, hija del magnate naviero griego, Aristóteles Onassis, ilustra este sentimiento de rechazo: «Mi más ferviente deseo es encontrar a un hombre que me ame por mí misma, y no por mi dinero.»

Las personas como la Srta. Onassis (y quizá tu cónyuge) se sienten usadas porque la ejecutoria y las posesiones han llegado a ser la medida última de la valía y del valor. La sociedad aplaude a las personas por lo que han *hecho* y por lo que han *adquirido*, con pocas ovaciones por lo que *son*. Nuestra cultura dice que la propia estima debe edificarse sobre los propios logros. Tenemos la sensación de que debemos centrarnos en la producción, por lo que generalmente no cultivamos las relaciones que potenciarían los sentimientos de un significado permanente. Como resultado, estamos siendo «impulsados» en direcciones erróneas por unas normas de valores equivocadas. (Consideraremos los valores correctos en el capítulo 4.)

2. Familias fracturadas

Vivimos en una estructura social que está también sacudida (si no destrozada) por el divorcio. Si los padres de tu cónyuge no están divorciados, lo más probable es que lo esté alguien estrechamente relacionado con él. Desde luego, los dos debéis sentir los efectos de una nación acosada por una tasa de divorcio de casi el 50 por ciento. Dice un proverbio chino: «En el nido roto no hay huevos enteros.» Los hogares rotos no producen por lo general personas enteras.

No se trata de que los que provienen de hogares rotos no sean valiosos ni tengan una gran valía. Lo son y la tienen. Pero, de manera muy semejante a lo que sucede con un terremoto, un divorcio va seguido por años de secuelas —especialmente en los niños. Las sacudidas del temor, de la ira y de la culpa van sucediéndose, deteriorando interiormente la propia imagen de la persona. Puede que no tenga ni idea de cómo durante años esta relación quebrantada ha creado fisuras interiores y fracturas en su identidad.

Los niños quedan afectados no sólo por el divorcio legal dentro de la familia, sino también por el divorcio emocional. El divorcio emocional tiene lugar cuando un marido y una mujer deciden simplemente «vivir juntos», conformándose con un matrimonio mediocre. Creemos que este problema está mucho más extendido que el divorcio mismo. Incluso algunos matrimonios cristianos, parece, quedan contaminados por unos compromisos peligrosamente deficientes, nominales. Como resultado de ello, los hijos sufren, y sufren profundamente.

3. *El desvanecimiento de la dignidad en el matrimonio*

Hay una creciente desilusión acerca de la dignidad del matrimonio. La relación matrimonial tradicional está bajo ataque y sospechas, y nuestros tribunales civiles han derruido hasta cascotes la nobleza y sacralidad de los votos matrimoniales.

Debido a que se ha privado al matrimonio del honor que le corresponde como indican las Escrituras, los maridos y las mujeres sienten a menudo que han de buscar en otras partes la satisfacción personal y el aliento que edifica la propia estima. Pero no es el matrimonio lo que ha fracasado —las personas han fracasado. Y debido a que las personas han fracasado, el matrimonio ha recibido un «trato negativo de la prensa» de manera excesiva. Muchas personas han llegado a la errónea conclusión de que la misma institución del matrimonio es la culpable.

La percepción del matrimonio como estado consagrado ha quedado desfigurada por los puntos de vista de otras personas. Uno de estos puntos de vista es el de Gloria Steinem, que ha sido una instigadora de los ataques contra el matrimonio. Dice ella: «Por causa de los que desean vivir en una igualdad de participación, debemos abolir y reformar la institución del matrimonio.»[4]

Esta filosofía puede hacer que las parejas casadas se sientan insignificantes, como si estuviesen atrapadas en una institución moribunda. Tanto tu propia estima como la de tu cónyuge quedan dañadas por estas ideologías hostiles.

4. Recién casados no equipados

Ningún equipo atlético con un buen juicio dedicaría la mayor parte de su presupuesto, energía o tiempo en una magnífica exhibición antes del partido, dedicando poco o nada de ello al entrenamiento y a la preparación.

Sin embargo, las parejas gastan en la actualidad una enorme cantidad de tiempo y miles de dólares en la ceremonia de la boda, y muy poco tiempo y dinero, por no decir que nada, para llevar a buen fin esta carrera de obstáculos llamada matrimonio.

Así, están mal equipados para suplir las singulares necesidades de sus cónyuges. En lugar de poder aceptar y edificar a sus cónyuges, están generalmente agobiados por sus propios temores e inseguridades. Bajo la influencia de nuestra cultura, y siendo portadores de una propia imagen y valor del matrimonio mayormente determinados por los padres, estos hombres y mujeres se lanzan a unas relaciones para toda la vida con un cónyuge que está igualmente mal preparado.

Sobrecargados por el pasado y confundidos por la cultura, estas jóvenes parejas están cada vez menos capacitadas para hacer frente a las complejas cuestiones que rodean a las necesidades de propia estima de sus cónyuges. La siguiente historia ilustra lo que puede suceder cuando se enfrentan sin preparación a estas cuestiones.

¿Una pareja cristiana modélica?

Según todas las apariencias externas, Laura y Marcos eran una pareja modélica. Con un matrimonio aparentemente feliz, gozaban de todos los beneficios de la aceptación social en uno de los más prestigiosos vecindarios de la ciudad, tenían un negocio de gran éxito y tres hijos hermosos y sanos. La muralla de protección alrededor de sus vidas era su involucración personal y equilibrada en una iglesia destacada. No faltaba nada. Todo parecía ir como ellos querían.

Así, es de imaginar nuestra sorpresa cuando Laura nos vino a buscar pidiendo ayuda. Describió su vida y matrimonio como una «burla». «No tenemos relación», dijo. «No podemos relajarnos. Y lo único de lo que siempre hablamos es de su negocio.

»Creo que Marcos está comprometido con el matrimonio, pero no conmigo personalmente. Sencillamente, no quiere asumir ninguna responsabilidad en la casa, especialmente cuando se trata de mí y de mis necesidades.

»Siento una creciente amargura acerca de su trabajo. Le veo dando allí lo mejor de su liderazgo. Organiza, planifica y motiva a los demás... es el mejor. Pero en casa es otra cosa. Y, por lo que a mí respecta, creo que está volviéndose indiferente. Me siento terriblemente insegura porque no siento que me necesite. El resultado de ello es que me he vuelto muy crítica acerca de él, y de todo lo que hace.»

Más tarde, yo (Dennis) pasé algo de tiempo con Marcos, que me admitió que no había hecho de su matrimonio una prioridad. «Nunca la he hecho quedar mal —supongo que sencillamente la he descuidado. No veía para qué debía acudir a ella con mis problemas, porque ella ya tiene sus propios problemas. En medio de todo ello he ido estableciendo mi propio negocio y luego, después que quedásemos bien financieramente, quería dedicarme a mi familia.» Con un desolado encogimiento de hombros, añadió: «De repente, me di cuenta de que no iba a haber ninguna relación en casa. No iba a tener a mi mujer a la que volver.

»Según proseguía el tiempo, me fui volviendo más y más independiente. Nos aislamos. Vi como Laura se volvía más temerosa e insegura. Estaba muy asustada y yo no estaba seguro de cómo tratar con todas sus nuevas inseguridades que había desarrollado. Sus vacilaciones se me comenzaron a contagiar. Comencé a sentirme encadenado por su pegajosa dependencia y necesidad de aprobación. Se transformó en un peso muerto en lugar de una esposa. Perdí todo deseo de edificarla.»

Marcos concluyó así: «Me doy cuenta de que nuestra licencia matrimonial no constituyó un matrimonio. Sólo nos daba el *derecho* a comenzar a construir uno.»

Laura recapitulaba así sus sentimientos: «Somos sólo dos personas externamente de éxito haciendo nuestra propia vida, pero independientes el uno del otro. *Nuestro matrimonio consiste en tratar de conseguir que el otro supla a nuestras necesidades, esperando que el otro dé el primer paso.»*

Edificando a tu cónyuge

En estas confesiones de una pareja de éxito del siglo veinte, encontramos a la mujer diciendo: «Él está comprometido con el matrimonio, pero no conmigo», y «no me siento necesitada.» Y luego el marido dijo: «No veía para qué debía acudir a ella con mis problemas, porque ella ya tiene sus propios problemas», y «No estaba seguro de si podría hacer frente a sus temores.» Estas manifestaciones son como ventanas, que nos permiten mirar dentro de una casa exteriormente fuerte, para ver la inseguridad, el temor y el aislamiento que hay dentro. Tristemente, muchos han llegado a aceptar estos sentimientos en el matrimonio como parte de la vida —como el resfriado común.

Esta escena está sucediendo una y otra vez, como un disco rayado, en miles de matrimonios cristianos en la actualidad. Quizá tú, como nosotros dos, entraste en el matrimonio acosado por algún grado de dudas propias e inseguridad personal, pero enmascarándolo cuidadosamente detrás de una forma de actuar y de unos sentimientos intensamente románticos. Cuando surgieron las debilidades de tu cónyuge, te sentiste abrumado, y sin saber qué hacer.

A menudo, las parejas se lanzan instintivamente el uno contra el otro, en lugar de volverse el uno hacia el otro para tratar de edificar la confianza y la seguridad. En lugar de ser la relación matrimonial un refugio en la tormenta, llega a ser la misma tormenta. Golpeados y empapados en el exterior por la continua precipitación de los ataques de la sociedad, se enfrentan ahora con el problema de una inundación interior. Con ambas partes inseguras en su propia estima y temiendo proyectarse hacia afuera, se retiran y aguardan. Desafortunadamente, muchos de estos matrimonios finalmente se ahogan y llegan a ser estadísticas en el tribunal de divorcios, y demasiados matrimonios cristianos acuerdan un divorcio emocional «negociado y amistoso».

Un mensaje con esperanza

Snoopy, el querido perrito de la viñeta de Carlitos, estaba sentado con ojos tristes en la entrada de su caseta. Se lamentaba así: «Ayer era un perro. Hoy soy un perro. Mañana probablemente seguiré siendo un perro. [Suspiro] ¡Qué poca esperanza tengo de progreso!

Quizá te sientas como Snoopy —sin esperanzas, con muy pocas expectativas para conseguir algún cambio en tu cónyuge o en ti mismo. «[Suspiro] No hay esperanza para mi cónyuge en esta área.» o «Siempre seré una persona con esas limitaciones.»

Puede que pienses que la propia imagen de tu cónyuge es como un cemento permanentemente endurecido. Pero puede cambiar. El cemento puede ser quebrantado y vuelto a amasar, pero se necesita diligencia.

Hay esperanza. Los fracasos, del pasado y del presente, pueden ser vencidos. Éste es uno de los alientos que tenemos como cristianos. Hay siempre la capacidad de cambiar. Dios no nos ha dejado sin esperanza ni poder, a la deriva. Las Escrituras nos dan una poderosa promesa: «Ninguna cosa será imposible para Dios».[5]

¡Eso es exactamente lo que hemos experimentado en nuestra vida matrimonial! Crecimiento y esperanza. Aunque en ocasiones ha sido difícil, no cambiaríamos el crecimiento que hemos visto el uno en la vida del otro por ninguna otra satisfacción.

Tú y tu cónyuge *podéis* también experimentar esto. Creemos que tu matrimonio, como el nuestro, provee una de las mejores relaciones posibles en las que dos personas pueden edificar la imagen del otro. Los diez bloques de construcción que compartiremos contigo te serán una práctica ayuda que necesitas para experimentar cómo asciende el cociente de confianza de tu cónyuge. Pero primero debes comprender cómo tu cónyuge ha establecido su propia estima.

---

1 Maurice Wagner, *La sensación de ser alguien* (Grand Rapids, Mich.: Zondervan Publishing House, 1975), pág. 67.

2 Doctor Paul Brand y Philip Yancey, *In His Image* (Grand Rapids, Mich.: Zondervan Publishing House, 1984). págs. 25-29.

3 Denis Waitley, *Seeds of Greatness* (Old Tappan, N.J.: Fleming H. Revell Company, 1983), págs. 41-42,

4 Gloria Steinem, discurso en la conferencia del Año Internacional de la Mujer, Houston, 1977, citado en *To Manipulate a Woman* (opúsculo) (San Diego: Concerned Women for America).

5 Lucas 1:37.

Para descubrir cuán efectivamente son aplicables los principios bíblicos para mejorar tu propia imagen, consulta la obra de Josh McDowell *Su imagen, mi imagen*.

2

Matando el fantasma

- Fantasmas que acechan en la mente
- El fantasma de Bárbara
- El fantasma de Dennis
- El origen de los fantasmas
- Tres términos empleados para describir cómo tu cónyuge se ve a sí mismo
- La propia imagen de tu cónyuge—un autorretrato con música
- La importancia esencial de la propia imagen
- Tu cónyuge te necesita
- Proyecto de edificación de estima

Temprano en una fría mañana de septiembre de 1944, dos ciclistas, que estaban a cubierto en una pequeña población francesa cerca de la frontera con Luxemburgo, decidieron que por fin podían aventurarse con seguridad en el campo. ... Se había desvanecido el fragor de los tanques durante la noche. Así que los hombres montaron en sus bicicletas y se lanzaron por la carretera que se dirigía al vivaque. Olieron el humo de los fuegos de las cocinas en el frío aire de invierno. Observaron la usual dispersión de roñosos y embarrados vehículos, parcialmente escondidos bajo desgarradas redes de camuflaje: un par de camiones, algunos remolques, y unos cuantos tanques M-4 con sus poderosos cañones sobresaliendo de la cubierta de los árboles y de las redes.

> Entonces un centinela americano los hizo parar. Se mostraba amistoso, pero firme. Tenían que explicar qué estaban haciendo allí y por qué. Los franceses contestaron tan bien como supieron hasta que, de repente, se quedaron rígidos y callados, con los ojos abiertos de par en par por el asombro. Porque por encima del hombro del centinela vieron a cuatro soldados con fangosas guerreras de batalla y cascos de un verde oscuro que se dirigían a un monstruoso tanque y, con un hombre en cada esquina, simplemente lo recogían, le daban la vuelta y volvían a ponerlo en el suelo. Así... se rompió el secreto del 603 Batallón de Ingenieros de Camuflaje, y se hizo peligrar la seguridad de una división acorazada cercana en un momento crítico de la ofensiva aliada. Afortunadamente, no resultó de ello perjuicio alguno.
>
> El 603 era, de cuatro unidades, lo que constituía quizá el cuerpo más enigmático jamás lanzado a una batalla, un grupo llamado Tropas Especiales del Acuartelamiento 23. Las tropas del 23 eran desde luego «especiales». Estaban especializados en asumir el papel de otras tropas. ... Con armas y vehículos de caucho hinchable, con distintivos siempre cambiantes, con patrones para hacer signos falsos, y con grabaciones amplificadas de equipos pesados en acción, la 23 actuaba papel tras papel. ...
>
> El propósito de toda esta mascarada era engañar al enemigo, y, de esta manera, capacitar a las tropas cuyo papel asumía la 23 para que penetrasen en nuevas posiciones, lanzasen ataques por sorpresa o atrapasen de otras formas desprevenido al enemigo.[1]

Hace cuarenta años, esta división fantasma jugó un papel en la derrota de Alemania. Con una cuidadosa puesta a punto y tácticas teatrales, jugaron el papel de verdaderas tropas y crearon una ilusión de fuerza militar. Los alemanes fueron engañados y confundidos. La 23 tuvo éxito.

«Confundido» y «engañado» puede describir la manera cómo se siente hoy tu cónyuge, cómo piensa acerca de su identidad y acerca de los papeles que tiene que desempeñar. Inseguro acerca de las respuestas a preguntas básicas como «¿Quién soy?» o

«¿Soy importante o valioso?», tu cónyuge, lo mismo que el ejército alemán en la Segunda Guerra Mundial, puede ser engañado por fantasmas, y por ello no estar viviendo con éxito tal como Dios se había propuesto.

¿Qué es un fantasma?

Un fantasma es una imagen mental inalcanzable o una norma por medio de la que medimos nuestra forma de actuar, capacidades, apariencia, carácter y vida. Es perfecto, ideal. Un fantasma, por definición, es una ilusión, una aparición o semejanza de la realidad. Disfrazado como la verdad, su distorsión queda patente sólo por medio de una inspección cuidadosa, sin prisas, y sin estorbos.

Una multitud de fantasmas se agazapa en las mentes de hombres y mujeres. Hay el marido o mujer fantasma, el padre o madre fantasma, la familia, el trabajo o el amigo fantasmas. Todos los tenemos.

El fantasma de Bárbara es la perfecta esposa, madre y amiga, siempre amante, paciente, comprensiva y bondadosa. Está bien organizada, con un perfecto equilibrio entre ser disciplinada y flexible. Su casa está siempre pulcra y bien decorada, y sus hijos obedecen a la primera vez, siempre. Es seria, pero de corazón ligero, sumisa, pero no pasiva. Es enérgica e incansable. Tiene una apariencia lozana y atractiva en todo momento, tanto si va con pantalones vaqueros y un suéter mientras trabaja en el jardín, como con un vestido de seda y tacones altos, yendo a una cena. Nunca enferma, ni siente soledad ni se desalienta. Y por cuanto su fantasma es una cristiana, Bárbara la ve andando fielmente cada día con Dios. Este fantasma ora con regularidad, estudia con diligencia y no siente temor ni inhibiciones acerca de compartir su fe o decir la verdad a alguien que pueda estar en un error.

El fantasma de Dennis es igualmente idílico. Se levanta temprano, tiene un tiempo de quietud leyendo la Biblia y orando, y luego corre varias millas a siete minutos por milla. Después de desayunar con su familia, presenta un devocional de quince minutos. Nunca olvida abrazar y besar a su mujer al salir de casa, y llega al trabajo con diez minutos de antelación. Es constantemente paciente con sus compañeros de trabajo, siempre está contento con su ocupación, y tiene técnicas de resolución de problemas para cada situación. Para el almuerzo come sólo alimentos perfectamente sanos. Su despacho nunca está amontonado con papeles, y está confiado y al control. Llega a casa a la hora cada día, y nunca defrauda a sus chicos cuando ellos quieren jugar a pelota.

Su fantasma está bien informado de los acontecimientos mundiales, de la política, de las cuestiones clave de nuestro tiempo. Es un hombre útil en la casa, y le encanta hacer cosas para su mujer. Es socialmente popular, y nunca se cansa de la gente ni de ayudarla en tiempos de necesidad. Obedece todas las leyes de tráfico y nunca rebasa el límite de velocidad, aunque vaya con retraso. Puede citar grandes secciones de la Escritura de memoria, tiene una fe más poderosa que una locomotora, y es más rápido que una bala para resolver conflictos familiares. Nunca se desalienta, nunca quiere abandonar, y siempre tiene las palabras justas para cada circunstancia. Además, siempre tiene el garaje ordenado. Nunca pierde nada, siempre se pasa el hilo por los dientes, y no tiene problemas de peso. Y tiene tiempo para ir de pesca.

Los orígenes de los fantasmas

¿De dónde vienen los fantasmas? No aparecen de repente, lo mismo que el batallón 23 americano. Cada fantasma crece lentamente en base de las semillas de nuestra experiencia personal. El nuestro venía de expectativas que nos impusieron nuestros padres, compañeros, patronos, entrenadores, y maestros de la escuela y de la Escuela Dominical.

Dorothy Corkille Briggs, en su clásica obra *Your Child's Self-Esteem,* dice: «Los niños raras veces ponen en tela de juicio las expectativas [de sus padres]; en lugar de ello, lo que cuestionan es su idoneidad personal.»[2] Igual que un niño con sus padres, lo normal es que tu cónyuge no ponga en duda el fantasma. Acepta de manera inocente las sublimes normas e ideales del fantasma igual que aceptaba las normas y expectativas de sus padres durante su infancia.

Los fantasmas, con sus atributos inalcanzables, pueden desarrollarse también cuando tu cónyuge y tú comparéis vuestra vida con la de otros. Estas falsas comparaciones pueden ser alimentadas por un marido, un patrono o incluso por tí mismo.

Podemos ser como Lucy, que le dijo un día a su famoso compañero de viñetas: «¡Eres una pelota fuera de juego en el chut de la vida, Carlitos!» Hacer comparaciones con lo que pensamos que es normal y aceptable sólo hace que el inalcanzable fantasma sea más amenazador. Debido a que la comparación no es siempre favorable, tu cónyuge llega a la conclusión de que eres una pelota fuera de juego.

Quizá tu mujer contempla a personas a las que admira y asigna aquellos rasgos de carácter y personalidad, capacidades y talentos que más envidia a su creciente y cambiante fantasma. Puede que también observe las facetas negativas de otras mujeres y llegue a la conclusión: «Nunca haré eso o me comportaré de aquella manera.» Otra norma, la de nunca fallar de aquella manera, queda añadida al fantasma. El problema de que tu cónyuge compare su vida con otra persona es que generalmente se hace a distancia, y cuando la otra persona está en su mejor momento. Por cuanto tu cónyuge está agudamente consciente de sus propios fallos y carencias, disminuye tanto más su valor cuando se centra en el punto aparentemente mejor de la otra persona. Consiguientemente, tu cónyuge está destinado a sentirse como un perdedor incluso cuando pueda ser un ganador en muchas áreas de su vida. Es imposible compararse sin rebajarse uno mismo o a otros.

El fantasma de tu cónyuge, el resultado de sus comparaciones y de las expectativas de los otros, es inalcanzable, y debido a ello tu cónyuge experimenta una sensación de fracaso. Estos fracasos se yerguen altos en los pasillos de la mente de tu cónyuge, y constantemente le recuerdan sus deficiencias.

Estos fracasos, añadidos a sus éxitos en la vida, producen otro concepto mental, que se llama la propia imagen de tu cónyuge.

¿Qué es una propia imagen?

La propia imagen, la propia estima, el concepto de uno mismo —son tres términos empleados para describir no sólo como tu cónyuge se ve mentalmente a sí mismo, sino también cómo se *siente* acerca de sí mismo, y qué valor y sentido de valía tiene en su fuero interno.

Norman Wright, en su libro *Improving Your Self-Image* [Mejorando su propia imagen], escribe: «La imagen que tenemos de nuestro yo está construida sobre un racimo de muchos recuerdos.»[3] Cada uno de nosotros ha desarrollado esta imagen a lo largo del tiempo. Norman Wright sigue diciendo: «Muy pronto en la vida comenzamos a formar conceptos y actitudes acerca de nuestro yo, de otras personas, y del mundo. Nuestro concepto del propio yo es en realidad un racimo de actitudes acerca de nuestro yo —algunas favorables, otras desfavorables.»[4]

De la misma manera que el retrato-robot de un sospechoso en un departamento de la policía, la propia estima de tu cónyuge es un dibujo compuesto adquirido de varias fuentes y de relatos de primera mano. Un número incontable de fuentes a lo largo de muchos años ha contribuido a su representación artística de su yo.

Un retrato con música

Pero el dibujo no es mudo. Una imagen del yo no es sólo aquello que tu cónyuge cree acerca de sí mismo, sino que contiene además lo que piensa acerca de sí mismo. No es un boceto en blanco y negro, unidimensional, al carbón. Es una pintura a todo color, tridimensional, con sentimientos; un retrato con música estereofónica.

¿Qué clase de autorretrato se ha pintado tu cónyuge? ¿Qué clase de música oye? ¿Lo sabes de veras? Cuando no está tocando la música de la duda de uno mismo, tu cónyuge se siente confiado, seguro, relajado. Pero cuando la voz y las emociones del fracaso resuenan en los oídos de tu cónyuge, la propia condena puede provocar parálisis. Los sentimientos de tensión, temor e inseguridad pueden controlar la manera en que él piensa acerca de sí mismo y de la vida. ¿Estás consciente de cuál es la causa de estos sentimientos en la vida de tu cónyuge?

Sin embargo, quizá tu cónyuge es tan «estable» que raras veces le ves vacilar entre la confianza y la inseguridad. La tentación es suponer que no oye ninguna música negativa. Pero tu cónyuge puede haber aprendido pronto en la vida a compensar estos sentimientos de falta de idoneidad cubriéndolos con la apariencia de que todo está bien. Por dentro se ha acostumbrado a escuchar la música condenatoria, pero en raras ocasiones te dejará saber cuáles son sus verdaderos sentimientos. Temiendo el rechazo de los otros, escucha sólo la monótona y acusadora música. Exteriormente, su manera de actuar puede incluso ser intachable, como si no tuviese ninguna necesidad. Pero interiormente su deseo secreto interior es que acudas a su rescate sacando la aguja del disco negativo y cambiando el disco con la música placentera que dice «bien hecho», o «te quiero como eres». Su verdadera necesidad es ser edificado y amado por lo que es.

No podemos separar estas dos cosas: lo que el cree acerca de sí mismo (el retrato que se ha hecho de sí mismo) y sus sentimientos acerca de sí mismo (la música de acompañamiento). Son cosas inseparables. Constituyen su propia imagen. Vive con la música sonando y el cuadro en su lugar. Cuelga en el museo de su mente y de sus emociones como un artículo de coleccionista, original y de enorme precio, o como una barata imitación, acompañada de sentimientos de indignidad e insignificancia.

La importancia vital de la propia imagen

La propia imagen de tu cónyuge es esencial en todo lo que es y hace a diario. En *Seeds of Greatness* [Semillas de Grandeza] Denis Waitley llama a nuestra propia estima «el comienzo y primera semilla de todo éxito. Es la base de nuestra capacidad para amar a otros y para tratar de alcanzar una meta digna sin temores.»[5] La propia estima de tu cónyuge dificultará o potenciará su capacidad para aprender, para tomar decisiones, asumir riesgos y resolver conflictos contigo y con otros. O bien le refrenará, o le dará energía.

Sin embargo, a pesar de su importancia, puede que tu cónyuge no comprenda cómo su propia estima colorea todo lo que hace: su conducta, sus relaciones y su manera de actuar. Para algunos, es cosa penosa incluso admitir que tienen necesidades en esta área. Pero tienen necesidades. Tu cónyuge te necesita.

Thomas Fuller dijo: «Un peligro previsto ya está medio evitado.» Desde luego, el reconocimiento mutuo de las insuficiencias de vuestra propia imagen es el paso inicial para una verdadera sanidad y una nueva intimidad en vuestra vida matrimonial.

Tu cónyuge te necesita

Tu cónyuge, lo mismo que los alemanes citados al comienzo del capítulo, puede haber estado viviendo durante años bajo la sombra alargada del fantasma. Posiblemente los dos habéis comenzado a daros cuenta de cómo ese impostor ha estado presentándose como una realidad en vuestras vidas, intimidándoos casi a diario. Esto, junto con unas experiencias penosas, desemboca a menudo en una deficiente propia imagen.

Tu cónyuge necesita tu mirada objetiva, un pincel lleno de talento, y un oído atento para ayudar a afirmarle cuando lo haga bien, y para corregirle cuando yerre. Algunos de los ideales que tu cónyuge haya amontonado en el fantasma puede que no sean malas normas. Puede que lo que tu cónyuge necesite es meramente tu ayuda para equilibrar las demandas de la vida con estos ideales.

El «Proyecto de edificación de estima» al final de este capítulo te servirá para poder ayudar a tu cónyuge a matar el fantasma y a poner experiencias e imágenes positivas en lugar de las negativas. Los dos capítulos que siguen te darán una ayuda fundamental para edificar la propia estima de tu cónyuge. El Capítulo 3, «Detectando las claves», fortalecerá tu comprensión de por qué tu cónyuge actúa de esa forma. El Capítulo 4, «Nueve leyes que liberan», da algunos preceptos universales que te darán esperanza al comenzar a liberar a tu cónyuge de las cadenas de una pobre propia imagen.

PROYECTOS DE EDIFICACIÓN DE ESTIMA: ESENCIALES PARA LA APLICACIÓN

«El objeto del estudio bíblico es transformar vidas. El mundo cristiano está padeciendo de una deficiencia de Vitamina A —Aplicación.»

—Doctor Howard G. Hendricks
Seminario Teológico de Dallas

El objetivo de este libro es edificar matrimonios, no mentes. Hay una tendencia a asumir que el aprendizaje de hechos y la acumulación de conocimiento es la solución, pero los matrimonios son edificados por parejas que *aplican juntos la Palabra de Dios.*

Nuestra esperanza es que conviertas la verdad de Dios en una conducta piadosa. *Edificando la propia estima de tu cónyuge* está repleto de conocimiento e información, pero tu matrimonio se beneficiará de ello sólo si incorporaís las verdades a vuestra vida diaria. Hemos tratado de enfatizar un sano equilibrio entre la instrucción y la aplicación incluyendo «Proyectos de edificación de estima» al final de casi cada capítulo.

El objetivo es hacer de tu matrimonio todo lo que Dios quiere que sea. Estos proyectos forman una parte vital de este proceso. Comprometeos a actuar juntos en base de estos proyectos, y podrás edificar la propia estima de tu cónyuge.

Proyecto de edificación de estima

(Si es necesario, emplea una hoja de papel)

1. Explica a tu cónyuge el concepto del fantasma, y luego pídele que describa su propio hombre (o mujer) ideal. Escribe sus descripciones, y hablad juntos acerca de ellas. ¿Cuáles son apropiadas y que valgan la pena esforzarse por conseguirlas? ¿Cuáles son irreales?

2. ¿En qué medida es el fantasma un verdadero enemigo al que hacer frente en la vida de tu cónyuge? ¿Cómo ha afectado el fantasma a la propia estima de tu cónyuge? Pregunta a tu cónyuge cómo quiere él que le ayudes cuando este fantasma se presente. Tratad de ello como pareja.

3. Pídele a tu cónyuge que describa lo que piensa y qué sentimientos tiene acerca de sí mismo. Escribe las palabras que emplee. ¿Cuáles son las palabras «reflexivas» y cuáles las «emotivas»? ¿Qué claves hay acerca del impacto de su fantasma sobre su propia imagen?

4. Pídele a tu cónyuge que te diga de qué manera puedes ser un complemento, no un paralizador, de su propia estima. ¿Qué *necesita* que tú hagas hoy?

---

1 Edwards Park, «A Phantom Division Played a Role in Germany's Defeat,» *Smithsonian* (Abril 1985), pág. 138.
2 Dorothy Corkille Briggs, *Your Child Self-Esteem* (Garden City, N.J.: Doubleday & Company, Inc., 1975), pág. 49.
3 H. Norman Wright, *Improving Your Self-Image* (Eugene, Ore., Harvest House Publishers, 1983), págs. 7-8.
4 Ibid., pág. 8.
5 Denis Waitley, *Seeds of Greatness* (Old Tappan, N.J.: Fleming H. Revell Company, 1983), pág. 47.

3

Detectando las claves

- Las claves de una inadecuada propia estima
- Diez claves para comprender la condición de la propia estima de tu cónyuge
- Los antecedentes familiares afectan a lo que somos
- Temores de ser vulnerables
- Una pauta de desaliento
- Falta de confianza en la toma de decisiones
- Dificultades para admitir los errores; incapacidad para perdonar
- Impulsados a conseguir grandes logros
- Críticos hacia otros
- El perfeccionista
- Devaluación de uno mismo
- Escapando de las cuestiones reales de la vida
- Tú eres el brazo del amor de Dios
- Proyecto de edificación de estima

Cuando era niña [yo, Bárbara], uno de mis pasatiempos favoritos era leer libros. Pasé varios veranos subiendo por el termómetro del concurso de lectura de mi biblioteca local. A menudo mi madre me encontraba acurrucada en un sillón que nos habían regalado, o sentada a mitad de camino de la escalera tapizada que llevaba a las habitaciones del piso, con la nariz metida en el libro.

Estaba totalmente absorta en aquellas páginas, imaginándome que tenía parte en el drama que se iba desarrollando. No me gustaba volver a la realidad. Era demasiado aburrida en comparación con las aventuras de Nancy Drew.

Seguí a Nancy en la mayor parte de sus heroicas aventuras y fui creciendo apreciando las bellas artes de la cuidadosa observación y de la cauta adopción de conclusiones. Otros renombrados genios, como Sherlock Holmes y, más recientemente, Miss Marple, de Agatha Christie, y Hercule Poirot, son famosos por su énfasis en el detalle. Siempre parece que encuentran las claves necesarias para resolver el misterio.

Así como cstos «supergenios» miran más allá de lo evidente en busca de pistas, de la misma manera tienes que aprender a reunir las ocultas y ambiguas claves, junto con aquellas que tu cónyuge revela claramente, para resolver el misterio de dónde y cómo edificar su propia estima.

Volverse detective no demanda vestirse de una gabardina con el cuello para arriba, y andar disimuladamente con una lupa. Pero sí se precisa de alguna instrucción en el arte de la observación. Tenemos que aprender a mirar y a escuchar, a evaluar la evidencia disponible, y a buscar las claves ocultas. Estas claves nos llevan a una información crítica para edificar la propia estima de nuestro cónyuge.

Claves de una propia estima inadecuada

Calladamente agazapados en los armarios y en el desván de la vida pasada y presente de tu cónyuge se encuentran docenas de claves que señalan a la inseguridad, al temor o a una deficiente confianza en uno mismo, lo que es el resultado de una deficiente propia estima. Probablemente ya has reconocido que tu cónyuge tiene necesidades en esta área, o no estarías leyendo este libro. Este capítulo te ayudará a comprender mejor a tu cónyuge, y a edificar en las áreas de su mayor necesidad.

Las siguientes diez claves te ayudarán a comprender los orígenes del fantasma de tu cónyuge y las experiencias que te ayudaron a conformar su propia estima. Mira estrechamente y escucha cuidadosamente, por el bien de tu cónyuge.

1 *La infancia de tu cónyuge quedó marcada por abuso paterno, descuido paterno, ignorancia paterna o por padres abusivamente autoritarios*

¿Cuáles son los antecedentes de la familia de tu cónyuge? ¿Su padre y madre se amaban claramente, y a sus hijos? ¿Fue tu cónyuge alentado de niño? ¿Inculcaron sus padres en él confianza y un sentimiento de dignidad y valor? ¿Creían en él y lo expresaban con frecuencia?

La revista *Parade* presentó una entrevista con el comediante Steve Allen y su mujer Jayne Meadows, acerca de sus muchos años juntos en matrimonio. Mucho del artículo se centra en los antecedentes de la inestable familia de Steve. En un comentario final acerca de su infancia, Hayne dice: «Somos lo que somos debido a dónde hemos estado.»[1]

Steve Allen es quien es en la actualidad porque proviene de una familia de cínicos en el circuito del teatro vodevilesco. A menudo era dejado a solas y a menudo lo descuidaban. Aprendió a emplear su sentido natural del humor para cubrir su profunda soledad y su sensación de ser rechazado. La vida de Allen ilustra la verdad de que nuestros antecedentes determinan en gran manera lo que vendremos a ser en nuestras personalidades y, más importante, en nuestra propia estima.

La propia estima de tu cónyuge es un resultado también de dónde ha estado. Sus padres puede que hayan sido demasiado permisivos, demasiado reglamentarios, demasiado estrictos, demasiado «religiosos» o, peor aún, violentos o negligentes. Imagina cómo fue la vida de tu cónyuge al ir creciendo. ¿Cómo se sentía? ¿Cómo te habrías sentido tú?

Si sus padres todavía viven, escucha de manera cuidadosa cómo se comunican con su hijo como adulto. Puede que sea diferente, pero es probable que las pautas de relación sigan intactas.

Alienta a tu cónyuge cuando comiences a enterarte acerca de su vida hogareña. Muestra empatía con él y dile que también a ti te duele que experimentara dolor emocional de niño. Tu marido o tu mujer necesita que le escuches y que muestres solicitud. Pero cuídate de no mostrar acritud contra sus padres o amigos por lo que hicieron o dejaron de hacer. Inculpar a los demás no resuelve el problema, sino que le añade. Añade a la carga de un espíritu de resentimiento, que puede esclavizaros a ti y a tu cónyuge. Da a sus padres el beneficio de la duda. Da por supuesto que hicieron lo mejor que supieron.

2 *Tu cónyuge teme abrirse, ser genuino, y ser vulnerable delante de ti y de otros*

El temor está generalmente arraigado en una deficiente propia estima. Tememos montones de cosas, pero para muchos el mayor de sus temores es el de ser rechazados. Por ejemplo, tu cónyuge puede temer al fracaso, o a aparecer de manera estúpida, o como olvidadizo o insensible, o muchas otras cosas. Todas estas cosas pueden transformarse en razones para ser rechazados por los demás, generalmente por alguien importante, o por un ser querido.

Cuantos más temores tenga tu cónyuge, tanto menos abierto se mostrará en una relación. Si las palabras *reservado* e *inexpresivo* definen a tu cónyuge, eso es una clave de su inseguridad —la plaga de rechazos reales o imaginarios en su pasado. Tu cónyuge tiene miedo de que le conozcan, y tiene miedo de ser rechazado.

Ten cuidado en no comunicar rechazo a tu cónyuge en forma alguna, especialmente si de natural no es abierto. Puede que esté intentando abrirse, pero que tú estés alimentando el rechazo que teme. En lugar de ello, trata de comprenderle. Pregúntate: «¿Por qué tiene miedo?» Quizá piense que ha tratado de ser abierto y que no ha funcionado; se ha sentido mal comprendido. Y ha abandonado. Puede que tengas que pedirle perdón por añadir a sus temores.

Lo que una persona temerosa más necesita de su cónyuge es ser recibida con gentileza, con amor, cuando trata de expresarse. Necesita que le escuchen. Reconoce que sus temores son reales, por insignificantes que te puedan parecer. Que ignoren sus sentimientos le hace sentir que no te cuidas de él, que no es importante. Santiago 1:19 dice lo siguiente: «Todo hombre sea pronto para oír; tardo para hablar, tardo para airarse.» Es un buen consejo para todos, pero especialmente para el cónyuge que tiende a hablar antes que a escuchar.

En el matrimonio se debe mantener un exquisito equilibrio entre ser abierto y pararse para escuchar. El clima de aceptación debiera ser tal que cada cónyuge se sienta libre de compartir sus pensamientos, sentimientos y dudas sin temor a ser rechazado.

Si tu cónyuge es temeroso, tu responsabilidad es crear ocasiones tranquilas, exentas de amenazas, sin apresuramientos, para que los dos podáis estar juntos. No temas al silencio. Cuando tu cónyuge se abra, escucha y sopesa sus palabras. Piensa acerca de tu contestación antes de darla, y dale gracias por lo que haya compartido contigo. Puede que no tengas ni idea acerca de cuán arraigados y dolorosos sean realmente sus temores.

3 *Tu cónyuge se desanima con frecuencia*

Un cónyuge que se desanima con frecuencia está comunicando: «No tengo confianza en mi capacidad. Tengo miedo de fracasar. Así que si no lo intento no experimentaré una derrota.»

Lo que esta persona necesita es que un animador amante y comprensivo acuda a su lado y crea lo mejor acerca de él. Mientras apoyas a tu cónyuge, haz preguntas que te ayuden a descubrir lo que le desalienta y por qué esta conducta forma una pauta en su vida. ¿Qué fracasos verdaderos o imaginarios en la experiencia de tu cónyuge le han llevado a desarrollar ese aspecto de su propia estima?

4 *Tu cónyuge carece de confianza, especialmente en la toma de decisiones*

La toma de decisiones, especialmente de las decisiones vitales, es cosa difícil para todos, pero para algunas personas puede ser un tormento. Una persona con enormes dosis de dudas acerca de sí mismo pocas veces confía en su juicio en la toma de decisiones. Quizá unos padres excesivamente controladores tomaron demasiadas decisiones por él, y nunca ha desarrollado un historial de confianza en un propia capacidad de toma de decisiones. Quizá fuese ridiculizado por unas decisiones erróneas, y que ya en época temprana de su vida decidiese dejar que otros le dirigieran.

Sea como fuere, la toma de decisiones en cualquier área se transforma en un riesgo cuando una persona tiene dudas acerca de sí misma y poca confianza. Con frecuencia se transforma en un seguidor y encuentra seguridad y protección en ir con la multitud.

Aquí tenemos una oportunidad para observar y comprender con simpatía de manera que puedas acudir a su lado y comiences a reconstruir la muralla derribada de la confianza. No te precipites ni tomes todas las decisiones por él, rescatándole del dolor y por ello del riesgo de una decisión errónea. Aliéntale a decidir y ayúdale en este proceso. Cuando esté pensando de manera clara y se dirija a una decisión precisa, encómiale verbalmente por su conocimiento y razonamiento. Si toma una decisión errónea, no le reproches ni rechaces sus esfuerzos. Dile que te sientes orgulloso de que se haya arriesgado y decidido. Pon esta decisión en perspectiva. La mayoría de las decisiones no son irreversibles ni de vida o muerte.

Por encima de todo, ten paciencia. Una persona que no se siente competente en el proceso de toma de decisiones necesitará mucho tiempo para decidirse. Hasta que tenga un historial de buenas decisiones y se sienta satisfecho, puedes esperar que el proceso necesite su tiempo. Puede que debas recordarle que no tomar ninguna decisión es a menudo peor que tomar una decisión errónea. Por encima de todo, permítele a tu cónyuge el espacio suficiente para tomar decisiones erróneas.

5 *Tu cónyuge tiene dificultades para admitir que se ha equivocado, siempre necesita tener la razón, o es incapaz de perdonar*

Puede que mentalmente califiquemos a ese cónyuge de orgulloso o arrogante, pero en raras ocasiones lo vemos como inseguro. El orgullo da un aire de confianza y de gran capacidad.

Pero esa persona es como una oveja vestida con piel de lobo. Su incapacidad para admitir errores y pedir perdón es una máscara de protección cubriendo a una persona temerosa. En lugar de ocultar su deficiente propia estima siendo un seguidor, esta persona proyecta un exterior «confiado, al mando» que desea fuese cierto en su fuero interno.

Dijo Samuel Butler: «No hay peor error que el de estar siempre en lo cierto.» Si tu cónyuge tiene siempre la necesidad de estar en lo cierto, sabes cuánta verdad hay en esta declaración. Es duro vivir con alguien así y ello puede crear en ti un sentimiento creciente de no poder ir a la par o de estar siempre en un error.

Da libertad a tu cónyuge para ser quien es. Pide a Dios que

te dé una comprensión llena de simpatía. Quizá de niño tu cónyuge siempre oía que estaba equivocado, incluso cuando no lo estaba. Quizá se sentía inferior, o acosado por un hermano o hermana mayores. A solas, y sintiéndose indigno, puede que se dijese, consciente o inconscientemente: «Algún día ya no tendré que estar más equivocado.» Quizá tu cónyuge sienta que estar en un error signifique ser un fracasado, y que admitir esto es sencillamente algo demasiado amenazador para su «necesitado» ego.

Da también una aceptación incondicional a tu cónyuge. Nunca le corrijas públicamente ni delante de tus hijos. Sé sensible y trata las cosas en privado. No se sentirá ni de lejos tan amenazado si está a solas contigo. Y ora que Dios te ayude para ablandarlo.

6 *Tu cónyuge es una persona impulsada*

«Ser impulsado» se emplea ampliamente hoy día para describir a individuos que son externamente personas de grandes realizaciones porque están empujadas interiormente por una profunda necesidad de tener aprobación. Es un problema creciente en nuestra cultura de ritmo rápido. El anuncio televisivo que muestra al profesional de la bolsa trabajando hasta tarde por la noche y antes de la madrugada al día siguiente, «trabajando para ti», proyecta una imagen de éxito y prosperidad. Otro anuncio muestra a jóvenes profesionales urbanos perfectamente vestidos lanzándose dentro y fuera de taxis, mirando sus relojes, y con apariencia de personas muy importantes. Estos anuncios comunican sutilmente lo que más quiere una persona insegura —una sensación de importancia, de ser necesarios, de tener valor.

Esta necesidad interior de significado y de valía personal lleva a las personas a ser impulsadas. Están tratando de ganar su valía en el terreno de la política, de las carreras profesionales, del atletismo, del ministerio o de la maternidad.

Muchos que han llegado al «éxito económico» siguen sintiendo que tienen mucho trecho aún para alcanzar su meta. Cuando le preguntaron a J. D. Rockefeller cuánto dinero sería suficiente para él, contestó: «Un dólar más de lo que tenga.» Algo le impulsaba constantemente a ganar más dinero, pero nunca se sentía satisfecho.

Los síntomas de esta común enfermedad son una constante actividad, reuniones sin fin, citas y aconsejamiento, y emergencias, cosas todas a las que sólo puede hacer frente la persona impulsada. El hombre o la mujer impulsados tienen generalmente una agenda repleta, y por lo general temen decir que no. Debido a que recibe su importancia de lo que piensen los demás, se vuelve esclavo de las opiniones de los demás. La seguridad y el significado han de ser ganados por medio de la forma de actuar. La persona impulsada no se detendrá para reposar o pensar. Las relaciones sufren porque no hay tiempo. Lleva una vida desquiciada.

Las personas impulsadas buscan los encomios de los otros para afirmar su propia valía. El problema es que por lo general los consiguen. Pero esta aceptación está basada en la forma de actuar y en la producción. Lo que cuenta es lo que hacen, no lo que son. Cuanto más hacen tanto más encomio reciben. Pero, como dice Sidney Harris, «Los propios logros no son garantía de la propia aceptación.»

Si tu cónyuge es impulsado o tiene tendencias a ser impulsado, lo que más necesita es tu aceptación y encomio por lo que es como persona, aparte de su ejecutoria. No te transformes en parte del problema encendiendo la necesidad de tu cónyuge de actuar. Si le das aceptación y encomio sólo cuando actúa bien y triunfa, y comunicas desaliento por los fracasos, entonces le estarás diciendo a tu cónyuge que es aceptable sólo cuando ejecuta y logra (que es lo que él se ha estado diciendo a sí mismo durante años).

Te necesita para que des equilibrio a una vida que muy probablemente está fuera de control. Ayúdale con su calendario. Ayúdale a decir *no* al menos una vez al día. Ayúdale a comprender cómo un exceso continuo en los compromisos sólo sirve para aumentar sus posibilidades de fracaso y pueden añadir a sus sentimientos de insuficiencia.

7 *Tu cónyuge es crítico hacia los demás*

Si tu cónyuge tiende a ser crítico hacia los demás, si frecuentemente emite juicios acerca de cómo se hacen o gestionan las cosas, esto es otra clave de una deficiente propia estima. Ocultándose detrás de este espíritu crítico se encuentra una propia imagen que intenta elevarse a sí misma derribando a los demás. Dice: «Mi idea era mejor», «A mi manera habría ido bien», «Yo lo hubiese podido hacer mejor si hubiese tenido la oportunidad», o «Nunca hacen las cosas bien». Estos pensamientos y comentarios son los intentos que hace tu cónyuge por dar valor a su persona interior a expensas de los otros.

Ayuda a tu cónyuge estando en su equipo pero sin ser parcial. Sé como un entrenador para alentarle. Ayúdale a ver el otro lado sin pasarte al otro equipo. Y no te unas a su actitud crítica. No necesita que te dediques a derribar también a los demás. Eso no edifica su propia estima; sólo sirve para alentar una debilidad.

8 *Tu cónyuge es un perfeccionista*

La psicología moderna nos informa que la mayoría de los primogénitos son perfeccionistas. Y también lo son los segundos y tercer nacidos porque, como dice el doctor W. Hugh Missildine en *Your Inner Child of the Past* [Tu niño interior del pasado], el perfeccionismo «se transmite literalmente en la familia».[2]

Un perfeccionista se siente impulsado a que las cosas sean así:

perfectamente ordenadas. Tiende a ser inflexible consigo mismo y con los demás. Trabaja duro y logra muchas cosas, pero raramente se siente satisfecho con su trabajo ni consigo mismo.

Está buscando aceptación, y por ello paz interior, buscando la perfección. Pero esta vida ordenada generalmente se le escapa de las manos. Debido a sus elevadas normas, está especialmente esclavizado a un fantasma mental de qué debería ser. Algunas personas tienen unas normas tan perfeccionistas que si llegan a las normas de su fantasma, en el acto elevan la norma. Crean un «ultrafantasma» en una área de sus vidas, y se consideran unos fracasados por no llegar a ello.

Tu cónyuge puede estar demasiado preocupado con el orden, la gramática correcta, la apariencia y belleza personal, la decoración del hogar, el trabajo duro o el éxito financiero. Muchas de las personas más hermosas del mundo son interiormente las más inseguras. Las mujeres cuyos hogares son intachablemente limpios, y que parecen como si saliesen de la cubierta de *El hogar perfecto,* a menudo se excusan cuando te dejas caer para verlas porque «la casa está hecha un desastre».

Los perfeccionistas tienen dificultad en saborear la satisfacción de un trabajo bien hecho. Siempre piensan: «Podría haberlo hecho mejor», y «No lo intenté con suficiente energía». Y a veces desconfían del verdadero encomio que le dan los demás.

¿Se considera tu cónyuge como un fracasado en alguna área, aunque en lo externo tú y otros piensen que está haciendo un buen trabajo? ¿Hay áreas en las que se empuja a sí mismo y otras áreas que parece que no le importan tanto?

Una vez más, la comprensión te permitirá ver en tu cónyuge al niño que no recibió una total aprobación, sino que se le dijo: «Está bien, pero puedes hacerlo mejor. ¿Por qué no lo pruebas otra vez?» Lo más probable es que creciese considerándose un fracasado académica, física, atlética y socialmente, o en cualquier área en la que se le negase una aprobación completa. Tu cónyuge pocas veces gozó de la sólida satisfacción de un trabajo bien hecho.

Ayuda a tu cónyuge a creer la verdad: que sus logros son excelentes y que puede hacerlo bien. Aliéntale a relajarse aunque no todo esté perfectamente ordenado. Deténte y goza de sus logros con él. Intentad juntos entender «dónde ha estado» para hacer salir el «por qué» detrás de su conducta actual.

9 *Tu cónyuge es crítico consigo mismo*

Muy estrechamente relacionado con el perfeccionismo está la voz del propio menosprecio. Criticándose continuamente a sí mismo, el cónyuge que abriga una deficiente propia estima está buscando la aprobación de manera desesperada. Así como esta necesidad de aprobación es la fuerza detrás de las normas y duro trabajo de un perfeccionista, también esta misma necesidad es la fuente de unos comentarios variados y negativos sin fin acerca de sí mismo. Declaraciones como: «Es que no hago una a derechas», «No tengo mucho talento», o «No soy demasiado diestro para ...» son claves.

Otras señales enviadas a través de la neblina de los malos sentimientos acerca del yo son declaraciones del tipo «cebo para atrapar cumplidos». Puede que tu cónyuge te pregunte: «¿Te gusta como me veo con mi vestido nuevo?» o «¿Te gusta la manera en que he arreglado la oficina?» ¿Son éstas las verdaderas preguntas? ¿Está tu cónyuge buscando tu opinión objetiva? ¿O está buscando algo más? ¿Está tu cónyuge esperando secretamente una dosis de genuina aprobación?

Otra señal de propio menosprecio es la dificultad para recibir regalos y cumplidos. Si tu cónyuge no se siente digno como persona, no se sentirá digno de regalos, ni materiales ni verbales. A veces menospreciará el regalo para hacerlo algo más apropiado, diciendo cosas como, «No tenías que hacerlo», o «Eso es demasiado». Podría responder a un cumplido con palabras como «No es verdad», o «No querrás decir eso de verdad».

Quizá tu cónyuge sea muy tímido. Tiende a preguntarse qué es lo que piensan los demás de él. Se imagina que todos los ojos se centran en él, y teme tropezar. Se pregunta acerca de su apariencia, de sus dotes para la conversación, y de sus gestos. Puede que esté agudamente consciente de cualquier tacha física que tenga.

Corrige gentilmente las valoraciones inadecuadas de tu cónyuge. Puede que te canses de oír sus pensamientos negativos acerca de sí mismo, pero sigue aceptándole, afirmándole y encomiándole por lo que es.

Tu cónyuge necesita saber que estos rasgos físicos que no le gustan no te importan, y que las cualidades personales o de carácter que no le gustan no afectan a tu amor y aceptación de él como persona con valor. Ofrécete a ayudar a tu cónyuge en las áreas que no le gustan y que necesitan cambiar, pero nunca le retires tu genuina aceptación. La propia estima de tu cónyuge nunca crecerá sin ello.

10 *Tu cónyuge se entrega al escapismo*

El otro día, un texto en la parte posterior de un auto me llamó la atención:

LA REALIDAD ES PARA LOS QUE NO PUEDEN SOPORTAR LAS DROGAS.

Éste es un triste reflejo de nuestra cultura actual. Hemos aprendido a evitar afrontar las verdaderas cuestiones de la vida por medio de varios medios de escape. Puede que tu cónyuge escape de la realidad por medio de las drogas, del alcohol, de los alimentos, o incluso del seguimiento de las posesiones materiales.

Demasiados, temerosos de tener que hacer frente a inconsecuencias, a defectos personales, a malos rasgos de la personalidad, o sencillamente a las presiones de la vida diaria, huyen a un mundo de fantasía. Rehuyen el mundo real, negando sus realidades y responsabilidades. Se crean una imagen ficticia de sí mismos que nunca fracasa y nunca les falla a otros. Se ponen a vivir en este estado de negación, y adoptan su ciudadanía.

Sin dudarlo, éste es uno de los mecanismos de acomodación más difícil de tratar. El mundo real de la responsabilidad, del dolor y de la presión no ofrece el atractivo y las promesas engañosas que da la fantasía.

Tienes que atraer gentilmente a tu cónyuge hacia el punto en el cual vea que un escape de la realidad es en realidad una decisión de abandonar. Las organizaciones que tratan con el alcoholismo y la drogodependencia pueden ser útiles, y quizá incluso necesarias.

Ofrece a tu cónyuge una verdadera relación con una persona real, y beneficios reales. No subestimes el poder del amor para sacar a otra persona de esas fantasías.

Estás en los amorosos brazos de Dios

Habiendo descubierto las pistas reveladoras y la evidencia escondida del pasado, ¿piensas que ya tienes el trabajo resuelto? ¿Crees que tienes un monte que escalar, o sólo una colina?

Hebreos 12:12, 13 nos dice qué hacer a continuación: «Por lo cual, levantad las manos caídas y las rodillas paralizadas; y haced sendas derechas para vuestros pies, para que lo cojo no se desvíe, *sino que sea sanado*» (cursivas añadidas).

¿Están débiles las manos o las rodillas de tu cónyuge? ¿O está cojo? Parte del designio de Dios para nuestro y vuestro matrimonio es que seamos edificados y fortalecidos. Tú tienes los brazos físicos del amor y de la aceptación de Dios para tu cónyuge.

Proyecto de edificación de estima

(Usa una hoja de papel, si es necesario.)

1. Escoge una o dos claves evidentes que muestran inseguridad en tu cónyuge. Anota aquellas evidencias que te llevaron a esas claves. ¿Qué puedes comenzar a hacer en cada área para ayudar a crear un ambiente para el crecimiento?

2. Si tú y tu cónyuge estáis leyendo este libro juntos, hablad acerca de qué claves pueden describirte mejor, y lo que sugerirías a tu cónyuge que haga para ayudar a edificar tu propia estima.

3. Haz un inventario de propia estima con tu cónyuge, usando el formulario que sigue a continuación. Puedes fotocopiarlo, si quieres.

---

1 Ovid Demaris, «The Other Side of Laughter» [El otro lado de la risa], *Parade* (5 mayo 1985), págs. 4-9.

2 Doctor Hugh Missildine, *Your Inner Child of the Past* (New York: Simon & Schuster, Inc., 1963), pág. 87.

INVENTARIO DE PROPIA ESTIMA

A. Lee toda esta lista de descripciones. Empleando la siguiente escala, valórate, y luego pide a tu cónyuge que se valore para cada descripción:

G = Generalmente   A = A veces   R = En raras ocasiones

Yo	DESCRIPCIÓN	Cónyuge
______	Teme los cambios	______
______	Es introspectivo	______
______	Teme ser rechazado	______
______	Intenta identificarse con logros	______
______	Es crítico consigo mismo	______
______	Se desalienta fácilmente	______
______	Se obsesiona con el pasado	______
______	Está a la defensiva	______
______	Está impulsado a la actividad	______
______	Habla negativamente de sí mismo	______
______	Busca la identidad mediante la posición	______
______	Carece de decisión	______
______	Se muestra crítico con los demás	______
______	Tiende a ponerse en duda consigo mismo	______
______	Se compara con los demás	______
______	Teme fracasar	______
______	Tiende a creer lo peor acerca de una situación	______
______	Puede paralizarse por sus propias insuficiencias	______
______	Busca su identidad en una acumulación de riqueza	______
______	Le es difícil establecer relaciones significativas	______
______	Esconde debilidades	______
______	Intenta controlar a otros para mejorar su imagen	______
______	Está generalmente satisfecho de sí mismo	______
______	Busca la identidad asociándose con gente significativa	______
______	Es tímido	______
______	Tiene sentimientos negativos acerca de sí mismo	______
______	Tiene expectativas irreales acerca de sí mismo	______
______	Se preocupa del qué dirán	______
______	Necesita una continua aprobación	______
______	Se siente inseguro junto a los demás	______
______	Tiene dificultades para confiarse	______
______	Se toma las cosas personalmente	______

B. Compara y discute tu lista con la de tu cónyuge.

C. ¿Qué área o áreas tienden a ser los puntos de mayor dificultad para tu cónyuge? ¿Y para ti?

D. Escribe lo que recomienda tu cónyuge que hagas para ayudarle en sus áreas más problemáticas.

4

Nueve leyes que liberan

- La verdad: Una nueva norma de comparación
- La verdad es poderosa
- La verdad exige una respuesta
  - La ley de dar
  - La ley de la comprensión
  - La ley de la perseverancia
  - La ley de la siembra y de la siega
  - La ley de la susceptibilidad a la enseñanza
  - La ley de la responsabilidad
  - La ley del riesgo
  - La ley de la valía dada por Dios
  - La ley de la suficiencia divina
- Matando el fantasma con la verdad
- Edificando bloques de propia estima
- Proyecto de edificación de estima

Cuando se entrena a agentes del FBI para que detecten el dinero falso, no se pasan todo el tiempo examinando moneda falsa. No, se pasan horas examinando cuidadosamente billetes auténticos de 1, 5, 10, 20, 50 y 100 dólares. Su entrenamiento está dirigido a hacerlos tan conocedores de cómo es el dinero genuino, que la imitación sea fácilmente reconocible.

De manera similar, tu cónyuge necesita tu ayuda para estar *alerta* a la verdad de Dios acerca de sí mismo. Al pasar esta verdad a incorporarse a su vida, comenzará a darse cuenta de las mentiras, de los pensamientos falsos, y de los falsos sentimientos que niegan la verdad. Estas falsas evaluaciones serán claramente expuestas como las falsedades que son.

La verdad: Una nueva norma de comparación

Para que surja la seguridad en tu cónyuge, necesita una nueva norma de comparación que mida de manera precisa y autoritativa su dignidad y valor. La verdad de la Biblia es precisamente esa norma. Tal como Dios la estableció, la verdad es un patrón eterno de valor y dignidad. No cambia con los cambios de la sociedad.

El concepto de verdad puede suscitar todo tipo de respuestas negativas, entre ellas «qué aburrimiento», «qué cosa más seca», «muy restrictivo», «filosófico», y «sólo para profundos pensadores». Sí, la verdad es la única norma mediante la que las personas se pueden medir de manera precisa y confiada. Es el fundamento sobre el que se disponen los bloques de construcción de la propia estima que vienen más adelante. Sin el fundamento de la verdad, todos tus esfuerzos por edificar a tu cónyuge se derrumbarán cuando tú y tu cónyuge, inevitablemente, os falléis mutuamente. No hay ningún otro criterio permanente, duradero, por el que saber si una persona ha tenido éxito o si ha fracasado.

La verdad es poderosa

La verdad de la Palabra de Dios promete acción —algunas veces una acción que conlleva dolor. «Porque la Palabra de Dios es viva y eficaz, y más cortante que una espada de dos filos; y penetra hasta la división del alma y del espíritu, de las coyunturas y de los tuétanos, y discierne los pensamientos y las intenciones del corazón.»[1]

¿Quieres ayudar a erradicar el inalcanzable fantasma de tu

cónyuge? ¿Quieres conseguir que sus pensamientos equivocados acerca de sí mismo queden abatidos y eliminados? Si es así, la verdad contenida en la Escritura es la acerada espada que necesitáis.

La verdad exige una respuesta

Una noche, bajo una espesa niebla, el capitán de un gran barco vio lo que parecían ser las luces de otro barco aproximándose en la distancia. Este otro barco iba en un rumbo que significaría una colisión frontal. Rápidamente, el capitán hizo señales al barco que se acercaba: «Por favor, cambie su curso 10 grados al oeste.» La réplica se vio destellando a través de la espesa niebla: «Cambie usted su curso 10 grados al este.» Indignado, el capitán recurrió a su grado y lanzó un mensaje al otro barco: «Soy un capitán de navío con treinta y cinco años de experiencia. ¡Cambie su rumbo 10 grados al oeste!» Sin vacilación alguna, la señal de vuelta le dijo: «Soy marinero de cuarta. ¡Cambie su curso 10 grados al este!» Enfurecido y fuera de sí, el capitán se dio cuenta de que en pocos minutos iban a colisionar, por lo que mandó su última advertencia al barco, que se iba aproximando rápidamente: «Soy un buque de carga de 50.000 toneladas. ¡*Usted* cambie su rumbo 10 grados al oeste!» Y este sencillo mensaje le vino de vuelta: «Yo soy un faro. Cambie *usted*...»

Lo mismo que este capitán, podemos necesitar cambiar de rumbo cuando nos vemos delante de la verdad. Lo que pensamos que es cierto, el fantasma, puede que no sea cierto en absoluto. Tú o tu cónyuge podéis necesitar más que un cambio mínimo de 10 grados —puede que necesitéis un cambio de 180 grados. Puede que lleguéis a la conclusión de que estáis en un rumbo equivocado, y que estáis haciendo frente a los problemas de una manera errónea o con una actitud equivocada.

Sin conocer las verdades que siguen, podéis perder el ánimo al tratar de edificar a vuestro cónyuge. El reconocimiento de esas verdades es esencial para cualquiera de las parejas casadas que quieran ayudarse el uno al otro a edificar una propia imagen positiva.

NUEVE LEYES QUE LIBERAN

Jesús dijo: «Y conoceréis la verdad, y la verdad os hará libres.»[2] Quizá tu cónyuge esté esclavizada bajo una deficiente propia estima porque haya escogido (bien voluntariosamente o por falta de conocimiento) no creer la verdad.

Queremos compartir nueve verdades, o leyes, que comenzarán a liberarte a ti y a tu cónyuge al edificar el uno la vida del otro y a fortalecer el uno la propia imagen del otro. Lo mismo que el agua que satura una esponja, estas verdades debieran impregnar tu relación con tu cónyuge. Comprender y aplicar estas leyes es un prerrequisito para emplear los diez bloques de construcción que seguirán más adelante.

1 *La ley de dar*

Jesús dijo: «Dad, y se os dará; una medida buena, apretada, remecida y rebosante os pondrán en el regazo. Porque con la misma medida con que medís, os volverán a medir.»[3] La Ley de Dar se aplica a muchas áreas de la vida, pero es especialmente pertinente para nuestra propia estima.

Sin embargo, una filosofía dominante dice: «Sólo puedes dar lo que tienes.» El mundo susurra: «Espera hasta que cubras tus propias necesidades; luego serás suficientemente fuerte para proyectarte a los demás. Entonces podrás "verdaderamente" dar.»

¿Es eso lo que quería decir Jesús cuando dijo «dad»? ¿Acaso puso limitaciones en su mandamiento para excusar a los «pobres»? No nos parece que sea así. ¿Por qué? Quizá porque Jesús sabía que todos caemos, en uno u otro grado, en la categoría de los «pobres». Y entonces no habría nadie que diese, sino sólo un mundo lleno de gentes esperando recibir.

El cristianismo está lleno de aparentes paradojas, incluyendo una que Jesús nos enseña: Si damos, recibiremos. De alguna manera tiene lugar una transferencia, de modo que cuando damos no somos vaciados, sino enriquecidos, incluso si no lo vemos o sentimos en aquel momento.

Después de oír algo del material presentado en este libro, una mujer vio ilustrada esta ley. Escribe ella: «Me he dado cuenta de que al dar de mí misma, estoy en realidad recibiendo a cambio un esposo que se siente seguro de sí mismo, lo que a su vez me hace sentir seguridad a mí misma.»

Quizá estés cansado de dar. Puede que estés pensando: «No conoce usted a mi cónyuge. No quiero dar esta vez.» Incluso puede que pienses: «¡No me importa lo que diga la Biblia!» Lo entendemos. Pero cuando no rige la verdad, rigen los sentimientos. Actuar en base de sentimientos negativos no servirá para edificar la propia imagen de tu cónyuge ni tu matrimonio —sólo derribará lo que ya hayáis edificado.

¿Eres un dador? Recuerda: dar es uno de los prerrequisitos de un matrimonio maravilloso. Incluso si piensas que durante años no has hecho más que dar, y dar, por favor no abandones. Tu cónyuge te necesita más de lo que piensas. Sigue dando. Dios ve, y Él te recompensará. Como Pablo amonesta: «No nos cansemos, pues, de hacer el bien; porque a su tiempo cosecharemos, si no desfallecemos.»[4]

F. B. Meyer dijo: «A los ojos del mundo, el más rico es quien más tiene. A los ojos del cielo, el más rico es quien más da.» ¿Dónde quieres ser el más rico?

2 *La ley de la comprensión*

Una historia de *Hans Brinker,* un clásico de la literatura infantil, centrado en la Holanda del siglo diecinueve, ilustra la Ley de la Comprensión. Es la historia de un grupo de jóvenes adolescentes que se lanzan a una gran aventura de vacaciones. Salen de su pequeña población para atravesar Holanda patinando por sus canales helados y pasar unos cuantos días visitando la magnífica ciudad de Amsterdam. De camino, los cinco jóvenes se detienen en una pequeña posada para pasar la noche. Después de recobrar fuerzas con una cena caliente, los jóvenes, imprudentemente, vacían su bolsa sobre la mesa para contar el dinero. Después de planear la ruta del día siguiente, suben a sus dormitorios.

> En medio de la noche, el líder de los jóvenes, Peter, despertó debido a un débil ruido de alguien que se deslizaba por el suelo. Después de una pelea, los chicos aprehendieron valientemente al frustrado ladrón. Dos policías se llevaron luego al preso, y se mandó a los chicos y al dueño de la posada que compareciesen en el juzgado a la mañana siguiente.
>
> El diálogo en el juzgado fue comprensiblemente agitado. «¡El granuja este!, dijo Carl [uno de los muchachos] fieramente… lo habrían de encarcelar en el acto. Si hubiese yo estado en tu lugar, Peter, desde luego que lo mato en el acto!»
>
> «Pues tuvo suerte de caer en manos más bondadosas,» dijo Peter, gentilmente. «Parece que había sido ya arrestado con anterioridad… esta vez iba además armado con un cuchillo, y eso le empeora mucho las cosas, pobre chico.»
>
> «¡Pobre chico!», dijo Carl, burlándose. «¡Se podría pensar que es tu hermano!»
>
> «Es mi hermano, y también tu hermano, Carl Schummel, por lo que a ti te toca», contestó Peter. «No podemos decir qué habríamos llegado a ser bajo otras circunstancias. Nosotros hemos sido protegidos del mal desde la hora en que nacimos.

Un hogar feliz y unos buenos padres podrían haber transformado a ese hombre en una buena persona en lugar de lo que es.»[5]

La respuesta de Peter constituía una rara muestra de lo que la Biblia menciona como entendimiento. Estrechamente relacionada con la sabiduría y el conocimiento, la comprensión o entendimiento se define en el diccionario de Noah Webster de 1828 como «la facultad de la mente humana mediante la que ... *abarca* las ideas que otros expresan y tratan de comunicar» (énfasis añadido).

Así, el entendimiento o comprensión no es sólo una transferencia de información, sino una empatía para con la otra persona basada en lo que se ha compartido o comunicado. En nuestra vida matrimonial hemos encontrado que la comprensión es esencial para edificar la imagen propia del otro. Estamos constantemente intentando abarcar el contexto de la vida del otro, lo mismo que Peter hizo con el ladrón. El contexto nos ayuda a explicar nuestra propia imagen, nuestra conducta y nuestras actitudes.

La aplicación de esta Ley de la Comprensión te dará derecho a ser oído por tu cónyuge. Las sugerencias y los intentos de edificar en tu cónyuge tendrán una mejor recepción si se da cuenta de que verdaderamente comprendes, o que al menos *deseas* comprender.

La próxima vez que tu cónyuge exprese alguna preocupación, pregúntale si cree que tú le comprendes. Practica la escucha con un oído leal, y mira más allá de su respuesta a su causa. ¿Qué ha ocurrido en la vida de tu cónyuge en el pasado para que contribuya a su actual actitud? ¿Qué presiones actuales pueden estar aplastando su propia estima?

Proverbios 24:3 dice: «Con sabiduría se edifica una casa, y con prudencia se consolida.» Comienza a reconstruir la propia estima de tu cónyuge y de esa manera fortalecerás tu matrimonio al darle el don de la comprensión.

3 *La ley de la perseverancia*

En nuestro matrimonio tendemos a querer resultados instantáneos. Queremos ver el cambio ya desde ayer. O, como muy tarde, hoy. Sin embargo, y en contra de nuestros deseos, los cambios positivos que hemos visto han tenido lugar lentamente. Y muchos están en proceso.

Así como la propia estima de tu cónyuge creció a lo largo de toda una vida de experiencias, así se amoldará a la verdad con el tiempo al ir creciendo en el conocimiento de Dios y experimente Su plan para su vida. Ten fe y esperanza en Jesucristo y en Su suficiencia. Cree que tu cónyuge *puede* cambiar y que *cambiará.*

Pablo escribe, acerca de este proceso: «Y todos nosotros, mirando cara a cara descubierta como en un espejo la gloria del Señor, vamos siendo *transformados* de gloria en gloria a la misma imagen» (énfasis añadido).[6]

Estamos siendo transformados, estamos siendo cambiados. No es instantáneo; es un proceso de *devenir.* La Ley de la Perseverancia nos advierte que no busquemos un cambio inmediato. Un roble puede precisar de cincuenta hasta setenta y cinco años para llegar a la madurez. La paja sólo necesita tres meses. ¿Qué clase de crecimiento y madurez quieres en tu cónyuge?

Charles H. Spurgeon tiene una palabra para ti en tu intento de edificar la propia imagen de tu cónyuge. Dice él: «Mediante la perseverancia, el caracol llegó al arca.» Manténte en ello. La perseverancia te dará su recompensa, así como lo hizo para el caracol.

4 *La ley de la siembra y de la siega*

Imagina tu vida, la vida de tu cónyuge, y tu matrimonio, cuando estéis en vuestros sesenta o setenta años. ¿Qué contemplas? ¿Una relación vital, contagiosa, entre dos personas que han ascendido juntas muchas montañas? ¿Contemplas con admiración a aquel que puede decir que se ha vuelto más fuerte a través de los huracanes de vuestra vida? ¿U oyes sólo el tic-tac del reloj y el crujido recurrente de una mecedora, e imaginas una mirada ocasional en los ojos de tu cónyuge, que se ha convertido en un extraño distante? ¿Un extraño que nunca se ha sentido libre para abrirse, porque estaba encadenado por una deficiente propia imagen?

Las Escrituras dicen: «No os dejéis engañar; de Dios nadie se mofa; pues todo lo que el hombre siembre, eso también segará.»[7] ¿Qué estás sembrando en tu cónyuge y en tu matrimonio? ¿Estás sembrando las semillas del tiempo, de la creatividad y de la comprensión? ¿O estás sembrando hierbajos de impaciencia, ira, falsas pretensiones, egoísmo, menosprecio o descuido?

Si esperas gozar a los cincuenta, sesenta o setenta de los beneficios de un cónyuge que es positivo acerca de sí mismo y de la vida, y de un matrimonio vivo y rico, entonces debes sembrar de manera activa la semilla en la vida de tu cónyuge. Una cosecha futura demanda que siembres de manera fiel, y que de manera fiel prosigas los cuidados de tu cultivo.

5 *La ley de la susceptibilidad a la enseñanza*

La Biblia enseña una y otra vez que el crecimiento no puede tener lugar sin un corazón susceptible a ser enseñado. Creemos que un espíritu susceptible a ser enseñado es uno de los componentes más importantes en cualquier relación matrimonial, y con ello en la edificación de la propia estima de tu cónyuge.

Por espíritu susceptible a ser enseñado nos referimos a un deseo progresivamente creciente de aprender. Demanda la capacidad de admitir el fracaso y de pedir perdón el uno al otro. En último término, demanda una disposición para hacer lo correcto, lo que Dios quiere, sea cual sea el sacrificio o el coste personal.

Hemos descubierto que es imperativo en nuestra relación, con Dios y entre nosotros, retener nuestra capacidad de decir: «No he llegado», «Tengo aún cosas que aprender,» «Por favor, ayúdame a desarrollarme y a madurar en esa área.» De la misma manera, te alentamos a pedir de manera constante a Dios que os dé a ti y a tu cónyuge unos corazones susceptibles a ser enseñados, dispuestos a hacer todo lo que Él os manda.

Quizá tu cónyuge no sea susceptible a ser enseñado. Comienza a orar ahora para que él tenga hambre y sed de progreso y para que no quede satisfecho con la mediocridad. Sé además ejemplo de un corazón susceptible a ser enseñado en tu propia vida. La susceptibilidad a la enseñanza puede ser contagiosa. Puede que seas el mejor ejemplo de crecimiento que jamás vea tu cónyuge.

6 *La ley de la responsabilidad*

La Ley de la Responsabilidad demanda que sometas tu vida al juicio y a la autoridad de otra persona para que te ayude a vivir la vida cristiana. Pablo escribe acerca de esta responsabilidad en Efesios 5:21: «Sometiéndoos unos a otros en el temor de Dios.»

Someter tu vida a otra persona involucra riesgo y temor. Pero con el riesgo viene la esperanza de ser conocido y aceptado. Y con la aceptación viene un crecimiento en la confianza y en la protección.

La responsabilidad en el matrimonio dice: «Te necesito. Tú eres importante para mí y necesito que seas mi cónyuge. Quiero compartir mi vida contigo, porque eres *mi amigo en quien confío.»*

Esta responsabilidad establece una sociedad de protección mutua entre tú y tu cónyuge. Cuando te vuelves responsable ante tu cónyuge, le dejas entrar en el interior de tu vida. Puede que reveles una debilidad para la que puedas necesitar consejo, una tentación que te está acosando, o un problema para cuya resolución necesitas la ayuda de tu cónyuge.

La responsabilidad funciona como un paraguas —protege. Debido a que Dennis es responsable ante Bárbara por su agenda, ella se siente parte de la vida de Dennis. Y por cuanto Bárbara es responsable ante Dennis por los muchos objetivos que ella tiende a establecer, él sabe que se confía en él y que es una parte significativa de la vida de ella. El designio de Dios para el matrimonio incluye una sociedad de responsabilidad para los propósitos de crecimiento, protección y la edificación de la confianza. Y la confianza es algo no negociable si se quiere edificar la propia estima del cónyuge.

Haz tu vida responsable ante tu cónyuge en una área en la que necesitas de su fuerza. Como resultado, contempla cómo tu cónyuge está radiante de entusiasmo. Pensará: «¡Mi pareja realmente confía en mí!»

7 *La ley del riesgo*

Edificar la propia imagen de tu cónyuge y en último término la de tu matrimonio demanda arriesgarse. Eliminar tu máscara y dejar que tu cónyuge te conozca demanda vulnerabilidad. Es cosa tentadora retirarte de este desafío a la seguridad de lo conocido y predecible. Pero recuerda, asumir riesgos puede ser compensador, al conseguir un matrimonio más fuerte. Así que arriésgate. Deja que tu cónyuge entre en tu vida, y dale aliento a que haga lo mismo.

Puedes ayudar a tu cónyuge a ser valiente y vulnerable dando satisfacción a sus intentos de comunicarse. Escucha y ten paciencia. Está arriesgándose a tu rechazo, que puede ser uno de sus temores más controladores. Lo mismo que cuando se está haciendo *rappel* en un pico montañoso de tres mil metros, está descendiendo hacia lo desconocido, lo inexplorado, lo no probado. Alienta sus intentos. Y compensa sus esfuerzos con aprobación y afirmación.

8 *La ley de la valía dada por Dios*

Hellen Keller dijo: «Es tanto lo que se me ha dado que no tengo tiempo para pensar en lo que me ha sido vedado.»

Esta mujer, ciega y sorda, pudo llegar a mirar más allá de las circunstancias y condiciones que la limitaban para poder descubrir aquello que no le podía ser arrebatado. Se dio cuenta de que Dios le había dado valía y dignidad. Hecha a imagen de Dios, ella comprendió que era la cima de la creación de Dios. Y sabía que, como nos dice el Salmo 8:5, estaba coronada con «gloria y majestad».

Tu cónyuge tiene también valía. Primero, Dios le ha dado una *valía asignada*. Él ha dado valor a todas las personas como Su creación, y a los cristianos como Sus hijos.

Así como John F. Kennedy nació en la familia Kennedy y por ello recibió una valía asignada, los que hemos renacido en la familia de Dios (por la fe en Cristo) tenemos una valía asignada. Kennedy no hizo nada para merecer aquel prestigio y posición en la sociedad, lo mismo que nosotros no merecemos nuestra posición. Es un don gratuito —parte de nuestra primogenitura— cuando confiamos en Cristo para perdón de nuestros pecados.

Otra ilustración de valía asignada es la historia de un joven secuestrado de su hogar en África y llevado a América en un barco de esclavos. Después de meses de sufrir unos alimentos podridos, enfermedades, la hedor de excrementos humanos, y la muerte de muchos a su alrededor, este joven fue puesto en una tarima para ser vendido. Este orgulloso hombre negro se mantuvo valiente con el pecho fuera, la mirada levantada y sus ojos mirando directamente delante de él.

La multitud se agitó al darse pronto cuenta de que este hombre era diferente. ¿Pero por qué? El mercader de esclavos explicó: «Este chico es hijo de un rey en África, ¡y no puede olvidarlo!»

Ayuda a tu cónyuge a recordar que es hijo del Rey. Recuérdale los beneficios que le pertenecen en virtud del nuevo nacimiento (como los delineados en Efesios 1:3-14).

Dios ha dado también valía a tu cónyuge al darle la capacidad y responsabilidad de alcanzarla o conseguirla. La *valía alcanzada* es la satisfacción dada por Dios de llevar a cabo una tarea, de ser obediente, de emplear con fidelidad los propios talentos y dones espirituales. Aunque sean alcanzados por el hombre, estos logros son posibles sólo porque Dios ha dado a la vez la capacidad y la oportunidad de hacer que sucedan.

Lee Iacocca ilustra la valía alcanzada. Hijo nacido de un inmigrante italiano, Iacocca trabajó ascendiendo por los escalones de la industria hasta llegar a ser el segundo de a bordo en la Ford Motor Company. Despedido por Henry Ford, Iacocca pasó a trabajar para Chrysler como principal ejecutivo. La total transformación de Chrysler desde una compañía en bancarrota a una compañía próspera transformó a Iacocca en un héroe popular de América. Ha alcanzado una valía y valor (temporales) a los ojos del *mundo* que pocas personas podrán nunca esperar alcanzar.

Un cristiano que obedezca a Dios y que sea fiel en seguirle durante su vida tiene una mayor oportunidad de valía alcanzada. En tanto que la fama humana de Iacocca durará sólo una vida, tu cónyuge puede conseguir el aplauso del cielo y «guardar tesoros» que durarán toda la eternidad, mediante la obediencia a los mandamientos de Cristo.

Pero esto no es todo. Dios da también la satisfacción de unas responsabilidades bien desempeñadas en la tierra. Él concederá a tu cónyuge el privilegio de poder experimentar ahora la satisfacción de los logros. El resultado es valía alcanzada.

Potencia la valía alcanzada de tu cónyuge recordándole su fidelidad, sus éxitos y sus contribuciones, sean públicas o privadas. Ocasionalmente todos pierden de vista su valor personal, y necesitan que se les recuerden sus logros pasados. Por otra parte, el placer del logro puede llegar a ser la única medida de la valía. Ayuda a tu cónyuge a mantener un equilibrio entre la valía alcanzada y la valía asignada. Este equilibrio ayudará a que se mantenga satisfecho y a impedir que llegue a vivir bajo la impulsión.

9 *La ley de la suficiencia divina*

Este libro contiene muchos principios y muchas verdades procedentes de la Biblia. Pero estos valiosos principios sólo serán dogmas secos y formulaciones doctrinales a no ser que la persona de Jesucristo esté en el centro de tu vida. Como dice A. W. Tozer, «Lo más importante para ti es qué piensas tú acerca de Dios.»

Para edificar la propia estima de tu cónyuge, Jesucristo ha de ser *tu* suficiencia. Pablo escribe: «No que seamos competentes por nosotros mismos para pensar algo como de nosotros mismos, sino que nuestra competencia proviene de Dios.»[8]

La tarea de edificar la propia imagen de tu cónyuge no es pequeña, ni se lleva a cabo con facilidad. Pueden surgir repentinamente sentimientos de insuficiencia y de desesperanza y envolverte como una espesa niebla. Durante estos tiempos, la verdad puede parecer estar penosamente distante e incluso que no es práctica, pero al centrarte en la suficiencia de Cristo te puede preservar de quedar abrumado. Él está vivo hoy, y Él está dispuesto para guiarte a lo largo del camino.

Pablo habla de esta suficiencia cuando se gloría de la persona de Cristo como viviendo y obrando en él. «Y me ha dicho: Bástate mi gracia; porque mi poder se perfecciona en la debilidad. Por tanto, de muy buena gana me gloriaré más bien en mis debilidades, para que habite en mí el poder de Cristo ...; porque cuando soy débil, entonces soy fuerte.»[9]

La propia imagen de tu cónyuge puede llegar a ser un trofeo de la gracia y del poder de Dios. No importa cuán inadecuado te sientas para ayudar a tu cónyuge, o cuán deficiente parezca la propia imagen de tu cónyuge, Dios es totalmente capaz de hacer lo que parece imposible. Su poder se hace tanto más evidente cuanto más débiles somos.

¿Por qué no te sometes hoy a Él, y le pides que sea tu suficiencia y tu fortaleza? (Si tú o tu cónyuge tenéis en duda vuestra relación con Dios y vuestro destino eterno, por favor pasad a leer el apéndice al final de este libro.)

Matando el fantasma con la verdad

La aplicación de esas leyes puede afectar profundamente la propia imagen de tu cónyuge. Su fantasma quedará evidente bajo la luz de la verdad. No importa cuán profundamente le haya golpeado su experiencia, tu cónyuge puede comenzar a ser sanado según tú vayas aplicando estas verdades con fidelidad. No se te demanda perfección, sino perseverancia. Recuerda a tu cónyuge estas verdades mientras obras para crear un ambiente en tu hogar que alimente su propia estima con comprensión, dar, paciencia, y oración.

Ahora que está echado el fundamento, los capítulos que siguen explican diez bloques prácticos de construcción que cambiarán la propia estima de tu cónyuge.

LOS BLOQUES DE CONSTRUCCIÓN DE LA PROPIA ESTIMA

1. Aceptación incondicional
La aceptación total es el fundamento más importante para la construcción de la propia estima de tu cónyuge. Sin ella, tu matrimonio descansa sobre las arenas movedizas de las emociones.

2. Poniendo el pasado en perspectiva
Contribuye con una perspectiva positiva, esperanzada, para el pasado imperfecto de tu cónyuge.

3. Plantando palabras positivas
Tus palabras tienen el poder de contaminar una propia imagen positiva, o de sanar el tumor maligno de una propia imagen negativa.

4. Construyendo en tiempos difíciles
Capea las tormentas de la vida dirigiéndoos el uno al otro y edificando el uno al otro, en lugar de rechazaros el uno al otro.

5. Dando la libertad de fracasar
Libera a tu cónyuge de las cadenas de la forma de actuar con la llave de oro llamada «libertad para fracasar».

6. Complaciendo a tu cónyuge
Al centrarte en complacer a tu cónyuge, le comunicas que le valoras, abrigas y amas.

7. Haciendo lo correcto
Tu aplauso genuino por las decisiones correctas motivarán a tu cónyuge hacia un estilo de vida obediente.

8. Ayudando a tu cónyuge a desarrollar amistades
Alentando a tu cónyuge a desarrollar estrechas amistades, podrás capacitar a otros para afirmar su valor y significación.

9. Manteniendo la vida gobernable
Completar la construcción de la propia imagen de tu cónyuge demanda la toma de decisiones difíciles, conocer tus valores, reflexionar con oración, y mantener la vida sencilla.

10. Descubriendo la dignidad a través del destino
El verdadero significado se encuentra al invertir en una causa que nos trascienda.

Proyecto de edificación de estima

(Usa una hoja de papel si es necesario.)

Lo que sigue es una lista de las nueve leyes que liberan. Pon un asterisco junto a las dos o tres leyes que pensáis que necesitáis aplicar a vuestro matrimonio. (¡No señales tantas que luego te sientas abrumado!) Alienta a tu cónyuge también para que seleccione un par de leyes para aplicar.

1. La ley de dar
2. La ley de la comprensión
3. La ley de la perseverancia
4. La ley de la siembra y de la siega
5. La ley de la susceptibilidad a la enseñanza
6. La ley de la responsabilidad
7. La ley del riesgo
8. La ley de la valía dada por Dios
9. La ley de la suficiencia divina

Por cuanto todas éstas son actitudes y perspectivas, piensa ahora en maneras concretas en que puedas exhibir estas actitudes para con tu cónyuge.

---

1. Hebreos 4:12.
2. Juan 8:32.
3. Lucas 6:38.
4. Gálatas 6:7.
5. Mary Mapes Dodge, *Hans Brinker* (New York: Grosset & Dunlap, Inc., 1984), págs. 154-157.
6. 2 Corintios 3:18.
7. Gálatas 6:7.
8. 2 Corintios 3:5.
9. 2 Corintios 12:9, 10.

Aceptando incondicionalmente

La aceptación total es el fundamento más importante en la edificación de la propia estima de tu cónyuge. Sin ella, tu matrimonio descansa en las arenas movedizas de las emociones.

5

Tratando con lo bueno, lo malo y lo distinto en tu cónyuge

- Adán y Eva en el escenario
- «¿Deberíamos quedárnosla?»
- Dios habla acerca del Matrimonio —Dejando, Uniéndose, y Llegando a ser una sola carne
- El gran error y lo que sucedió después
- Creando una experiencia paradisiaca en tu matrimonio
- Haciendo que florezca la aceptación
- ¿Y qué de las diferencias?
- Viviendo con las diferencias de tu cónyuge
- Orando por ti mismo
- Hablando con tu cónyuge
- Protege a tu cónyuge con su permiso
- Ignorando las diferencias
- Continúa verbalizando el compromiso
- Acepta incondicionalmente a tu cónyuge
- Proyecto de edificación de estima

Bloque de construcción Nº 1: Aceptación incondicional

En el relato familiar del don de Eva a Adán por parte de Dios, encontramos la base para la aceptación incondicional de tu cónyuge. En la escena primera, Adán, aunque seguro en su propia estima y conociendo su dignidad y valía, hace un descubrimiento: Está solo. Dios permite que Adán sienta esta soledad para prepararle para Su plan, que será revelado en la escena segunda.

Se prepara el escenario para la escena segunda. La crucial presentación y el primer encuentro. Se levanta el telón. La audiencia, los ángeles del cielo, se sume en el mayor silencio.

Dios y Eva entran en la escena donde Adán está ya presente. Dios presenta Eva a Adán como Su perfecta provisión para la necesidad que Adán experimenta. Ella es la solución de Dios para el problema de Adán. Luego acontece el punto culminante de esta escena: Adán acepta de corazón el don de Dios —Eva.[1] La audiencia aplaude. Baja el telón.

Antes de bostezar debido a la familiaridad que tenemos con la historia, pensemos por un momento acerca de esta crucial escena. ¿Qué hubiera sucedido si Adán hubiese dicho: «No es ella lo que tenía yo en mente, pero no hay otra cosa, así que la aceptaré»? ¿Cómo se habría sentido Eva? ¿Se habría sentido aceptada? No. La respuesta de Adán fue de una total aceptación. No hubo rechazo. No hubo condiciones.

¿Y qué de Eva? ¿Era ella acaso una marioneta en esta función? No lo creemos así. Eva también hizo una elección. ¿Qué si hubiese rechazado a Adán en algún sentido? No podía saber qué clase de marido iba a ser para ella. No podía comprobarlo con sus padres ni hablar con sus amigos.

Adán y Eva se comprometieron a recibirse y aceptarse el uno al otro como el don y la provisión de Dios para su necesidad sobre la base de la fe en Dios. Conocían a su Creador. Sabían que Él era amoroso y que podían confiar en Él.

Nosotros hemos tenido el privilegio de experimentar esta «aceptación por la fe» el uno al otro. De manera similar, hemos recibido seis hijos de manos de Dios. Antes que naciese nuestro último hijo, los dos habíamos supuesto que sería un niño. Con toda nuestra experiencia esperábamos que nuestra intuición sería exacta, especialmente porque esta vez estábamos los dos de acuerdo. Pero en un frío y claro atardecer de verano, tres horas después de llegar al hospital, el doctor nos entregó nuestro nuevo bebé y dijo: «¡Es una niña!»

Supongamos que de inmediato hubiésemos celebrado una consulta —nosotros dos solos— y que hubiésemos celebrado la siguiente conversación:

> «Aquí debe haber un error; se suponía que había de ser un niño.»
> «¿No crees que está un poco azulada?»
> «Tienes razón, y me pregunto si tendrá buen carácter.»
> «Nunca se sabe.»
> «Bueno, ¿qué piensas? ¿Deberíamos quedárnosla?»
> «Votemos.»

Evidentemente, esta conversación nunca tuvo lugar. Nunca hubo una pregunta, ni una duda. La recibimos, y la recibimos como un don de Dios para nosotros sin saber nada acerca de ella. Sin embargo, sí que conocíamos al Dios que nos la dio, y confiábamos en Él. Así que extendimos nuestros brazos y la recogimos, y, sosteniéndola en estos primeros momentos de su vida, comenzamos a edificar una relación. Sabíamos que ésta era la niña que Dios nos había confiado.

Aceptar a tu cónyuge como un don de Dios es una cosa muy similar. Y esta aceptación incondicional se basa en creer en la capacidad de Dios para proveer lo mejor. Al extender los brazos y recibir a Eva de manos de Dios, Adán entabló un compromiso con ella. En base de aquel compromiso, Eva experimentó una aceptación de ser aquello para lo que había sido creada. No sintió presiones para ser ninguna otra cosa.

Una palabra de Dios a la audiencia

Al final de la escena segunda, tras bajar el telón, Dios sale de la escena para dirigirse a la audiencia:

> «Por tanto, dejará el hombre a su padre y a su madre, y se unirá a su mujer, y se harán una sola carne.»[2]

Así, Dios nos ha dado a nosotros, los espectadores, un mandato describiendo cómo un hombre y una mujer deben pasar a ser una carne. Aquí están Sus tres pasos.

El primer paso es *dejar*. Tendemos a pensar en ese dejar como un desplazamiento físico, que la mayor parte de nosotros hicimos cuando nos casamos. Dejamos el hogar de nuestros padres y nos mudamos a nuestro propio hogar.

Pero Dios tiene mucho más en mente. El viejo adagio de «cortar las tiras del delantal» está más cerca de la verdad que una mudanza con una compañía de camiones. Dejar significa «cortar la dependencia de». Significa cortar el vínculo de apoyo emocional y económico de tus padres y de atar estos vínculos con tu cónyuge.

Pero para muchos no se produce el corte de las tiras del delantal. Sólo se alargan. Se llama «Operación Rescate»: ¡cuando los «buenos» papaíto y mamaíta acuden a rescatar a su dolorido retoño! Tu cónyuge tiene la sensación de que tiene que competir con los suegros por tu dependencia y lealtad. Cortar no significa terminar la relación, pero sí significa que tu dependencia y lealtad es primero y ante todo para con tu cónyuge. Tu cónyuge debe demostrar esta misma separación y dependencia en ti.

En el segundo paso, Dios nos manda que nos *unamos* el uno al otro. Unirse significa «formar un vínculo permanente, entablar un compromiso». Es similar al proceso de combinar dos metales distintos para formar un nuevo metal, una aleación. El proceso no se puede invertir. De la misma manera, la intención de Dios para el matrimonio es la de un compromiso irreversible —un compromiso permanente sin cláusulas de escape.

Este compromiso explícito de vinculación es esencial. Es sólo en tanto que te comprometes permanentemente de manera absoluta y resuelta con tu cónyuge que le das la libertad de crecer en su propia estima.

El tercer paso, el resultado de dejar y de unirse, es *hacerse una sola carne.* Comienza en la noche de bodas con la relación física, y prosigue a lo largo de los años de matrimonio. Llegar a ser una carne, devenir una nueva aleación, es un proceso. La unidad toma su tiempo, pero no puede darse sin el dejar y el compromiso de vincularse.

La decisión fatal

Mientras prosigue la función en el escenario, contemplamos a Adán y a Eva gozando de una perfecta relación mediante la aceptación el uno del otro. Pero al irse desarrollando su historia, observamos en la escena tercera el fatal encuentro con la serpiente, Satanás (Génesis 3:1-5). Se tomaron dos decisiones de desobedecer a Dios, y toda la historia quedó para siempre desfigurada.

Observemos el primer resultado de su pecado: Adán le dijo a Dios: «*Tuve miedo,* porque estaba desnudo, y me escondí» (Génesis 3:10).

El temor fue el primer resultado del pecado. Adán y Eva nunca habían sentido temor antes, pero este sentimiento los impulsó a hacer algo extraño. Se cubrieron el uno del otro. Se escondieron detrás de hojas de higuera. Luego se ocultaron también de Dios. ¡Qué insensatez ocultarse de Dios!, pero ellos tuvieron el sentimiento de que debían hacerlo. El pecado y el temor eran ahora sus dueños.

Adán y Eva habían conocido una perfecta aceptación en sus relaciones el uno con el otro y con Dios. Ahora vivían sólo con el recuerdo de ello, y con su nuevo compañero: el temor. El temor a ser rechazados infectaba ahora su relación con Dios y entre ellos.

Hoy conocemos el temor, pero no tenemos ni idea de cómo era una aceptación perfecta. Pero Dios, en Su gracia, nos ha dado como maridos y mujeres la oportunidad de gustar algo de la libertad que Adán y Eva conocieron en sus días anteriores a la caída: una aceptación total y sin condiciones.

Creando una experiencia paradisiaca en tu matrimonio

¿Cómo estableces esta clase de relación en el matrimonio? Primero, tal como lo hicieron Adán y Eva, recibe a tu cónyuge como el don de Dios para ti. No te centres en las imperfecciones ni en las diferencias. Céntrate en el dador, en aquel que es soberano, en aquel que no comete errores. Da gracias sinceras a Dios por tu cónyuge, así como lo hicieron Adán y Eva, por la fe.

Segundo, comprometeos el uno con el otro. Dile a tu cónyuge que lo aceptas como don de Dios. Reconoceos esta verdad verbalmente el uno al otro. Di: «Te acepto como el don de Dios para mí. Confío en Su buena elección de ti para mí.» Esto, en sí mismo, hará mucho para edificar valía en tu cónyuge.

Una vez que hayas completado el dejar y el unirte —cuando te hayas comprometido a aceptar totalmente al otro— entonces y sólo entonces podrás comenzar a trabajar de manera constructiva en el paso tercero: devenir uno. Devenir uno es mucho más que el acto físico del matrimonio. Es la amalgama de dos individuos en una unidad, de dos personalidades distintas pero inseparablemente unidas. La edificación de esta unidad demanda un fundamento sólido y firme de aceptación, que es también crítica para asegurar el matrimonio y una propia imagen segura en tu cónyuge.

Haciendo que florezca la aceptación

El paso más importante en la edificación de la propia imagen y propia valía de tu cónyuge es aceptarle incondicionalmente. No se trata de una aceptación resignada, derrotada, sino de una aceptación que abraza a tu cónyuge con expectativa y entusiasmo. Así es cómo Adán recibió a Eva. La aceptó en base de su conocimiento de Dios. Adán tenía amistad con Dios, y por cuanto sabía que podía confiar en Dios como dador, aceptó Su don.

Tu cónyuge necesita la misma clase de aceptación. Si tu aceptación no es total, las grietas en tu compromiso estarán llenas de rechazo —lo opuesto a la aceptación. Los compañeros de tu cónyuge serán el temor y la inseguridad, en lugar de la seguridad de estar total e incondicionalmente aceptado. Puede que pase a través de un cambio de personalidad y se vuelva inhibido y apático. Puede que sienta que tiene que hacer una buena ejecutoria o simular algo para merecer tu aceptación condicionada.

Pero cuando aceptas incondicionalmente a tu cónyuge, le das la libertad para ser en el exterior lo que realmente es en el interior. Tu aceptación comunica amor, valor y necesidad, y le da confianza en sí mismo y un descanso de tener que «simular» en el mundo. Contigo podrá quitarse las máscaras, ser real, y comenzar a ver cómo se desvanecen los temores del rechazo y del fracaso.

Quizá tú hiciste este tu compromiso fundamental con una relativa facilidad, y emprendiste el actuar bien, pero a lo largo del camino dejaste de aceptar a tu cónyuge. Descubriste que sutilmente estabas tratando de cambiarle. Cuando te concentras en cambiar a tu cónyuge, te centras en sus cualidades negativas (desde tu perspectiva), en lugar de en sus cualidades positivas. Te pones en una situación de autoridad en la vida de tu cónyuge. En realidad tratas de tomar el puesto de Dios y de orquestar el cambio. Tu cónyuge se vuelve entonces defensivo y de repente te encuentras que no tienes una sociedad, sino una guerra civil.

Si ésta es tu situación, es tiempo de renovar vuestro compromiso y de recordar que sólo Dios puede cambiar vidas. Él puede cambiar esas cualidades en tu cónyuge, o puede que no. De todas maneras, es vital tu aceptación incondicional para tu matrimonio y para la propia estima de tu cónyuge.

¿Y qué de las diferencias?

Como mosquitos molestos en un picnic de verano, las diferencias pueden zumbar en vuestros oídos, amenazando robar vuestra relación de su amor pacífico y lleno de aceptación. Como dijo Sam Levenson: «Es fácil comprender el amor a primera vista; ¡es cuando dos personas se han estado mirando el uno al otro durante toda una vida que se transforma en un milagro!» Otro ha dicho: «El amor es ciego, pero el matrimonio nos hace abrir los ojos.» Tras haber pasado la luna de miel, todas estas diferencias, esas cosas que hacen abrir los ojos, comienzan a afectar tu matrimonio.

Cosa irónica, las diferencias son aquellas maravillosas cualidades que os atrajeron cuando erais novios. Él era extrovertido, ella tímida; él gastaba mucho, lo que a ella la hacía sentirse especial, porque ella era muy parca con el dinero; él era muy trabajador; ella era impulsiva y le encantaba el trabajo. Los opuestos se atraen. Funciona como el magnetismo.

Pero cuando se desvanece la luna de miel y se asienta la realidad, aquellas singularidades atractivas a menudo se transforman en diferencias irritantes, o en debilidades. Aquellas mismas cosas que al principio te atraían en tu cónyuge, ahora te repelen o te irritan.

El resultado es que te encuentras con varias decisiones. Primero y ante todo, debes preguntarte: «¿Seguiré aceptando a mi cónyuge en esta área particular de diferencia, o retiraré una parte de mi aceptación, introduciendo por ello una cuña de rechazo entre nosotros?» No puedes ignorar esta pregunta, porque las diferencias no se van a desvanecer. Si no puedes aceptar esa cualidad, estás rechazando (silenciosa o verbalmente) a tu cónyuge, y su propia imagen sufrirá. Tus dos únicas alternativas son aceptar o rechazar.

VIVIENDO CON LAS DIFERENCIAS DE TU CÓNYUGE

Si escoges la aceptación, entonces surge otra cuestión: «¿Cómo convivo con esta diferencia?» La respuesta es que hay varias elecciones, y que más de una de ellas, o quizá todas, sean correctas en cualquier situación determinada.

1. Ora por ti mismo

Comienza a orar por ti mismo. Pide a Dios que te dé contentamiento con tu cónyuge tal como es. Ora también que Dios te muestre la faceta positiva de la cualidad aparentemente negativa de tu cónyuge.

En nuestra relación, Dennis y yo (Bárbara) somos opuestos extremos en la escala de impulsividad/disciplina. Cuando estábamos recién casados, su impulsividad tendía a trastornar mi disciplinada naturaleza. *Sentía* que no teníamos ni orden ni concierto, ni presupuesto ni devociones regulares.

Recuerdo orando diligentemente a Dios que cambiase esas cosas que no me gustaban. Luego me di cuenta de que lo que realmente debía cambiar era mi actitud. Dios cambió mi perspectiva, y a su tiempo comencé a ver cuánto necesitaba la impulsividad de Dennis para equilibrar mi disciplina.

Pide a Dios que examine tus actitudes y tus motivos, y que te dé una mayor capacidad para comprender y aceptar las diferencias de tu cónyuge. Puede que este paso sea necesario antes de que Dios pueda emplearte para elevar la propia imagen de tu cónyuge.

2. Habla de ello con tu cónyuge

Pide el privilegio de ser oído. Dile que no le estás rechazando en esta área de diferencia, y que permaneces comprometido. Asegúrale que es amado, sin importar lo que suceda. Una cosa que hemos aprendido en nuestro matrimonio es que en ocasiones somos susceptibles a ser enseñados, y en otras que es improbable el aprendizaje. A no ser que sea evidente, decidimos si el momento es oportuno preguntando.

Si descubres que no es el momento para hablar, deja el tema. No intentes forzar una cuestión que tu cónyuge no está preparado para tratar.

También puede que descubras que el territorio que estás a punto de invadir está marcado como «NO PASAR». Puede que sea terreno vedado en este momento en su vida. No esperes cubrir todo el terreno en una velada. Ve poco a poco.

Si tu cónyuge está dispuesto a hablar acerca de la diferencia que te inquieta, comparte tus sentimientos sin acusarle ni señalarle con el dedo. No seas crítico. Hazle saber que tú no eres perfecto y que le comprendes, o que quieres comprenderle, en esa área. Date cuenta también que todos tenemos debilidades o tendencias que nunca venceremos del todo. Debido a nuestra naturaleza caída, la perfección nunca la lograremos hasta que lleguemos al cielo.

Si tu cónyuge considera la diferencia como una debilidad, pregúntale si puedes ser de ayuda. Luego, al final de vuestra discusión, recuerda de nuevo a tu cónyuge tu compromiso con él y aceptación. A eso le llamamos el principio del sujetalibros. Así como los sujetalibros se emplean para apoyar libros que contienen verdades, de la misma manera si le recuerdas tu total aceptación al principio y al final de la discusión, ello sostendrá la verdad de lo que has dicho. Y hace la verdad *más fácil* de oír.

3. Protege a tu cónyuge con su permiso

Como pareja, seguimos ayudándonos en muchas áreas, como la puntualidad, la paciencia con los hijos, la planificación, los sentimientos de desaliento y depresión, la tendencia de uno de los cónyuges a ser impulsivo y la del otro a ser demasiado controlado. Hemos descubierto que muchos de los rasgos opuestos que nos atraían en nuestro noviazgo, que se convirtieron en repelentes después de casarnos, son precisamente las cosas que nos han dado equilibrio. Nuestras diferencias nos han hecho mucho más eficaces como pareja que lo que jamás hubiésemos sido en solitario.

Una área en la que yo (Bárbara) he ayudado a Dennis ha sido en su hablar en público. Pronto en nuestra vida matrimonial me di cuenta de que hacía algunos errores gramaticales evidentes al hablar. Me sentí libre para ofrecerme a ayudarle porque, en más de una ocasión, le había dicho honradamente que se comunicaba bien.

Así que, una noche después de haber hablado, le pregunté a Dennis si le podía hacer una sugerencia que podría hacerle más eficaz como orador. Él me dijo: «Sí.» Aunque mi crítica era algo amenazadora, él me confesó que la gramática no había sido uno de sus puntos buenos en la escuela, y me dijo que acogía bien mis sugerencias.

Varios años después, volviendo a casa después de otra oportunidad de hablar en público, Dennis me dijo: «Sigo queriendo que me ayudes con mi oratoria, pero me gustaría esperar un poco antes que me digas la verdad lisa y llana.»

Me di cuenta de que mi técnica de ayudarle necesitaba afinamiento. Me había vuelto veraz demasiado pronto. Mi «ayuda» se convertía en un desaliento porque no estaba sazonada con suficiente alabanza o no estaba suficientemente separada del acontecimiento en el tiempo. Si no hubiese modificado mis recomendaciones, habría cruzado la delgada línea que separa la aceptación del rechazo.

Si tu cónyuge te ha dado permiso para ayudar, pide sabiduría a Dios acerca de cómo ayudar. Ofrece tu ayuda de tal manera que tu cónyuge experimente tu aceptación, y en manera alguna tenga sensación de rechazo.

4. Ignóralas

Algunas de las diferencias que te enojan puede que no sean debilidades en tu cónyuge. Encomienda estas diferencias al Señor en oración, pidiéndole que te dé paz y contentamiento para vivir con ellas, incluso si tu cónyuge nunca cambia. Es importante aceptarle «tal como es», sin presiones para cambiar. Decide ignorar las diferencias que están fuera de límites, y aparentemente más allá del cambio, y regocíjate por los muchos beneficios que disfrutas gracias a los puntos fuertes de tu cónyuge y a vuestra relación el uno con el otro.

Sigue verbalizando el compromiso

Hace varios años, Dios nos dio el maravilloso privilegio de ayudar a una pareja a resucitar su matrimonio que parecía no tener ninguna esperanza. Los cambios fueron dramáticos. El compromiso para con Cristo y el uno con el otro fueron reales, y crecieron de manera constante en su relación.

Pero un día mi mujer entró en casa desalentada acerca de su matrimonio. Habían llegado a una área de diferencia que no podían resolver. Cada vez que discutían acerca de esto, el marido amenazaba con marcharse, lo que era una táctica del pasado. Involuntariamente, estaba saturando su relación con el temor de que quizá iba a irse.

Una amenaza de abandono produce grietas en el compromiso y destruye la seguridad de una total aceptación. Uno de los Diez Mandamientos del Matrimonio debería ser: «Nunca amenaces con irte.» No hace nada más que aumentar los temores. Las amenazas raras veces hacen cambiar a nadie. Sólo implican rechazo.

En lugar de amenazar con irnos, deberíamos expresar de manera creativa y continuada nuestro compromiso y aceptación. Dios nos dio un ejemplo que seguir. No nos dijo tan sólo una vez que nos ama; nos lo dijo y mostró de muchas maneras. Luego envió a Su Hijo para demostrarlo, y nos dio Su Palabra para leerlo una y otra vez para que no lo olvidásemos. Y él sigue mostrándonos Su amor hoy por medio de Su Santo Espíritu.

Nuestros cónyuges necesitan oír estas palabras de aliento y de aceptación de nuestra parte no sólo una vez, sino muchas, muchas veces. Cuéntale a menudo a tu cónyuge cuán comprometido te sientes con él. Dile que le aceptas tal como es.

Cada vez que surja una dificultad en vuestra relación, tanto si se trata de un malentendido como de una diferencia como de un choque de voluntades, recuerda a tu cónyuge (incluso, si es necesario, en el calor de la batalla) que le eres leal. Asegúrale que tu compromiso no cambiará debido a esta situación en particular. Dile que le aceptas como es. Esas infusiones de verdad devendrán los refuerzos necesarios para obrar a través de las dificultades en vuestro matrimonio. La aceptación total os motivará a los dos para perseverar en la relación.

Dile también ocasionalmente a tu cónyuge que le volverías a escoger para casarte con él. Esto le da valor y aprobación y edifica su propia estima. Le recuerda la verdad de que es aceptado, y esto le da una profunda satisfacción.

A lo largo de nuestros años de matrimonio continuamos viendo cómo surgen inesperadamente potenciales amenazas. Surgen actitudes, ideas, temores, tentaciones y viejos recuerdos para amenazar nuestra mutua aceptación. Podemos preguntamos: *¿Qué pensaría él si supiera de este pensamiento?*, o, *¿Qué pensaría ella si supiese como me siento?*

Experimentar la aceptación es un proceso. Así como uno prueba la temperatura del agua de una piscina antes de zambullirse, de la misma manera los cónyuges se sondean antes de revelarse. La revelación es a veces arriesgada, pero necesaria. Aprende cuándo hablar, lo qué decir, cuánto decir y qué palabras emplear. Comunícate con sabiduría.

Acepta a tu cónyuge incondicionalmente

¿Por qué es tan importante la aceptación incondicional? Porque si aceptas sólo en parte, puedes amar sólo en parte. Y si amas en parte, la propia estima de tu cónyuge nunca se completará. Esta área de rechazo impedirá que tu cónyuge llegue a ser todo lo que ha sido dispuesto para que sea.

Recuerda: «El perfecto amor echa fuera el temor.»[3] Si tu amor no llena totalmente a tu cónyuge, dejas lugar para que el temor llene el vacío. Y el temor, como ya hemos visto, es componente esencial en una propia imagen insegura. Siguiendo el ejemplo de Adán y Eva, las parejas siguen ocultándose el uno del otro por temor a ser conocidos y, por ello, rechazados. Cuando nuestra propia estima es deficiente, nos protegemos fieramente contra la exposición.

Pero la esperanza para el matrimonio es que podamos encontrar la seguridad para osar ser reales. Esta seguridad puede provenir sólo de una total aceptación por parte de otro. Nos da una confianza que dice: «Todo el mundo me puede rechazar, pero mi cónyuge no lo hará.» Esto es seguridad.

Recuerda que la aceptación total incondicional comenzará a liberar a tu cónyuge de las dudas acerca de sí mismo, del temor al fracaso y de una propia imagen incorrecta —libre para hacer lo mejor de sí mismo. Edificará confianza en sí mismo y esperanza. Tu fe y creencia en él le ayudará a verse como Dios le ve: digno y valioso.

Un dicho bien conocido reza: «Quien mejor te conoce más te ama.» Al conocer y aceptar a tu cónyuge, tu amor, lo mismo que su propia imagen, crecerán.

PROYECTO DE EDIFICACIÓN DE ESTIMA

(Emplea una hoja de papel si es necesario)

1. ¿Hay algunas grietas en tu aceptación de tu cónyuge (áreas de su vida donde no le aceptas)? Si es así, ¿qué necesitas hacer para conseguir una aceptación total?

2. ¿Hay diferencias o debilidades en tu cónyuge que te molesten continuamente? Haz una lista de ellas y dale gracias a Dios por ellas.

3. ¿Aceptarás a tu cónyuge de parte de Dios como Su provisión para ti? Escribe un compromiso y contrato con Dios de aceptar plenamente a tu cónyuge.

4. ¿Cómo puedes orar positivamente por tu cónyuge? Haz una relación de al menos tres cualidades para pedir que Dios las desarrolle en su vida.

---

1. Este concepto nos fue enseñado por primera vez por Don y Sally Meredith. Don es presidente y fundador de Christian Family Life.
2. Génesis 2:24.
3. 1 Juan 4:18.

Poniendo el pasado en perspectiva

Contribuye con una perspectiva positiva, esperanzada, al pasado imperfecto de tu cónyuge.

6

Ayudando a tu cónyuge a limpiar el desván del pasado

- «Lo que había» en el desván de Dennis
- El pasado y la propia estima de tu cónyuge
- El oscuro rincón de los padres
- La historia de una mujer
- Señales de advertencia de su vida hogareña
- Excusemos a los padres
- Saliendo del rincón —seis pasos
- El oscuro rincón del grupo
- Lenguas viperinas
- Saliendo del oscuro rincón de la presión del grupo
- Esqueletos en el rincón
- Limpiando el rincón oscuro del pasado —cinco pasos
- Manténte en guardia frente a fuerzas invisibles
- Proyecto de edificación de estima

Bloque de construcción Nº 2: Poniendo el pasado en perspectiva

Cuando era un niño de cinco años, criándome en una casa pequeña, blanca, de dos pisos, lo que a mí me asustaba (Dennis) era un lugar: el desván. Me envolvía un empavorecedor silencio cuando me aventuraba a esta estancia carente de ventanas, calurosa, e intimidante. El aire estaba cargado con la olor de las bolas de naftalina. El ático estaba forrado de invisibles hilos de telaraña que intentaban débilmente apoderarse de mí si me acercaba demasiado. En los rincones se agazapaban misteriosas formas, cubiertas con sábanas y mantas, arrojando sospechosas sombras sobre el suelo de planchas de madera. Una solitaria bombilla oscilaba pendiente del techo, pero casi siempre estaba fundida.

Sabía que el desván tenía algo más que trastos descartados. Algo vivía allí, algo que defendería implacable su territorio contra invasores más débiles, pequeños. Nunca vi lo que era, pero sabía que estaba ahí. Y tenía miedo de quedarme encerrado en aquel oscuro, polvoriento y despreciable cuchitril a solas junto con la «cosa».

Cada uno tiene un ático en el que guarda su pasado. Es un lugar donde reliquias emocionalmente cargadas siguen viviendo bajo sábanas y en cajas, echadas en los rincones de nuestras mentes. Esos recuerdos, de cuando defraudamos a otros y de cuando otros nos defraudaron a nosotros, nos acosan y acusan. También contribuyen de manera significativa a la constitución de nuestra propia imagen y a la de nuestro cónyuge.

De niño me daba miedo ir solo al desván, pero acompañado me sentía bien valiente. Aquel lugar oscuro e intimidante de mi hogar se volvía en poco más que simplemente otra estancia. Sí, es cierto que mi corazón se aceleraba un tanto al abrir la puerta, pero por alguna causa el temor se desvanecía cuando tenía a un amigo de confianza a mi lado.

De la misma manera, puede que tu cónyuge tenga mucho miedo de visitar el desván de su pasado a solas. Pero su confianza aumentará si le acompañas y destapáis juntos las enmohecidas reliquias que asaltan su propia imagen. Tu cónyuge necesita tu ayuda para separar las antigüedades genuinas —los buenos recuerdos con los que edificar la estima— de los cachivaches falsos producidos por el fantasma y por experiencias negativas del pasado.

El pasado y la propia estima de tu cónyuge

Se ha dicho que la persona que tiene todos sus problemas detrás de él es probablemente un conductor de autobús escolar. Hablando en serio, nadie puede decir que esté totalmente libre de su pasado. Los problemas que encontramos de niños, probablemente siguen haciéndonos frente de adultos. Cosas que se nos dijo no éramos capaces de hacer bien cuando éramos niños, probablemente se han tornado en las cosas que no podemos hacer bien como adultos.

En la actualidad hay muchos cristianos encarcelados en los desvanes de su pasado, y tienen que liberarse. Tu cónyuge puede ser una de estas personas. Para ayudar a que se libere tendrás que ayudarle primero a decidir qué es lo que llena su desván y qué cosas del pasado afectan a su propia estima.

EL OSCURO RINCÓN DE LOS ERRORES DE LOS PADRES

Probablemente, ninguna relación suscita más reacción emocional, buena y mala, que la relación de uno con sus padres. Es indudable que los padres de tu cónyuge fueron las dos personas más influyentes en el desarrollo de su propia imagen. Sus actitudes, sentimientos y acciones fueron registradas en tu cónyuge cuando era niño. Formaron la base de su propia imagen.

El que tu cónyuge fuese encomiado y alentado de continuo, o criticado de manera implacable determinará en gran manera cómo se siente acerca de sí mismo en la actualidad. La identidad de tu marido como hombre, o la confianza de tu mujer como mujer, provienen de la relación que tu cónyuge tuviese con su modelo de vida. La estabilidad o inestabilidad del matrimonio de los padres de tu cónyuge enviaron mensajes emocionales de seguridad o de inseguridad.

Agradar a las personas más importantes de nuestra vida debería darnos un sentimiento de dignidad y de valor. Pero un niño necesita ser valorado no sólo por su conducta y logros, sino por quién es. Los padres que no dan esta aceptación incondicional crean un adulto que ha de hacer cosas para sentirse valioso. Busca a los demás en pos de la aprobación que le falta.

La historia de una mujer

Susana y Ricardo salían juntos y se enamoraron mientras estudiaban en la universidad. Pronto se comprometieron, y luego se casaron. Aunque Susana había compartido muchas cosas abiertamente durante el noviazgo, Ricardo no tenía ni idea de cómo la carencia de una aprobación incondicional de parte de su padre había conformado su propia imagen e influenciado su vida.

Cuando Susana tenía seis años, su rígido padre inspeccionaba su dormitorio cada viernes por la noche. Para prepararse para esta inspección, ella ponía una silla sobre otra para llegar a la parte superior de la ventana y de la puerta, que su padre examinaba rutinariamente en busca de polvo. Y cualquier otro trabajo que se le ordenase hacer era examinado con el mismo cuidado. En una ocasión, quedó castigada en casa dos semanas por haber pasado por alto dos hierbajos al limpiar el jardín. Cuando Susana tenía once años, tuvo que llevar dos cajas de Coca Cola al sótano. Apenas podía cargarlas, pero lo consiguió. A la mitad de las escaleras tropezó y cayó de cabeza sobre el suelo de cemento. Estaba tendida en medio vidrios rotos y de Coca Cola derramada cuando su padre la levantó violentamente y, sin preguntarle cómo se encontraba, le dijo: «¡Estúpida, te dije que no las dejases caer!»

No es sorprendente que Susana tuviese una deficiente imagen propia. En ocasiones, durante su vida matrimonial, su inseguridad se manifestaba en forma de un encierro emocional o en darle a su marido la callada por respuesta. Ricardo se encontraba frecuentemente desarmado ante esto, pero la alentaba a que expresase sus sentimientos. Pocas veces le decía: «No deberías sentirte de esta manera.» En lugar de esto, reconocía sus emociones como verdaderos sentimientos, aunque no siempre veraces. Se mantuvo consagrado en ayudarla a resolver, no a reprimir, sus sentimientos acerca de sus padres. Como resultado de esto ha mejorado su propia estima, y tiene una perspectiva positiva de aquellas cosas que antes consideraba negativas.

Señales de advertencia procedentes de su vida hogareña

La siguiente serie de señales de advertencia podrían indicar que la propia imagen de tu cónyuge quedó afectada de manera adversa por su relación con sus padres.

Características de la vida del hogar:

- Un hogar en el que no se toleraban los errores.
- Un hogar en el que el padre estaba distante, y era autoritario y poco comunicativo
- Un hogar donde admitir una necesidad era ser débil.
- Un hogar donde bien el padre o la madre se ausentaban mucho.
- Un hogar donde la valía estaba vinculada con la forma de actuar.

Características de los padres:

- Padres que eran tan autosuficientes que nunca admitían su necesidad de los demás.
- Padres que nunca admitían haberse equivocado, ni pedían perdón, ni expresaban amor ni afecto.
- Padres que no dejaban que sus hijos fuesen hijos —esperaban que se comportasen como adultos.
- Un padre o unos padres que esperaban habitualmente demasiado, y que pocas veces expresaban su satisfacción por un trabajo bien hecho.

Características de la vida ahora:

- Una sensación de que nunca podría agradar a sus padres ni siquiera como adulto.
- Un sentimiento anormal de necesidad de aprobación paterna o de ansiedad acerca de qué «pensarán» mamá y papá.

Otra mujer, que nunca recibió la aprobación de su madre, dice cómo se siente hoy día como adulta: «Me gustaría sólo alguna vez oír a mi madre felicitarme por algo. Me sentiría entusiasmada si dijese algo agradable acerca de la mujer y esposa que soy. Pero apenas si oigo alguna palabra amable.» Y proseguía: «Tengo cincuenta y cinco años, y sería de pensar que lo que hago debería ser suficientemente bueno. Me siento abatida.»

Tu cónyuge puede también estar tratando de conseguir la aprobación y aceptación paterna que se perdió de niño. Ayudarle a tratar con su pasado es el punto central entre ayudar una propia imagen dañada, y dejarla necesitada e incompleta.

Excusemos a los padres

Antes que seamos acusados de ser demasiado duros con los padres y que les estamos echando toda la culpa a ellos, permite que te aseguremos de tres realidades importantes.

Primero, todos nacemos imperfectos. Todos nosotros comenzamos la vida con las semillas de una propia valía negativa plantada en nosotros porque somos parientes de Adán y Eva. Nada que hubiesen podido hacer los padres de tu cónyuge hubiera cambiado esta realidad.

Segundo, no hay padres perfectos. Nadie emprende la tarea de destruir a su hijo, pero todos los padres cometen muchos, muchos errores al criar a sus hijos. Algunos hacen un mejor trabajo en su paternidad que otros, en ciertas áreas, pero no hay ninguna madre ni ningún padre que lo haga perfecto. Es más que probable que los padres de tu cónyuge hicieron lo mejor que pudieron.

Tercero, no podemos inculpar a nuestros padres por lo que sea nuestra responsabilidad hoy. Aunque los padres de tu cónyuge cometiesen errores, tu cónyuge es responsable de sus actuales reacciones ante ellos —no sólo por lo que hiciesen mal, sino también por lo que hiciesen bien.

Consecuencias en la propia imagen de tu cónyuge

Como resultado de los errores de sus padres, tu cónyuge puede sentir una cierta inseguridad propia. Puede que también experimente culpa, temor e ira hacia sus padres.

¿Se siente culpable tu cónyuge porque no cumplió las expectativas de sus padres? ¿Se siente lleno de culpa por algo que dijo o que debiese haber dicho, o por algo que desearía no haber hecho nunca?

Quizá tu cónyuge se sienta intimidado por las figuras de autoridad y por el fracaso implícito que representan, porque no tuvo una relación afectuosa con sus padres. Este temor de fracasar puede dominar su vida, conduciéndole a vivir de manera cauta y a no asumir nunca riesgos innecesarios.

O puede que esté airado, lleno de resentimiento contra sus padres. Tu cónyuge puede rehusar perdonarlos, con la esperanza de castigarles por lo que sufrió de niño. Sin embargo, abrigar amargura e ira es más dañino para él que para los padres a los que quiere castigar.

Un joven nos reveló su inseguridad, que remontó al descuido de su padre acerca de él mientras crecía. Explicaba: «Mi padre viajaba mucho. Siempre estaba fuera, y demasiado ocupado para escribir o llamar. Me dejó totalmente a un lado. Nunca sabía si estaría orgulloso de la manera que estaba creciendo o no. Hoy sigo sintiéndome sin rumbo. Me siento dolido, enfurecido con él, y atemorizado acerca de mi futuro.»

Saliendo del rincón

Es esencial sacar a tu cónyuge de este oscuro rincón de las imperfecciones de sus padres si quieres ayudarle a edificar una propia estima positiva. Si tú y tu cónyuge no ponéis el pasado detrás de vosotros, estaréis entonces siempre detrás de vuestro pasado. Lo que sigue son algunos consejos para ayudar a tu cónyuge en esta área.

Primero, comienza a trabajar con tu cónyuge para poner el problema abiertamente sobre la mesa. Habla acerca de cómo tus padres te trataron, y pídele a tu cónyuge que comparta sus experiencias. Ten paciencia. Hablar de esas cosas puede ser muy penoso. Afirma y fortalece a tu cónyuge escuchándole, y expresando verbalmente aliento y aceptación.

Segundo, ayuda a tu cónyuge a que comprenda a sus padres. Hablad juntos de ellos y poner su vida en una perspectiva apropiada. Recuérdale que hicieron lo mejor que pudieron. Probablemente nunca leyeron un libro acerca de la paternidad (a no ser que tu cónyuge sea de la generación del doctor Spock) ni tampoco tenían otra instrucción.

Tercero, dale a tu cónyuge la perspectiva de que la gracia y el poder de Dios es mayor que los errores de sus padres. No importa lo deficiente que fuese el hogar de uno, Dios se deleita en resucitar una propia imagen dañada y en restaurar la dignidad de aquella persona. Dirige a tu cónyuge hacia Cristo y a la esperanza que Él ofrece llamando verbalmente su atención a esta verdad y expresando tu confianza y creencia en la grandeza de Dios.

Cuarto, ayuda a tu cónyuge a determinar cómo responderá a sus padres. Él no tiene control acerca de cómo fue tratado en su infancia, pero sí tiene control acerca de cómo va a relacionarse con ellos hoy. Hazle ver lo que hicieron bien apuntando a aquellas cosas y como los dos sois beneficiarios. Esto es importante aunque los padres no estén vivos. A veces, el recuerdo de un padre muerto puede ser poderoso, especialmente si se mantiene amargura en el recuerdo.

Quinto, anima a tu cónyuge a que perdone a sus padres de manera total. Ora que escoja tratar con su pasado de manera constructiva. El perdón es una elección. Quizá, después de varias conversaciones acerca de sus padres, podríais programar una salida de fin de semana o una velada a solas durante la que pueda pensar acerca de sus sentimientos para con sus padres y resolverlos. Persuádele a que vacíe aquel rincón oscuro de su pasado haciendo una lista en un papel con todo aquello que pueda recordar por lo que pueda sentir resentimientos. Puede que tenga que apuntar también sus propias actitudes negativas que ha abrigado contra sus padres.

Puede que tengáis que hablar de esto primero como pareja. Puede que sea necesario también un consejero calificado si piensas que no puedes ayudar a tu cónyuge a poder emerger fuera de esta área emocionalmente cargada y poder perdonar a sus padres.

Preséntale el hecho de que Pablo nos implora a perdonarnos «unos a otros, como también Dios os perdonó a vosotros en Cristo.»[1] Perdonar a alguien significa abandonar el derecho al castigo. Apremia a tu cónyuge a echar a un lado esas emociones de castigo y a sustituirlas por una actitud de amor y de comprensión.

Recuérdale también a tu cónyuge acerca de 1 Juan 1:9: «Si confesamos nuestros pecados, él es fiel y justo para perdonarnos nuestros pecados, y limpiarnos de toda maldad.» Tu cónyuge puede encontrar útil escribir este versículo a través de su lista y luego romperla, simbolizando el perdón, y borrando todas esas cosas de su vida.

Después de confesar estos pecados a Dios, puede ser apropiado para tu cónyuge que pida perdón a sus padres por sus malas actitudes. Pero *no* debería esperar nada a cambio. Asegúrate de que tu cónyuge no tiene la intención de observar cómo sus padres se equivocaron o que no espere que «vean la luz» y le pidan perdón también.

Si tu cónyuge decide pedir perdón a sus padres, hablad primero juntos acerca de lo que debería decir y no decir. Desaliéntale de acusar a sus padres en ninguna forma. Luego, antes de salir, orad como pareja para cercioraros de que sea la conducción de Dios, y pedid que Dios sazone las palabras de tu cónyuge con amor, humildad y gracia. Pide también a Dios que prepare los corazones de sus padres para recibir las acciones conciliadoras de tu cónyuge.

Aunque puedes hacer mucho por alentar a tu cónyuge en esta área, no puedes eliminar el aguijón de su relación pasada con sus padres por ti mismo. No puedes hacerle creer lo que dice Dios acerca de Su gracia y poder sanador. Tampoco puedes forzarle a pasar por el proceso de perdón. Tiene que ser su actitud, su creencia, su decisión. Así que, por encima de todo, ora diligentemente por él. Sólo Dios puede darle el corazón para obedecer.

Sexto, como pareja, comenzad a honrar a sus padres de forma activa. Éste es el aspecto inicial del perdón. Esto no sólo traerá bendición a sus padres, sino que también os traerá a ti y a tu cónyuge una sensación de bienestar acerca de la vida, y por ello una sensación positiva de propia valía. Esto se ve en uno de los Diez Mandamientos: «Honra a tu padre y a tu madre, como Jehová tu Dios te ha mandado, para que sean prolongados tus días, *y para que te vaya bien* sobre la tierra que Jehová tu Dios te da» (énfasis añadido).[2]

Busca maneras de ayudar a tu cónyuge a bendecir a sus padres. Cartas, llamadas telefónicas, un paquete con regalos en medio del invierno, fotografías, muchos abrazos, y expresiones verbales de gratitud por todo lo que han hecho para vosotros dos servirán de manera acumulativa para comunicarles amor, respeto y honor.

Una carta que recibí (yo, Dennis) procedente de una muchacha estudiante en un curso para graduados que yo estaba enseñando demuestra el poder de honrar a los padres. Ilustra los efectos de una relación paterno-filial y los resultados positivos de tratar con el pasado tal como Dios instruye, y como se ha reseñado más arriba.

> Querido Sr. Rainey,
>
> Mi padre me maltrataba físicamente cuando era niña. Me pegaba tan violentamente que en ocasiones no pensé que iba a sobrevivir. En otras ocasiones, mi madre tenía tanto miedo por mí que llamaba a la policía.
>
> Pero quizá peor que la violencia física era la violencia mental. ¡Cómo me odiaba! Me insultaba y chillaba con los

peores insultos que se pudiese pensar, y muchos que posiblemente ni podría pensar. Cuando se callaba, el odio descarnado que había en sus ojos hablaba casi más fuerte que las palabras.

También, mientras crecía, fui forzada sexualmente por mis dos hermanos mayores. Si se lo hubiese dicho a alguien, me hubiesen pegado una paliza, y, de todos modos, ¿a quién se lo iba a decir? Finalmente nos descubrieron. ¡Qué feliz me sentí! Entonces, ¿sucedió que alguien me abrazó y me dijo que esto nunca volvería a suceder? No. Me volvieron a pegar una paliza, me dijeron que era mi culpa, y viví con comentarios sucios y obscenos acerca de aquello durante meses.

Durante mi primer año en la universidad, me convertí a Cristo. Mi vida comenzó a cambiar rápidamente. A lo largo del siguiente año y medio, Dios me quitó mi enorme odio contra mi padre, que se transformó en desagrado, en agrado, hasta que podía decir que quería a mi padre.

Luego comencé a descubrir ciertas cosas. Mi padre había sufrido violencia de pequeño. Nadie me lo había dicho nunca. Su padre le echó de casa a los diecisiete años. Esto tuvo que ser un fuerte golpe para él. Bien, ¿y qué de mi madre? ¿Por qué se quedaba parada dejando que mi padre nos atacase? Su primer marido había sido alcohólico y la pegaba, y por eso lo dejó. A pesar de que ella trabajaba en dos empleos, muchas noches no había nada para cenar para ella y sus tres niños. Eso debe haber sido muy duro. Luego tenía que quedarse despierta toda la noche para vigilar la cuna del bebé, para impedir que las ratas atacasen al bebé durante la noche. No es de extrañar que tuviese miedo de dejar a su segundo marido.

¿Excusa esto lo que me sucedió de niña? No. ¿Lo hace más comprensible? Sí.

Mi padre todavía me chilla e insulta, pero, ¿sabe qué? No tan fuerte. Le llamo en ocasiones especiales, le explico acerca de mi vida, y le pido consejo. ¿Su reacción? No es demasiado buena, pero ya está bien. El otro día me enteré que en el trabajo estaba jactándose de mí. Hay esperanza.

Esta joven proviene de uno de los antecedentes más difíciles imaginables. Sufrió enormemente. Pero *decidió* liberarse de su comprensible pero mala reacción contra su padre, otorgando perdón.

Mientras apoyas a tu cónyuge al hacer frente a actitudes negativas para con sus padres, es imprescindible que te des cuenta de que la decisión de perdonar y de honrar es suya, y que muy posiblemente precisará de tiempo. Somos muy humanos, y a veces estamos esclavizados por nuestras emociones. Dale a tu cónyuge la libertad, el espacio, la gracia y el tiempo para solucionar sus sentimientos para con sus padres. En algunos casos se puede precisar de meses o incluso de años para que todo el dolor salga a la luz. Tu cónyuge necesita tu paciente comprensión, particularmente en esta área de su vida.

EL OSCURO RINCÓN DE LA PRESIÓN DEL GRUPO

Sólo en segundo puesto después del hogar en cuanto a la influencia sobre nuestras vidas está nuestra relación con el grupo de compañeros. Éstas son las personas a las que tratábamos de impresionar más. Y, dependiendo de si estábamos dentro o fuera del grupo, nuestra propia imagen se elevaba o se hundía.

Nunca olvidaré yo (Dennis) cómo, cuando era un chico joven en el primer grado, unos cuantos amigos y yo comenzamos a escoger cruelmente quién estaba «dentro» y quién «fuera». Uno de los primeros «fuera» fue Lois. Ella provenía de una familia muy pobre, y no podía vestirse tan bien como los demás. También era lenta en la clase, lo que no ayudaba.

Así que Lois fue rápidamente excluida. El «grupo» la rechazó como persona, de forma lenta al principio, pero implacablemente al ir pasando los años. Para cuando llegamos al instituto, ella era objeto de infinidad de bromas. Cuando estábamos en el último curso, ella tenía tal complejo de inferioridad que no recuerdo haberle visto los ojos todo aquel año.

Unos ocho años después, cuando leí el libro del doctor James Dobson sobre la propia estima, *Hide or Seek* [Esconder o Buscar], me di cuenta de la falsedad de mis valores y de mi arrogante e insensata valoración de Lois. Lloré al pensar en mi crueldad hacia ella. Y pedí perdón por mi conducta arrogante e infantil.

Los miembros del grupo pueden tener lenguas venenosas. William Hazlitt escribió, a finales del siglo diecinueve: «Un mote es la piedra más dura que el diablo puede echarle a un hombre.» ¿Sabes cómo le llamaban a tu cónyuge mientras crecía? ¿Recuerdas algunos de los nombres con que llamaban a otros?

Aquí hay algunos de los motes con que nos hemos encontrado: Inocentorro, Pablo Lastimero, El Lioso, La Gorda, El Meón, El Enano, Cabeza de ladrillo, Rastrero, Cerebro de mosquito, Yo-yo, El Metepatas, Cabeza dura, Canijo, Bocazas, El Dejado, El Dormilón, La Hija del diablo, Capirote, Payaso, Lerdo, Patas de gallina, Cadete del espacio, Rebelde, La Tonta del bote, Pico zumbón, Boca metálica, Pecas, El Raro, y Miserias. ¡Todos ellos nombres sumamente motivadores!

¿Le llamaban sus compañeros por un mote a tu cónyuge? Si fue así, esto sirvió para dañar su sentido de la dignidad. Y su obra fue llevada a cabo durante un tiempo muy crucial en la formación de su propia valía.

Incluso hoy en día puede que tu cónyuge dependa mucho del grupo. Puede que se pregunte tímidamente si estará llevando «la ropa adecuada», o que dude de su capacidad de relacionarse con los compañeros de su cónyuge con la «fraseología» adecuada. Muchos adultos siguen estando influenciados por la presión para amoldarse a los valores de su grupo.

Saliendo del oscuro rincón de la presión del grupo

Aquellas canciones escarnecedoras que cantaban acerca de tu cónyuge, aquellas caras sonrientes que sabía que se estaban riendo de él, todo ello hace un eco en su mente, dejándole que se sienta menos que aceptable. Pero puedes ayudar a liberar a tu cónyuge de estos sentimientos.

Comienza por decidir tu propio sistema de valores. ¿Qué es verdaderamente valioso para los dos, y por qué? ¿Cuáles son los valores y las normas por las que queréis medir vuestras vidas?

Si tú y tu cónyuge no tenéis vuestro propio conjunto de convicciones (vuestra propia escala de dignidad y valor) acabaréis empleando el del mundo. Quedaréis dependientes del grupo, y lo que diga el mundo que es valioso será la norma cambiante con la que mediréis vuestras vidas.

Como pareja, estudiad juntos las Escrituras. Aprended lo que Dios valora, cómo servir a los demás, la obediencia, y un amor supremo hacia Jesucristo. Al llevar vuestras vidas a la conformidad de los valores de Dios, tendréis un conjunto singular de convicciones que os dará un valor fundamental. *Vuestras convicciones,* no las de la masa, decidirán cómo vais a vivir, y por ello también como os sentís acerca de vosotros mismos.

Tratad también con vuestro cónyuge acerca de sus relaciones pasadas con el grupo, y ved cómo han afectado a su propia imagen. ¿Hay alguna escena que se repita una y otra vez en su mente, recordándole lo que no fue y lo que no hizo bien? Pídele que te comparta esto, y luego trata acerca de los falsos valores que aquellos miembros del grupo estaban perpetuando. Como pareja, comparad estos valores con los de Dios.

Luego alienta a tu cónyuge a perdonar y a comenzar a olvidar. El perdón del grupo es tan importante como el perdón de los padres.

Finalmente, invertid vuestra vida en valores duraderos. Dad vuestras vidas a estos valores y enseñad a otros a hacer lo mismo.

Unos cuantos valores que nos han permitido «apartarnos del rebaño» son: el valor de nuestra familia; ministrar a las necesidades espirituales de otros; ayudar a los pobres y a los hambrientos; y compartir con otros las buenas nuevas de Jesucristo. Todo esto da un valor, dignidad y sentido finales a nuestras vidas.

Pablo nos dio un consejo acerca de nuestra propia imagen

cuando nos alentó a apartarnos del molde del mundo y a amoldarnos al sistema de valores de Dios. «Así que, hermanos, os exhorto por las misericordias de Dios, a que presentéis vuestros cuerpos como sacrificio vivo, santo, agradable a Dios, que es vuestro servicio de adoración espiritual. No os adaptéis a las formas de este mundo, sino transformaos por medio de la renovación de vuestra mente, para que comprobéis cuál es la voluntad de Dios: lo bueno, lo que le agrada, y lo perfecto.»[3]

ESQUELETOS EN EL RINCÓN

El tercer monstruo agazapado en el rincón del desván de tu cónyuge puede provenir del pasado en general. Puede que sea un error que le acuse y condene su valía como persona, diciéndole que no merece tu amor y aceptación; o quizá se siente acosado por malas elecciones, un juicio defectuoso, o algún pecado secreto. ¿Se siente cargado por la culpa de alguna experiencia sexual de su infancia o adolescencia, o quizá incluso por una rebelión voluntariosa contra Dios al quebrantar una de Sus leyes?

Si tu cónyuge ha estado divorciado, arrastra una cierta sensación de fracaso y rechazo por causa de aquella experiencia. O, si tú has estado divorciado, puede que tu cónyuge le tema a lo desconocido de tu pasado. El divorcio nunca es fácil, nunca es indoloro, nunca es simple. No se puede ignorar su efecto sobre tu cónyuge y sobre vuestro matrimonio. Este esqueleto del pasado ha de ser afrontado y tenido en cuenta una y otra vez.

Recuerdos que obsesionan

Recuerdos amargos de fracasos del pasado pueden arruinar el propio concepto de tu cónyuge. Desgarrando y destrozando su autorretrato, estos fracasos atacan y luego se retiran, pero nunca se desvanecen. La hermosura interior de tu cónyuge queda dañada por la culpa que conllevan estos recuerdos hirientes de fracasos, insensateces y necedad.

Una culpa así puede ser abrumadora. Una mujer me confió (a mí, Dennis) que ella y su marido después de un año no habían aún consumado sexualmente su relación matrimonial. Aunque su marido había permanecido muy paciente, ella estaba sufriendo de una auto-condena extrema.

Prosiguió diciendo cómo había sido violada tres veces durante los primeros años de su adolescencia. No se lo había dicho a nadie hasta ahora. Se había convencido a sí misma que había sido por su culpa, y que debía llevar las consecuencias.

Pero ahora se sentía paralizada por la culpa y temor en su relación con su marido. Se preguntaba: «Si lo supiese, ¿me aceptaría de verdad?»

La alenté, y ella finalmente compartió con su comprensivo marido cada una de sus traumatizantes experiencias. Su aceptación y paciencia con ella cambiaron su vida. Lentamente, se desvaneció su temor, y con él mucha de su propia condenación. Su marido tuvo una gran parte en librarla del cautiverio del pasado.

LIMPIANDO EL RINCÓN OSCURO DEL PASADO

Dios puede usarte para ayudar a liberar a tu cónyuge de los recuerdos obsesionantes guardados en su desván.

Primero, nunca te inmiscuyas en el pasado, pero haz saber a tu cónyuge que estás siempre dispuesto a escuchar. Cada uno de nosotros parece tener una morbosa curiosidad acerca de los fracasos de otros. Pero no hay necesidad de que los detalles escabrosos entren en nuestra relación matrimonial. Los detalles sólo sirven para encender nuestra imaginación, haciéndonos revivir una escena o un acontecimiento. Te podrían tentar a condenar a tu cónyuge.

Segundo, si estás consciente de que hay algo en el pasado de tu cónyuge que le angustia constantemente, busca un consejero cristiano instruido bíblicamente que pueda ayudar a tu cónyuge a hacer frente a su dificultad. Esto no será necesario en cada situación, pero, para algunos, podría ser una de las mejores inversiones que jamás se hagan por la propia imagen de tu cónyuge.

Tercero, asegura a tu cónyuge tu aceptación de él, sea lo que sea que haya hecho. Uno de los grandes temores de tu cónyuge puede ser que descubras quién es él y lo que ha hecho, y que luego le rechaces. La mayor necesidad de tu cónyuge es recibir la certeza de tu fiel compromiso y amor. Este ambiente provee un clima para la sanidad y el crecimiento.

Asegúrate de que respaldas tus promesas verbales de aceptación con una verdadera aceptación. Nunca retraigas el pasado a tu cónyuge. Nunca. Sólo comunicarás rechazo y harás germinar las semillas de la desconfianza. En lugar de ello, cultiva su propia estima con tu continua aceptación.

Cuarto, si ha confesado sus fracasos pasados a Dios, ayuda a tu cónyuge a comprender que Dios le ha perdonado, por lo que no debería condenarse a sí mismo. Romanos 8:1 dice: «Ahora, pues, ninguna condenación hay para los que están en Cristo Jesús.» Algunos siguen condenándose a sí mismos, no creyendo que Cristo tomó el castigo que nosotros merecemos. Pero cuando Jesús murió en la cruz, Él pagó el precio de todos nuestros pecados: sin excepciones. Comienza a ayudar a tu cónyuge a comprender que no debería permanecer en la culpa y la propia condenación. Sé ejemplo de este perdón al continuar ofreciéndolo.

Quinto, ayuda a tu cónyuge a comprender que no tiene derecho a recordar lo que Dios ya ha olvidado. Muchos cristianos viven como intentando conducir un automóvil mirando por el retrovisor. Fijándose en dónde han estado, avanzan a paso de tortuga, en lugar de a la velocidad que Dios quiere. Dejan que el pasado eche su sombra sobre el presente. Si esto describe a tu cónyuge, sugiere que eche el pasado a un lado y que deje que Dios haga algo nuevo.

Una mujer había aceptado un noviazgo que sabía que no era correcto. Ella y su novio se habían implicado en experiencias sexuales. Finalmente, ella rompió el compromiso. Durante el año siguiente, Isaías 43:18, 19 se hizo muy relevante para ella: «No os acordéis de las cosas pasadas, ni traigáis a la memoria las cosas antiguas. He aquí que yo voy a hacer una cosa nueva; pronto saldrá a luz; ¿no la conoceréis? Aun abriré un camino en el desierto, y ríos en la soledad.» ¡Qué promesa! ¿Por qué no alientas a tu cónyuge a que memorice este pasaje!

Aún más, Pablo escribe: «Olvidando lo que queda atrás, y extendiéndome a lo que está delante, prosigo hacia la meta, para conseguir el premio del supremo llamamiento de Dios en Cristo Jesús.»[4]

Pablo no estaba mirando por su retrovisor, aunque había ayudado en el asesinato de Esteban. Estaba mirando hacia adelante, a la persona de Cristo. Ayuda a tu cónyuge a hacer lo mismo.

Manténte en guardia frente a fuerzas invisibles

Cada uno de nosotros vive en medio de un mundo espiritual invisible tan real como este libro. Así como Dios está cumpliendo su obra en la tierra mediante sus ángeles , Satanás y sus demonios están tratando de minar la obra de Dios en ti y en tu cónyuge.

Encontrarás alguna de tus batallas más difíciles cuando comiences a edificar en la vida de tu cónyuge, porque es entonces que tu vida matrimonial se transforma en una amenaza a lo que Satanás está tratando de hacer. El plan de Satanás está totalmente opuesto al de Dios. Por ello, Satanás quiere desalentar y disolver la propia confianza de tu cónyuge.

No somos extremistas: no estamos sugiriendo que hay un demonio detrás de cada matojo. Pero Satanás es un enemigo muy real, y debería ser tomado en serio. Cristo habló frecuentemente de un diablo personal. Y considera los siguientes versículos:

Pedro escribe: «Sed sobrios, y velad; porque vuestro adversario el diablo, como león rugiente, anda alrededor, buscando a quien devorar.»[5] Los leones en las selvas y sabanas de África apresan a los débiles, los incautos y los desprotegidos, y a los errantes que se apartan de la seguridad de la manada. De manera similar, Satanás busca matrimonios con puntos débiles, cónyuges con una propia estima desprotegida, cónyuges que viven independientemente el uno del otro. Quiere desalentarte de edificar a tu cónyuge. Vigila, mantén la guardia.

Pablo también nos amonesta: «Robusteceos en el Señor, y en el vigor de su fuerza. Vestíos de toda la armadura de Dios, para que podáis estar firmes contra las artimañas del diablo.»[6] Pablo te aconseja cómo luchar contra las artimañas del diablo: *Robustécete en el Señor*. Mantenerse firme en Cristo significa vivir de manera obediente. Significa que creer lo que Dios dice es más cierto que cómo te sientes. Fortalécete con fe en Dios y con oraciones.

Recuerda, «el acusador de los hermanos»[7] está obrando entre los cristianos, tratando de confundirnos, desalentarnos y engañarnos, y tentarnos para creer una mentira en lugar de la verdad acerca de nosotros mismos, de nuestros cónyuges y de nuestro matrimonio —todo lo cual afecta a la propia estima de tu cónyuge.

Mantén limpio tu propio desván

Hemos hablado del pasado de tu cónyuge, pero, ¿qué hay de *tu* desván? ¿Está limpio? ¿Está tu vida diaria libre del ridículo del pasado? ¿O estás amargado por algo o alguien y controlado por la ira?

Si sientes emociones del pasado brotando en tu interior, considera un proyecto que asignamos a una mujer hace unos cuantos años. Puede que encuentres que llevar a cabo este proyecto para *ti mismo* pueda ser necesario antes de edificar la propia imagen de tu cónyuge.

María estaba amargada, iracunda contra sus padres por el descuido que había sentido de niña, y contra su marido por sus inconsecuencias. Al principio tuvo dificultades para admitir su resentimiento, pero finalmente lo hizo.

Pensamos que necesitaba una prueba tangible de que podía echar a un lado su resentimiento y amargura, por lo que le asignamos un proyecto.

Sola en su estancia en casa, María llenó tres páginas con una detallada explicación de cómo sus padres le habían hecho mal y cómo ella sentía amargura contra ellos. También hizo una lista de frustración tras frustración en su relación con su marido.

Cuando hubo terminado, lo leyó en voz alta. Ver su ira en el papel y oírlo en voz alta la abrumó. La hizo llorar.

Después de leer aquello, María inclinó la cabeza y oró a través de sus lágrimas de alivio. «Oh, Dios, perdóname. Lo que he escrito aquí es pecado. Tú me has ordenado honrar a mis padres. No lo he hecho. En lugar de esto, he anidado ira contra ellos durante veinticinco años.»

Prosiguió: «Perdóname, también, por mi falta de un espíritu amante hacia mi marido, y por mi actitud crítica para con él.»

Cuando hubo terminado, le sobrevino un gran alivio, como una suave y fresca brisa de primavera. María tomó entonces un rotulador ancho, y a través de cada una de las tres páginas escribió, con letras grandes, las palabras de 1 Juan 1:9: «Si confesamos nuestros pecados, él es fiel y justo para perdonarnos nuestros pecados, y limpiarnos de toda maldad.»

Sonrió mientras aplastaba aquellas hojas de papel. Entonces salió fuera, cavó un hoyo en su jardín, y echó en él aquellas hojas aplastadas. Encendió una cerilla y quemó las páginas. Ver cómo la llama transformaba el papel en cenizas se tornó en un símbolo de lo que Dios estaba haciendo en su vida. Estaba transformando algo malo en algo bueno.

Luego María cubrió las cenizas con tierra hasta llenar el hoyo, y amontonó siete piedras de tamaño de pelota de béisbol grande encima de aquella tierra.

Hoy, cuando se siente tentada de mirar de nuevo al pasado y amargarse contra sus padres o su marido, mira por la ventana de su cocina y ve su montón de piedras. Permanece allí como un refrescante recuerdo de que su pasado ha desaparecido: sus pecados están perdonados y enterrados.

¿Y qué de ti? ¿Necesita tu pasado ser sepultado y no recordado ya más? Nunca podrás edificar la propia estima de tu cónyuge si estás controlado por tu pasado. Pero una vez estés libre, puedes ayudarle a reconocer y a hacer frente a los efectos del pasado sobre su propia imagen.

CUÁNDO BUSCAR CONSEJO PROFESIONAL

Ocasionalmente puede que haya necesidad de ayuda externa o de consejo profesional a fin de ayudar a tu cónyuge a superar un problema determinado. El doctor Frank Minirth, de la Clínica Minirth-Meier en Richardson, Texas, dice que las siguientes seis observaciones pueden implicar que debas animar a tu cónyuge a buscar un consejero externo con formación bíblica:

1. *Síntomas físicos*
   Un aumento o pérdida repentinos de peso en tu cónyuge, frecuentes dolores de cabeza, o quejas de mala salud física, o una pérdida de sueño o de apetito: cualquiera de estos síntomas podría ser una señal de que necesita ayuda.
2. *Síntomas mentales*
   Una patente ansiedad mental, semblante triste, o un estado confundido de la mente podría significar que se debe buscar ayuda cualificada. Una depresión prolongada o frecuentemente repetida puede ser un aviso.
3. *Frecuentes quejas de dolor emocional*
   Una persona que está padeciendo emocionalmente por una reciente experiencia traumática o que continúa teniendo dificultades con un problema emocional del pasado debería considerar recibir una opinión de un consejero competente.
4. *Un funcionamiento básico disminuido*
   Si tiene dificultades para hacer frente en su trabajo, socialmente o en casa a las responsabilidades más fundamentales, puede significar que deberías buscar ayuda externa.
5. *Dependencia de las drogas o del alcohol*
   Los sentimientos severos de insignificancia pueden resultar frecuentemente en una dependencia química. Pueden ir acompañados de pensamientos suicidas, y deben ser tratados por un profesional.
6. *Conducta irresponsable*
   Una conducta inconsecuente o inmoral puede significar que tu cónyuge no está logrando hacer frente a algunas luchas interiores.

Evidentemente, si con el paso del tiempo piensas que el problema es mucho mayor que tu capacidad, deberías buscar el consejo de un consejero fiable que dirija a los consultantes a las Escrituras y a Cristo.

Para información adicional acerca de consejo profesional, escribe a:

En España escribir a:
DE FAMILIA A FAMILIA

The Minirth-Meier Clinic
2100 North Collins Richardson,
TX 75080 Estados Unidos de América

Proyecto de edificación de estima
(Usa una hoja de papel si es necesario.)

1. ¿Necesitas vaciar uno de los tres «rincones en tu desván»? ¿Padres? ¿El grupo? ¿El pasado en general? Sigue las sugerencias al fin de la sección apropiada para comenzar el proceso de curación.

2. Sugiere que tu cónyuge lea este capítulo, y luego hablad acerca de cómo le pueda ser aplicable. Recuerda: no curiosees en el pasado; deja que él comparta aquello con lo que se sienta cómodo para tratar.

3. Quizá quieras sugerirle a tu cónyuge que siga los pasos bosquejados después de cada sección. Ten cuidado en no *empujar* a tu cónyuge en este punto.

---

1. Efesios 4:32.
2. Deuteronomio 5:16
3. Romanos 12:1, 2.
4. Filipenses 3:13b-14.
5. 1 Pedro 5:8.
6. Efesios 6:10, 11.
7. Apocalipsis 12:10.

Plantando palabras positivas

Tus palabras tienen poder para contaminar una propia imagen positiva o para sanar el tumor maligno de una propia imagen negativa.

7

Las palabras son semillas

- Las palabras son poderosas semillas
- Plantando la buena semilla
- Arrancando malas hierbas y plantando semillas
- El impacto de una buena palabra
- Siembra la buena semilla; evita la mala
- Siembra palabras de alabanza
- Cómo alabar a tu cónyuge
- Siembra palabras afirmativas
- Malas hierbas o árboles frutales, escoge
- Proyecto de edificación de estima

Bloque de construcción Nº 3: Plantando palabras positivas

Como una familia americana corriente, nos hemos mudado varias veces y hemos vivido en diferentes partes de los Estados Unidos. Hemos sido vecinos de Boulder, Colorado; San Bernardino, California; Dallas, Texas, y actualmente en Little Rock, Arkansas.

Nuestra casa del sur de California vino completa con un césped perfecto, como de postal. Era hermoso contemplar aquella clase de alfombra verde exuberante que disfrutabas pisar un sábado por la mañana, mientras tus vecinos te miraban con ojos envidiosos.

Pero nuestros otros hogares tuvieron céspedes distintos. También estaban bien plantados, pero tenían malas hierbas. El peor caso de malas hierbas fue en Dallas, donde luchamos sin éxito contra los hierbajos.

Cuando se acababa de segar, nuestro jardín de hierbajos parecía atractivo... a distancia. Pero al cabo de pocos días brotaban unas extrañas vainas de semillas. Las corredoras, que crecían de incógnito bajo tierra, amenazaban no sólo con ahogar los pocos bortes de césped, sino también los pocos árboles que teníamos. Comenzamos a sospechar que esta mala hierba había mutado para llegar a ser una nueva especie invencible, destinada a conquistar los jardines del mundo. Para evitar el ridículo, segábamos el césped durante la noche.

En base de nuestra experiencia con los céspedes, hemos llegado a aprender que las malas hierbas proceden de semillas. Las semillas de las malas hierbas vienen principalmente del suelo mismo o del jardín de un vecino, o son traídas por el viento. Mantenerlas a raya puede llegar a ser un trabajo a dedicación plena. Como sería de esperar, hemos llegado a tener un gran respeto por el potencial de las semillas.

Las palabras son poderosas semillas

Las palabras son como semillas. Una vez han sido plantadas en la vida de tu cónyuge, tus palabras darán flores o malas hierbas, salud o enfermedad, sanidad o veneno. Tienes una gran responsabilidad por su uso. Como dice Proverbios 18:21: «La muerte y la vida están en poder de la lengua.» Tus palabras tienen poder para contaminar una propia imagen positiva o para sanar el tumor maligno de una propia imagen negativa.

Tú no eres el único que planta estas semillas en la vida de tu cónyuge. De hecho, muchas de sus propias percepciones equivocadas acerca de él mismo han brotado de las palabras negativas de otros. Estas semillas de malas hierbas, que han estado dando vueltas desde que Adán y Eva pecaron, han pasado a través del suelo de la humanidad. Durante la vida de tu cónyuge, algunas han pasado a través de la cerca de su propiedad en forma de bromas, críticas e insinuaciones de parte de amigos íntimos, compañeros del grupo y quizá incluso de tu parte. Otras semillas, como las de los valores del mundo, han sido transportadas por los turbulentos vientos de nuestra cultura, y han caído en su mente. Muchas han germinado para plagar su propia estima.

Aunque no eres la única fuente de semillas, como su cónyuge tú tienes la capacidad de detener el crecimiento de palabras negativas sembrando tus propias palabras positivas.

Plantando la buena semilla

Cuando Dios creó el universo, empleó un vehículo singular: las palabras. El Salmista registra cómo Dios creó todo lo que vemos: «Por la *palabra* de Jehová fueron hechos los cielos, y todo el ejército de ellos por el aliento de su boca. ... Porque él *dijo*, y fue hecho; él *mandó*, y así fue» (énfasis añadido).[1]

La vida fue concebida en la mente de Dios y nació por Sus palabras. Hubiese podido dar forma a la creación de manera gentil con Sus manos, pero escogió las palabras. Como Dios todopoderoso, hubiera podido darle ser sólo pensándolo. Pero no lo hizo. Él habló, «y así fue».

De manera similar, compartimos en la obra creadora de Dios cuando empleamos palabras que dan vida a la propia estima de nuestro cónyuge. En el matrimonio, una de las cosas más importantes en una pareja es *lo que se dicen el uno al otro*. Cuando fluyen palabras positivas, la relación es robusta y floreciente. Si desaparecen de manera permanente las líneas de entendimiento y de comunicación positiva, sólo es cuestión de tiempo antes que aquel matrimonio muera. Podemos crear vida en nuestro cónyuge mediante nuestras palabras positivas, o podemos infligir destrucción con nuestras palabras negativas o negligentes.

Arrancando malas hierbas y plantando semillas

Tenemos una cinta cassette que contiene una de las canciones favoritas de nuestros hijos. Trata de una hormiga díscola, Antonio, que adoptó una actitud independiente. Con esta actitud salió del hormiguero, y se fue a vivir su vida. Iba a ser más grande que todas las hormigas que le habían precedido: El gran Alejandro, Miguel Ángel, y Napoleón.

A través de varias canciones y adivinanzas, los amigos de Antonio le ruegan que vuelva a casa. Una canción, llamada «semillas», es aplicable para edificar la propia estima de tu cónyuge. Lee la letra, y piensa acerca de cuál es la semilla que estás sembrando en tu cónyuge.

> Primero arranca las malas hierbas, luego pasa el rastrillo y la azada,
> Luego planta algunas semillas, así es como siembras;
> Sólo espera y mira, todos sabrán
> Lo que allí has plantado, cuando comience a crecer.
>
> Cada planta tiene pequeñas semillas
> Que produce otras de su clase;
> Las semillas de manzana manzanos produce,
> Y cada vez sucede así.
>
> Las semillas producen flores, matas y árboles,
> Las semillas producen helechos, parras y hierbajos.
> Lo que plantes es lo que crecerá,
> Ten cuidado pues con tu sembrar.[2]

Antonio llega a la conclusión de que ha estado sembrando la mala semilla con su independencia. Esta bonita parábola termina cuando se arrepiente y decide volver a casa. Su familia, encantada por que la díscola hormiga ha vuelto al hogar, mata el pulgón engordado, hace fiesta, y viven siempre felices.

Siembra la buena semilla; evita la mala

A semejanza de la hormiga Antonio, puede que tu cónyuge necesite una buena palabra. Proverbios 12:25 dice: «La congoja en el corazón del hombre le abate; mas la buena palabra lo alegra.» Observa el impacto de «la buena palabra». No se trata de una oración ni de un párrafo. No de un mensaje. Sólo una palabra bien colocada, positiva.

Asegúrate de que aprecias el poder de las palabras. Pueden asaltar a nuestros cónyuges, u honrarles como personas valiosas con dotes recibidos de Dios. Los esfuerzos por comprender el pasado y dar aceptación incondicional serán rápidamente negados si sembramos palabras pesimistas, críticas o faltas de simpatía en el corazón de nuestro cónyuge. Bien lo dice la Escritura: «Con su boca el inicuo destruye a su prójimo; mas por la ciencia los justos serán librados» (Proverbios 11:9, V.M.).

Escucha la advertencia de la canción infantil:

> Con cuidado tus semillas debes escoger;
> Lo que siembres allá tendrá que florecer. ...
> Lo que plantes es lo que crecerá,
> Ten cuidado pues con tu sembrar.[3]

Escoge con sabiduría y cuidado las palabras que digas a tu cónyuge. Son cruciales para su propia estima, porque en ellas se ve a sí mismo.

Una advertencia final acerca de las semillas de las malas hierbas: No esperes que desaparezca inmediatamente la «cosecha» de malas hierbas si has estado plantando palabras negativas en la vida de tu cónyuge durante años. Pedir perdón a tu cónyuge puede acelerar el proceso de matar las malas hierbas, pero la desaparición de las semillas de las palabras dichas con descuido puede precisar de muchos años. Pídele a Dios que te haga cuidadoso con el poder de tu lengua, y que te haga más consciente de las palabras que le dices a tu cónyuge.

Sin embargo, las palabras no son la única fuente de semillas de malas hierbas. Tus actitudes negativas para con tu cónyuge tienen también un efecto devastador sobre su propia imagen. Las indicaciones no verbales o ignorar a tu cónyuge pueden también plantar semillas. Puede que estés sembrando habitualmente palabras o actitudes negativas sin darte cuenta de ello.

Pero recuerda, Dios se deleita en cambiar vidas y en dar nuevos comienzos. Tu matrimonio puede tornarse en un huerto sano y productivo donde dos personas se expresen de manera generosa, la una a la otra, gratitud, aprecio, creencia y alabanza.

Siembra palabras de alabanza

Lee cuidadosamente esta definición de encomio: «valorar, levantar, exaltar, magnificar, honrar, encomiar, aplaudir.» Si le das algo de pensamiento creativo y tiempo a las palabras de esta definición, podrás conseguir literalmente cientos de palabras para alabar a tu cónyuge. Por cuanto la edificación de la propia estima de tu cónyuge es básicamente asunto de ayudarle a sentirse valioso, la alabanza es un instrumento necesario para este proceso. Cuanto más expreses verbalmente tu aprecio (alabanza), tanto más seguro estará tu cónyuge en su propia estima.

A todos les gusta ser alabados, y tu cónyuge no es una excepción. William James escribió: «El principio más profundo en la naturaleza humana es el anhelo de ser apreciado.» Mark Twain dijo: «Puedo vivir durante dos meses con un buen cumplido.»

¿No le has pedido nunca a nadie que repita un cumplido? Nosotros sí. «¿De veras les gustó nuestra Conferencia de Vida Familiar? Díganos qué le pareció mejor.» Interiormente, lo que estamos diciendo es: «Sí, necesitábamos esto, pero, ¿nos lo podría decir otra vez para que podamos degustar sus comentarios unos segundos más?» La vida puede parecer a veces intolerablemente pesada, y una buena palabra puede ayudar a aligerar la carga.

Arnold Glascow ha dicho: «La alabanza obra maravillas en nuestro sentido del oído.» También obra maravillas para tu sentido de la vista. Cuando alabas a otra persona, te quitas los ojos de ti mismo y los centras en otra persona durante unos breves momentos. Este mirar a otro no sólo ayuda a poner su vida en perspectiva, sino también la tuya.

Cómo encomiar a tu cónyuge

1. Alábale de manera específica

Dale a tu cónyuge valor y honra por medio del don de la alabanza. Tu cónyuge necesita que le alabes de manera específica por lo que él es como persona. Esto le ayuda a ver su singularidad. También necesita alabanza por aquellas cosas que hace, su esfuerzo y trabajo, para tu beneficio y el de la familia. Siembra en su vida la buena semilla de la alabanza con declaraciones como:

> «Te aprecio porque ... »
> «Te admiro por tu ... »
> «Gracias por ... »

Apreciar significa «aumentar de valor», mientras que despreciar significa «disminuir en valor». ¡Podrás observar cómo se aprecia el valor de tu cónyuge gracias a tu aprecio verbal de él!

Piensa en ello por un momento. ¿Qué es lo que realmente aprecias en tu cónyuge y de lo que no le hayas dicho «gracias» por un tiempo? ¿En qué buenas cualidades, buenas acciones o buenas actitudes puedes pensar? Tómate un minuto o dos ahora mismo, y haz una lista de cinco. Hazlo de manera tan específica como puedas. ¿Y por qué no compartirla la próxima vez que comáis juntos? La alabanza no sólo es «apropiada», sino que es contagiosa —otros podrían unirse a ella.

Marido:	Mujer:
____________	____________
____________	____________
____________	____________
____________	____________
____________	____________

No olvides alabar a tu cónyuge por aquellos deberes cotidianos. Dile *por qué* aprecias las tareas que lleva a cabo; dile cómo te beneficias por las cosas pequeñas (o grandes) que hace. Toma nota de las tareas desagradables y difíciles, y dale una recompensa verbal de aliento la próxima vez que haga alguna. Puede motivarle a seguir y a volverlo a intentar.

Cada vez que Dennis arregla algo por la casa, le expreso (yo, Bárbara) mi aprecio de buen gusto. (Sé lo inepto que se siente en esta área, y lo que se precisa para que acumule el valor suficiente para el menos probarlo.) También le doy las gracias frecuentemente por trabajar duro y proveer para su familia.

Robert Louis Stevenson dijo: «Haced el máximo de lo mejor, y el mínimo de lo peor.» Demasiadas veces invertimos lo que dijo Stevenson, pero si sigues este consejo, inspirarás a tu cónyuge a que siga probando, y conseguirás lo mejor de él.

2. Encomia con sabiduría y veracidad

Cuando una relación matrimonial choca con un problema, tanto si es pequeño y breve como si es grande y prolongado, es difícil encontrar mucho que alabar. Pero éstas son las ocasiones en que más se necesita. Así que, comienza a encomiar a tu cónyuge. Dale alivio en medio de los problemas.

Salomón escribió: «Las palabras de los sabios son como aguijones; y como clavos hincados son las de los maestros de las congregaciones.»[4] Cuando decidas dar aliento positivo y alabanza a tu cónyuge, tus palabras le pueden conducir o aguijonear en la dirección correcta. Tus palabras sabias y veraces darán perspectiva a su vida, a vuestra relación y a vuestra situación como pareja. Encontrar una solución puede incluso llegar ser más fácil.

Puede que te preguntes, «pero, ¿qué si toda esta alabanza se le sube a la cabeza a mi cónyuge?» «¿No se volverá orgulloso?» Hay una diferencia entre un verdadero encomio y adulación. La adulación da satisfacción a la vanidad personal. Puede que observe y encomie *sólo* la apariencia física de la persona, su inteligencia, o riqueza. En cambio, la alabanza se basa en el carácter y acciones de una persona. Cuando alabas con veracidad y aplaudes sus decisiones piadosas, le inspiras a profundizar aún más en ese carácter, que es la raíz de la que debería proceder esta conducta.

Pablo nos exhorta: «Hablad verdad cada uno con su prójimo.»[5] En el centro de estas palabras tenemos «verdad». Una vez más encontramos la norma para dar valor a otra persona. La verdad da como resultado seguridad y certidumbre, dignidad y valor. Deviene brújula en la tormenta, dirigiéndonos con confianza en el rumbo correcto.

Alaba a tu cónyuge en todas las situaciones, usando de sabiduría para afrontar la necesidad del momento, y hablando verazmente para edificar su carácter.

3. Alaba con generosidad

Tu alabanza puede ser excesiva sólo si tus palabras no son sinceras. No se puede abusar de una alabanza genuina, sentida. Además, tu cónyuge recibe abundantes críticas y correcciones de otros y de sí mismo para mantener el equilibrio. Y si se le hincha la cabeza, Dios es plenamente capaz de devolvérsela a su justo tamaño.

En los primeros meses de nuestro matrimonio, nos hacíamos cumplidos y alabábamos espontáneamente el uno al otro por cada rasgo recién descubierto que nos gustaba. Casi llegó a ser un juego ver quién podía encontrar otra buena cualidad que alabar. A nuestro exclusivo «club» le pusimos por nombre la Sociedad de Admiración Mutua. Permaneció activa durante varios años y proveyó mucha de la base para el maravilloso comienzo de nuestro matrimonio.

Hoy no es totalmente igual: con una casa llena de niños los nuevos descubrimientos mutuos se están haciendo menos frecuentes. Pero algunas veladas, durante la cena, se vuelve a convocar la Sociedad de Admiración Mutua. Se suscita una pregunta, como: «¿Qué es lo que más apreciáis de Papá?» Y vamos pasando la palabra alrededor de la mesa. Hemos oído algún comentario clásico y veraz, como: «Sale a pescar conmigo»; «Sale de paseo conmigo»; o, de nuestra hija Rebeca, de cinco años, «Come chocolate a escondidas conmigo». Es muy difícil sufrir depresión después que un coro juvenil, que tiene una gran ceguera por tus defectos, te vitorea.

William James dijo: «Todos nosotros, en el gozo de sentir que hemos complacido, queremos hacer más para complacer.» Así, puedes motivar a tu cónyuge a la excelencia en su carácter y en su conducta con una alabanza generosa, liberal y ferviente.

Siembra palabras afirmativas

En esta cultura en que vivimos, tan centrada en el Yo, raramente encontrarás a otros que crean inequívocamente en tu cónyuge. Tú tienes la principal responsabilidad para sembrar palabras de creencia en tu cónyuge.

Uno de los puntos fuertes que Dennis aportó a nuestro matrimonio fue su firme creencia en mí (Bárbara). Cuando me siento tentada a dejarme abrumar por las dudas acerca de mí misma, pocas veces, si alguna, se une a mí en mis acusaciones contra mí misma. En lugar de ello, me recuerda una verdad. Me dice lo que piensa de mí, de manera positiva, naturalmente, sin mentir y sin lisonjear. También me encomia por las cosas que hago bien. Sus palabras me ayudan a poner mi enfoque en lo positivo de mí mismo en lugar de en lo negativo. Su constante creencia en mí me ha dado la muy necesaria confianza de que carecía en mi propia estima.

Las palabras que comunican creencia son importantes para la propia imagen de tu cónyuge. Necesita tu creencia en él sin parangón. Te ha reclutado para jugar en su equipo, para ser el entrenador que cree en él, y para ser el vitoreador que le da alabanza incluso cuando pierde. Necesita que seas su más fiel *fan*, no su crítico más agudo.

Tu cónyuge se tornará en la persona que tú le digas que es. Se trata otra vez del principio del espejo. Las palabras crean imágenes; dirigen la conducta. Tus palabras influencian lo que él espera de sí mismo.

Una mujer que conocemos emplea sumamente bien las palabras. Recientemente, cuando su marido se encontraba en medio de unas situaciones laborales opresivas, sus palabras afirmativas y de respaldo lo mantuvieron en marcha. «Lo estás haciendo bien. Creo en ti. Creo que tomarás la decisión acertada», le aseguraba. «Estos tiempos pasarán pronto. Estoy dispuesta a hablar de ello en cualquier momento y a ayudar de cualquier manera que pueda.»

Expresar tu creencia en tu cónyuge le da la certidumbre de tu fe en él como persona y en su capacidad para funcionar en tu matrimonio, familia y su trabajo. Las palabras de creencia le dicen que se confía en él. Él será motivado para demostrar que es digno de tu confianza.

Jesús enseñó en Mateo 13:3-8 que el evangelio cae en muchos tipos de tierra. De manera similar, las semillas de alabanza pueden caer sobre muchos tipos de tierra. La tierra de tu cónyuge puede que dé buena acogida y empaparse con tus alabanzas, o puede que esté endurecida por muchos años de escuchar palabras negativas, y que sea incapaz de dar acogida a palabras de alabanza y creencia. Sé paciente. Intenta comprender por qué su tierra es como es. Pregúntate a ti mismo: ¿Qué factores específicos han afectado a la tierra de mi cónyuge? Incluso la buena semilla plantada en un momento inoportuno o en condiciones deficientes (actitudes negativas) no producirá una cosecha destacable.

Malas hierbas o árboles frutales, escoge

Hace unos cuantos años nos tomamos unas vacaciones de otoño en Nueva Inglaterra. Una fría mañana estuvimos recogiendo manzanas por cinco dólares el *bushel*.[6] Aquella plantación «Coséchelas Ud. Mismo» de maduros manzanos Cortland cubría las ondulantes colinas como una verde colcha de retazos cosida en hileras. Las ramas estaban muy cargadas con aquel fruto rojo, que estuvimos recogiendo durante casi dos horas aquella mañana otoñal fría y nublada.

Cuando ya nos íbamos, conocimos al dueño de la plantación. Le felicitamos por la condición de sus árboles, y su delicioso y crujiente fruto. Recibió bien nuestros encomios, pero fue rápido en añadir su perspectiva. Nos contó que había soportado duros inviernos de Nueva Inglaterra, y que había luchado contra plagas y malas hierbas durante años para conseguir que la plantación diera su actual productividad y beneficio. Había precisado de un duro trabajo y perseverancia, pero comenzaba a rendir beneficios.

De manera similar, a ti te han confiado una parcela de terreno: tu cónyuge. También te han dado semillas: tus palabras. Las decisiones que adoptes hoy —plantar buena semilla en tu cónyuge, y evitar la mala semilla— garantizarán una cosecha algún día. Debes capear el embate de las circunstancias cambiantes, de las dificultades inesperadas y de la vida en general, mientras le amas y convives con él. Pero la fiel solicitud resultará en que las raíces de su propia estima se arraigarán profundamente en la verdad de la Palabra de Dios.

Pablo escribe en Gálatas 6:9: «No nos cansemos, pues, de hacer el bien; porque a su tiempo cosecharemos, si no desfallecemos.» Ésta es una gran promesa. Obtendrás una buena cosecha si no desfalleces y abandonas, pero qué cosecha sea depende realmente de ti. Malas hierbas o árboles frutales, escoge.

Proyecto de edificación de estima

(Usa una hoja de papel si es necesario.)

1. Escribe un párrafo o una carta de palabras positivas para tu cónyuge. Escoge uno de los temas que siguen:
   - Una carta de alabanza
   - Una carta de aprecio
   - Una carta de aliento
   - Una declaración de creencias
2. Sé específico, evita las generalidades.
3. Léesela a tu cónyuge antes de iros a la cama esta noche.

---

1. Salmo 33:6, 9.
2. © 1981, Fair Hill Music. Todos los derechos reservados. Usado con permiso.
3. Ibid.
4. Eclesiastés 12:11.
5. Efesios 4:25.
6. Medida de capacidad equivalente a 35 litros en Estados Unidos. [Nota del Traductor.]

Edificando en tiempos difíciles

Capead las tempestades de la vida volviéndoos el uno al otro y edificándoos el uno al otro en lugar de rechazaros el uno al otro.

8

Edificando en la tormenta

- Las dificultades de la vida pueden destruir la propia confianza de tu cónyuge
- El sufrimiento es universal
- La tragedia amenaza con destruir la propia estima
- Edificando a tu cónyuge en una tormenta
- Capead las tormentas juntos
- Proyecto de edificación de estima

Bloque de construcción Nº 4: Edificando en tiempos difíciles

Por alguna razón que sólo Dios sabe, yo (Dennis) no salí a tiempo a trabajar aquella mañana de junio. Acababa de ponerme la corbata mientras Bárbara comenzaba a hacer sus ejercicios. De repente, me di cuenta de que se había parado y estaba sentada en la cama con la cabeza entre las rodillas.

«¿Estás bien?», le pregunté.

«No, me parece que no», contestó Bárbara débilmente. «Siento como si fuese a desmayarme.»

Tenía el pulso rápido debido a los ejercicios, y descansó unos minutos, esperando que el corazón bajase a los latidos normales. Yo había experimentado unas rápidas palpitaciones aquel invierno, por lo que cuando sus rápidos latidos rehusaron bajar de velocidad, le di seguridades de que sabía exactamente que debíamos hacer. Puse mi brazo a su alrededor, y le sugerí que se levantase y caminase conmigo.

Después de ayudarla a que se levantase, Bárbara sólo dio un par de pasos antes de volverse atrás, derrumbándose en la cama y casi perdiendo el conocimiento. Cuando se quejó otra vez de que su corazón estaba realmente latiendo fuerte, comencé a asustarme.

Puse los dedos sobre su cuello, y traté de contarle los latidos, pero el corazón de Bárbara iba tan rápido que no pude contar los latidos. «Voy a llamar una ambulancia», le dije.

Llamé a una vecina para que cuidase a nuestros dos hijos pequeños. Llegó la ambulancia y nos llevó velozmente al hospital.

El monitor cardíaco del hospital nos contó la historia. El corazón de Bárbara iba desbocado a 300 latidos por minuto. Durante las siguientes seis horas, el equipo médico hizo todo lo que pudo. La cama de Bárbara en la unidad de cuidados intensivos de la zona coronaria se movía literalmente por la violencia de los latidos de su corazón. Su pulso no cambiaba.

Había comenzado a orar por Bárbara en el mismo momento en que me di cuenta de su problema, pero me sentía impotente. Entonces llamé a Kitty Longstreth, una viuda que se había hecho muy amiga nuestra, y le pedí que orase y que llamase a otros que también lo hiciesen. Poco después del mediodía, «Miss Kitty» (tal como la conocemos afectuosamente la familia Rainey y muchos otros) se puso de rodillas y comenzó a orar por Bárbara.

Me dejaban ver a Bárbara una vez cada dos horas, pero sólo durante cinco minutos, de modo que tuve mucho tiempo para orar, leer las Escrituras y meditar. Recuerdo que aquella tarde estuve pensando: «¿Qué haré con dos niños pequeños, de menos de tres años?» Éstos fueron unos oscuros momentos para nuestras vidas.

A las 2 de la tarde, los pulmones de Bárbara comenzaron a llenarse de fluido. Con cinco latidos por segundo, su corazón no tenía tiempo para llenarse de sangre y bombearla toda fuera, por lo que su presión sanguínea estaba peligrosamente baja. A las tres de la tarde comenzó a tener dificultades para respirar.

Los médicos me advirtieron que ahora, más que nunca, había una clara posibilidad de un fallo coronario. A las 4 de la tarde el cardiólogo comenzó los preparativos para usar un *shock* eléctrico para detener su corazón, y poderlo quizá reiniciarlo a su ritmo normal.

Pero no fue necesario. Miss Kitty, que había estado orando fielmente por la vida de Bárbara, sintió finalmente la libertad de parte del Señor de levantarse de sus rodillas. Luego me dijo que supo que todo iba bien.

«Sabía que o bien Bárbara había muerto y se había ido con el Señor, o bien que el ritmo de su corazón había vuelto a la normalidad», me dijo Miss Kitty. «Dios me dio paz para dejar de orar.» Su reloj marcaba unos pocos minutos después de las 4.

Los médicos me dijeron que no tuvieron necesidad de emplear el *shock* eléctrico porque el corazón de Bárbara volvió a su ritmo normal «por sí mismo». La hora eran las 4:05 de la tarde.

Aunque seguía estando presente un defecto congénito del corazón anteriormente desconocido, los médicos nos dieron alguna esperanza de que Bárbara viviría una vida larga y normal. Pocos días después le dieron el alta del hospital.

Comprensiblemente, durante el siguiente mes Bárbara se volvió muy introspectiva acerca de todo lo que le sucedía en su cuerpo. De repente se volvió muy consciente de cada latido fuerte del corazón y de cada dolor físico.

Luego descubrimos que estaba embarazada

Durante los siguientes ocho meses, aprendimos a vivir con cuestiones —cuestiones acerca de dos personas, una madre y un bebé, en lugar de sólo acerca de Bárbara. Fueron unos meses pesados, conducentes a la reflexión. Hubo poco romance, poca risa y pocas emociones sobrantes para nada o nadie más. Fue un tiempo opresivo, especialmente para Bárbara.

Las dificultades de la vida pueden destruir la propia confianza de tu cónyuge

Cuando pronunciamos nuestros votos matrimoniales, ninguno de los dos pensamos que tendríamos un año de sufrimiento como el que experimentamos en 1977. Hoy somos más realistas acerca de la vida. Hemos aprendido que el sufrimiento nos viene a todos en diferentes tiempos de nuestras vidas. También hemos visto que la propia imagen se vuelve frágil cuando golpean las tormentas de la vida.

Para nosotros, la introspección de Bárbara acerca de su salud era en ocasiones abrumadora. Ocasionalmente, quería decirle que «simplemente, persiste». Sentía que estaba demasiado ensimismada. Quería hacerle saber de alguna manera que los niños y yo la necesitábamos para que estuviese con nosotros: mentalmente, además de físicamente.

Pero lo más importante fue cómo esto afectó a la propia imagen de Bárbara. Confrontada de repente por su propia mortalidad, se sentía desechable. Se sentía desalentada ante su incapacidad de «levantarse por encima» de sus circunstancias. Una propia imagen confiada depende mucho del sentimiento de sentirse necesitado —de tener algo que ofrecer— y de la propia capacidad de ejecutar algo. Con estas dos columnas derribadas, Bárbara entró en un estado de aturdimiento y de desaliento.

Se volvió fatalista acerca de la vida. Y aunque sabíamos que Dios seguía estando al control soberano sobre todo lo que había acontecido en nuestras vidas, teníamos que contar con estos perturbadores pensamientos. Y fuimos pasando juntos este tiempo.

Después de nueve meses, Bárbara dio a luz a Samuel, un sano niño de cuatro kilógramos de peso. Fue la señal de Dios para nosotros de que había esperanza para el futuro.

El sufrimiento es universal

Dios está lleno de gracia, y no permite a menudo a las parejas que experimenten sufrimiento como en el caso de Job, pero sí permite dosis medidas de aflicción en intervalos soberanamente ordenados. Hemos visto a queridos amigos nuestros enterrar a su hijo de siete años dos días antes de Navidad. Hemos ayudado a otros en desastres de negocios y en pérdidas de trabajo. Otras parejas que hemos conocido han experimentado sufrimiento por infertilidad, enfermedades repetidas, envejecimiento, crisis de la edad madura, problemas con padres, rebelión adolescente, muerte de los padres, problemas financieros, hijos mayores que se divorcian, e hijos que arrojan deshonra sobre el nombre de su familia.

Todas esas personas han experimentado pérdidas. Algunas han sufrido golpes durísimos. Muchos, si no todos, pusieron en tela de juicio su propia valía y confianza en sí mismos. Las dificultades produjeron fortaleza en muchos, mientras que otros parecía que no se recuperaban nunca.

La tragedia amenaza con destruir la propia estima

Hacía calor aquella mañana veraniega en Texas cuando Dave se encontró temprano con un constructor para hablar acerca de una cuestión de calificación urbana. Era el 25 de agosto de 1977, un día que ni él ni su mujer, Carol, iban a olvidar jamás. Ella había dejado a sus dos hijos —Ben, de casi doce años, y Tom, de ocho— en casa jugando mientras ella corrió a la escuela para preparar una clase que iba a comenzar a enseñar a la semana siguiente.

Dave terminó su reunión con el constructor y casi se detuvo en su casa, pero decidió no hacerlo y seguir viajando hacia su trabajo.

Los chicos habían estado jugando la noche anterior con el rifle que su padre empleaba para cazar ciervos, y encontraron un cartucho, y lo pusieron en la recámara, sólo para jugar. Aquella mañana, cuando volvieron a jugar con el rifle, se olvidaron del cartucho, que seguía en la recámara. El rifle se disparó, y Tom, el de ocho años, murió en el acto.

Los días, semanas y meses que siguieron quedaron caracterizados no sólo por dolor y sufrimiento emocional, sino también físico. Dave decía que sentía como si le hubiesen clavado un garfio dentro del estómago y que luego lo hubiesen arrancado. Carol cayó en un profundo ensimismamiento. Los dos se preguntaban, «¿Por qué?»

A diferencia de muchas parejas que experimentan una tragedia de esta magnitud, se sobrepusieron a aquella pérdida, y hoy disfrutan de un matrimonio sólido. Su estabilidad y fuerza volvieron al edificar el uno la vida del otro por medio de la oración y de la completa dependencia en Jesucristo.

Dave oraba a diario por Carol y por sí mismo. Oraba por poder comprender a su mujer y cómo ayudarla. Renovó su compromiso para con ella y prometió una renovación de sus votos matrimoniales. Ella sabía que él había decidido de manera resuelta resistir y perseverar. Sintió el profundo cuidado que tenía por ella. Él la ayudó a esperar el futuro, sin empujar ni ser impaciente con ella.

Carol dedicó mucho tiempo a leer la Biblia y compartía las Escrituras con Dave. Se centraba en las cosas que eran «dignas de alabanza»[1] y se las expresaba a Dave y a Ben. Aunque necesitaba casi toda la energía que tenía, intentaba hacer de la comida un tiempo feliz. Y comenzó a hacer ejercicio con Dave —esto alivió la tensión y les dio tiempo para pensar y hablar.

Como pareja, se forzaron en centrarse en otros y en su involucración en la iglesia. Juntos, envolvieron a Ben en brazos de amor y le ayudaron a salir de su dolor a su propio tiempo. Por encima de todo, su compromiso con Jesucristo y el uno al otro ha quedado fortalecido más allá de toda medida. Se han edificado el uno al otro y su hogar sobre la «Roca».[2]

La tensión diaria intenta minar la propia estima

Aunque la magnitud del sufrimiento de esta pareja no golpea en repetidas ocasiones a lo largo de la vida de uno, es probable que experimentemos en nuestras vidas tiempos de dolor cuando nos veamos forzados a aferramos a Dios y el uno al otro para sobrevivir. Estos tiempos azotan como una inundación repentina, sin previo aviso.

Pero el sufrimiento no se limita a ocasiones de tragedia. La aflicción, el dolor y la angustia nos visitan de manera casi predecible en diferentes etapas de nuestras vidas, generalmente durante tiempos de cambio y de tensión. El trabajo de ser madre constituye una ocupación con muchas pruebas programadas y no programadas.

La madre promedio de hoy día es pocas veces estimada por la sociedad por su contribución a la siguiente generación. En lugar de ello, se le dice que el papel de madre es una tarea menor que cualquiera podría llevar a cabo.

Sin sentir estima por su papel, está a menudo falta de preparación y cansada cuando sus hijos llegan a la adolescencia. La mayoría de los adolescentes no son gentiles para con sus madres. En lugar de ello, tienen formas de cuestionar las decisiones, los juicios y la autoridad paterna acerca de casi cada cuestión. Y la mayor parte de los adolescentes son insensibles acerca de cómo sus actitudes y acciones minan la propia estima de la madre. Mientras tanto, la madre se siente atacada en esta confrontación de voluntades y se encuentra cuestionando su valía y valor.

Si eres marido y padre, acude al lado de tu mujer para protegerla, estimarla y apoyarla. Cruzar juntos las turbulentas aguas de la crianza de los hijos fortalecerá la propia estima de tu cónyuge y os llevará unidos al nido vacío.

Edificando a tu cónyuge en una tormenta

Las tormentas de la vida os afectarán de manera diferente a ti y a tu cónyuge. Puede que os sintáis tentados a apartaros el uno del otro. ¡No lo hagáis! En lugar de ello, volveos el uno al otro en un compromiso total y proveed un refugio en la tormenta.

Dale a tu cónyuge la libertad de procesar lo que está sucediendo en su vida. No esperes que le dé a un interruptor y que «solucione el problema» y luego «prosiga adelante». Generalmente, no es así de fácil. Y si el sufrimiento de tu cónyuge no desaparece después de un tiempo razonable, resiste la tentación de hacer declaraciones como:

«¡Líbrate de esto! ¡Confía en Dios!»

«¡Deja de actuar como un bebé crecido! ¡Tienes más madurez que para actuar así!»

«Ya hemos estado hablando demasiado acerca de esto. Es hora ya que lo dejemos correr.»

Hemos descubierto que para llegar al producto final que Dios desea en nuestras vidas, debemos pasar por un proceso de toda la vida de llegar a ser como Cristo. Dios quiere conseguir nuestra atención, y a veces tiene que ejercer una acción radical. Cuando no queremos escuchar todo lo que está diciendo, Él aumenta la temperatura en lugar de bajarla.

Aquí tenemos donde la propia estima de tu cónyuge puede beneficiarse en gran medida de tu comprensión y longanimidad. El verdadero amor no abandona sólo porque su objeto no reaccione con suficiente presteza.

Descubre qué necesita tu cónyuge. En nuestra relación hemos descubierto que lo mejor es sencillamente preguntar así: «Quiero suplir tus necesidades y ser el mejor cónyuge que pueda, pero en ocasiones no sé cómo actuar. ¿Querrías decirme cómo quieres que te ame y te anime en esta situación?»

Puede que tu cónyuge esté buscando una solución para un problema. Por ejemplo, si tienes un hijo difícil, tu mujer quiere tu participación. Ella desea que unas tus fuerzas con ella en amar y disciplinar al niño. También en otras situaciones, puede ser precisamente que el aliento que está anhelando tu cónyuge sea tu involucración activa en la resolución de problemas.

Quizá tu cónyuge no quiera ningún consejo, sino que querría que acudas a su lado y escuches con simpatía. Después de haber escuchado una y otra vez, puede que sea apropiado que le digas a tu cónyuge: «Vas bien. Lo solucionarás, porque sé que al final harás lo que debes hacer. Creo en ti. Y estoy orando por ti.»

Puedes edificar la propia estima de tu cónyuge durante estas ocasiones ofreciendo perspectiva. El predicador en Eclesiastés escribió estas famosas palabras: «Todo tiene su tiempo, y todo lo que se hace debajo del cielo tiene su hora. Tiempo de nacer, y tiempo de morir... tiempo de llorar, y tiempo de reír; tiempo de endechar, y tiempo de bailar.»[3]

Se consigue perspectiva mirando más allá de las piedras y peñascos que están haciendo tropezar a tu cónyuge en el camino, a fin de ver todo el panorama de la vida. Usa palabras para levantar el telón de los sufrimientos de la vida para ser el fondo del control soberano de Dios. Todo lo que sucede está en las manos omniscientes y amantes de Dios. Darse cuenta de esto puede que no haga el dolor menos intenso para tu cónyuge, pero ofrecerá esperanza para el futuro.

Provee equilibrio para la evaluación que haga tu cónyuge de su propia vida recordándole la fidelidad de Dios en el pasado. Señalale, también, que él es valioso, aunque pueda ser tentado a sentir de manera distinta en medio de las dificultades. Si está sufriendo por haber actuado mal, dirígelo a la gracia de un Dios que quiere perdonar nuestros peores pecados.

Nuestra perspectiva de las circunstancias es favorecida cuando las Escrituras impregnan nuestra forma de pensar. A menudo, nuestros oídos están más agudamente afinados para oír la voz de Dios en tiempos de dificultad. El espíritu de tu cónyuge puede elevarse si le lees una sección extensa de la Escritura (como el Salmo 23, 31, o 34) al final de un día difícil. En otras ocasiones, un versículo, o tu propia paráfrasis de la verdad, pueden traer luz allí donde le han envuelto las tinieblas.

Eclesiastés 3:7b dice que hay «tiempo de callar, y tiempo de hablar». Confía en Dios que te dé la sabiduría para saber cuándo estar callado y cuándo hablar, y qué palabras emplear para dar perspectiva a tu cónyuge. Dios promete dar sabiduría si le pedimos con fe.[4] Uno de los más grandes sentimientos de satisfacción proviene de saber que Dios te ha dado la palabra oportuna para tu cónyuge en el momento oportuno. Y Él *lo hará.*

Para los cristianos, el sufrimiento precede al fruto.[5] Un prerequisito de dar fruto en la vida cristiana es el penoso proceso de «podar». Jesús dijo: «Todo aquel [pámpano] que lleva fruto, lo limpia, para que lleve más fruto.»[6] Dios ordena, en amor, acontecimientos, circunstancias y relaciones en nuestras vidas con el propósito de que nos hagamos más y más según Jesucristo. Su meta para nosotros es la piedad personal. La poda que tiene que hacer parece a veces severa —incluso demasiado dolorosa para soportarla. Pero hay poco fruto sin poda.

Uno de los grandes privilegios del matrimonio es que no tenemos que sufrir los períodos de poda a solas. Dios nos ha dado un compañero con el que podemos compartir el dolor del proceso. Si tu cónyuge está en medio de una temporada de poda, acude a su lado y recuérdale de la esperanza de volverse más semejante a Cristo por medio del sufrimiento.

Una sugerencia final es evitar aislarse el uno del otro durante las tempestades de la vida. El matrimonio es el proceso de venir a ser una carne, pero sufrir puede ser una experiencia solitaria. Una tendencia natural es apartarse de otros, especialmente de tu cónyuge, si no te sientes comprendido. Una segunda tendencia es revolverse en ira y frustración contra los seres más queridos. Ambas acciones dan como resultado el aislamiento y pueden destruir la propia valía de tu cónyuge.

Haz de manera activa que tu relación con tu cónyuge sea una prioridad durante los tiempos de tensión y de conflicto. Incluye en tu horario tiempo para hablar. Si es posible, salid juntos a pasear. Programa un fin de semana para salir y servir a tu cónyuge en esta área de lucha personal. Puede que queráis trabajar juntos para resolver el problema, si es posible.

Por encima de todo, sigue a tu cónyuge. No dejes que se aísle por causa de la crisis. Os afecta a ambos.

Capead las tormentas juntos

Una niña pequeña estaba sentada sobre las rodillas de su abuelo recibiendo sabios consejos. Mientras sus ojos azules miraban a lo hondo de los de él, el anciano de cabellos plateados le dijo: «Cariño, recuerda: la vida es como lamer miel de un espino.»

Es cierto. La vida es agridulce, pero la esperanza para tu cónyuge y tú es no tener que pasarla «en solitario». Dios os ha llamado a capear las tormentas juntos. Así que edifica en la vida de tu cónyuge, para que el mundo pueda ver a Jesucristo más claramente en su vida y en la tuya. Y recuerda, tal como dice el pastor y autor Ray Stedman: «la nave no se hundirá y la tormenta no durará para siempre.»

Proyecto de edificación de estima

(Usa una hoja de papel si es necesario.)

1. ¿Está tu cónyuge actualmente sufriendo por algo que no estáis compartiendo juntos? ¿Por qué no le dices que quieres tomar parte en este tiempo de su vida y ser la persona que necesita que seas?
2. Trata con tu cónyuge lo que necesita de ti:
   a. Ayuda con una solución
   b. Durante el proceso ten compasión, paciencia y comprensión
   c. La perspectiva que da la verdad
   d. Un recordatorio de la provisión de Dios en el pasado

3. Comienza hoy a pedir a Dios que te ayude a dedicarte a tu cónyuge y a saber exactamente qué decir y hacer para edificar en su vida.

---

1. Filipenses 4:8.
2. Véase Mateo 7:24-27
3. Eclesiastés 3:1, 2, 4.
4. Véase Santiago 1:2-8.
5. Véase Juan 15:1-17.
6. Juan 15:2.

Dando la libertad de fracasar

Libera a tu cónyuge de la cárcel de la manera de actuar con la llave de oro llamada «la libertad de fracasar».

9

Abatido, pero no fuera de combate

- Esperanza para tu cónyuge
- Los efectos del fracaso
- Una anatomía del fracaso
- Por qué fracasamos
- «¡No pasa nada! Todo el mundo comete errores»
- El antídoto para los que fracasan —seis dones
    - El don de la compasión
    - El don de la afirmación continua
    - El don de la perspectiva
    - El don de la disociación
    - El don de alentar a vivir de manera decidida
- Proyecto de edificación de estima

Bloque de construcción Nº 5: Dando la libertad de fracasar

¿Te has preguntado alguna vez por qué tu cónyuge:
- Encuentra el fracaso tan amenazador, incluso aterrador?
- Siente dificultades para admitir que se haya equivocado o que haya fracasado?
- Se siente paralizado en ocasiones por el temor al fracaso?
- Experimenta sentimientos interiores de fracaso, a pesar de las apariencias externas de éxito?

Si has respondido que sí a cualquiera de las preguntas anteriores, estás observando los síntomas de un individuo inseguro que tiene dificultad para afrontar el fracaso. Tu cónyuge no se encuentra solo. Todos nosotros somos propensos al fracaso, y ningún matrimonio está exento a su influencia. Es de esperar la comisión de errores y experimentar el fracaso. No nos gusta —no es divertido— pero ciertamente fracasamos.

En una cultura como la nuestra orientada hacia la forma de actuar, el fracaso nos golpea como un puñetazo en el estómago. Los repetidos fracasos resultan a menudo en un golpe que deja fuera de combate, y muchos abandonan. Emocionalmente, el fracaso es extremadamente costoso. Deja a tu cónyuge con sentimientos de culpa, de propia condena y de duda. No hay porque asombrarse que se tema al fracaso y que el riesgo atemorice tanto.

Esperanza para tu cónyuge

Quizá tu cónyuge haya quedado aplastado por los fracasos del pasado, y que por consiguiente tenga una imagen propia frágil. Al forjar lentamente en tu cónyuge la libertad de fracasar, le ayudarás a abrirse más al cambio, a estar más dispuesto a asumir riesgos y más confiado en la toma de decisiones.

Darle a tu cónyuge la libertad de fracasar le comunica que estás en su equipo..., pase lo que pase. Le dice que aunque cometa un error y caiga, estarás allá para sostenerlo, para quitarle el polvo y alentarle a probarlo otra vez. La cuestión no es si jamás fracasará, sino, más bien, ¿se levantará, y estarás tú a su lado?

En un discurso a una nación dividida por la Guerra Civil, Abraham Lincoln destacó esta necesidad de perseverar. Dijo: «No me preocupa que hayáis caído. Me preocupa que os podáis levantar.»

Los efectos del fracaso

El fracaso es un amo duro, y nos acompaña con demasiada frecuencia en la jornada de la vida.

Después de fracasar, intentamos generalmente evitar cualquier error futuro tomando uno de dos caminos. El camino que se sigue más comúnmente es el de una manera de actuar acelerada. Nuestros fracasos nos motivan a mantenernos por delante del desastre que se avecina. El temor al fracaso es como una sombra que nos pisa los talones, amenazando con atraparnos. Sobre la base de nuestro éxito en evitar fracasos, llegamos erróneamente a la conclusión de que nuestra dignidad o valor residen exclusivamente en nuestra manera de hacer las cosas.

El otro camino es el de la resignación o pasividad. W. C. Fields bromeaba un día: «Si al principio no logras el éxito, abandona. De nada sirve ser insensato.» El precio del fracaso es excesivo: desaprobación, ira, culpa impuesta, ridículo y rechazo. Así que evitamos todos los riesgos innecesarios. Una vida sin riesgo *parece* ofrecer seguridad y tranquilidad, pero *resulta* en culpa, aburrimiento, apatía adicional, e incluso unos sentimientos inferiores de propia estima.

Una anatomía del fracaso

Encontramos una anatomía del fracaso en la vida de Moisés. Éxodo 3 comienza con Moisés en el exilio por su fracaso. Acababa de asesinar a un egipcio, y, temiendo por su vida, huyó al desierto, escondiéndose de Faraón.

Durante cuarenta años, Moisés vivió una vida de exiliado en el desierto, acosado indudablemente por una hueste de voces condenatorias que le recordaban que había sido rechazado por la nación judía lo mismo que por su familia egipcia de adopción. Cuando Dios acudió a él en la zarza ardiendo, Moisés estaba luchando con un problema de identidad —el resultado de su fracaso, rechazo y cuarenta años de ser un extraño en el desierto. Estaba lleno de perplejidad acerca de sí mismo.

Dios le dijo que le iba a enviar para que liberase a los israelitas, a lo que Moisés respondió: «¿Quién soy yo ...?»[1] Dios le dijo simplemente: «Yo estaré contigo.»[2] Por encima de todo, Moisés necesitaba la presencia tranquilizadora de Dios. Sin Él, Moisés nunca podría estar delante de Faraón. El rechazo sería demasiado penoso. Dejado a solas, ciertamente fracasaría.

La siguiente pregunta de Moisés fue: «¿Quién eres? ¿Cuál es el nombre del que me envía?»[3] Dios le respondió en su gracia. Aunque le dijo a Moisés quién era, Moisés se resistió de nuevo a Su mandamiento y escuchó las voces acosadoras de la duda de sí mismo. Éxodo 4:1 revela los sentimientos de incertidumbre de Moisés: «He aquí que ellos no me creerán, ni oirán mi voz» Entonces Dios le dio a Moisés dos señales de Su presencia divina. Primero, transformó la vara de Moisés en una serpiente. La segunda señal fue la aflicción instantánea de la mano de Moisés con lepra y su restauración igualmente instantánea y milagrosa. Estas dos «ayudas visuales» quedaron incrustadas en la memoria de Moisés para recordarle que la presencia de Dios era poderosa y transformadora. Dios *estaba* con él.

A pesar de estas exhibiciones convincentes y poderosas de la omnipotencia de Dios, volvieron a surgir los sentimientos de insuficiencia de Moisés: «¡Ay, Señor!, nunca he sido hombre de fácil palabra, ni antes, ni desde que tú hablas a tu siervo; porque soy tardo en el habla y torpe de lengua.»[4] Dios le recordó a Moisés quién hizo su boca. Le dijo que Él le enseñaría lo que decir.

Después de todo este diálogo con Dios, Moisés se atrevió a dar otra respuesta más, cuya esencia era: «No puedo hacer lo que me pides. Por favor, escoge a alguna otra persona.»[5] En lugar de centrarse en Dios, Moisés se centró en sí mismo. Era como el niñito en la función escolar que tenía que recitar sólo una línea, que era: «Soy yo, no temáis.» Pero cuando llegó la noche de la función, el niño salió al escenario y exclamó: «Soy yo, y estoy asustado.»

Sólo cuando Moisés vio que no había modo de librarse se sometió al llamamiento de Dios. Estaba tan convencido de su propia indignidad que Dios tuvo que tomar tiempo para convencerle de lo contrario.

Puede que tu cónyuge tenga también dificultades creyendo a Dios y creyéndote a ti. Puede también que se sienta acosado por el sentimiento de fracaso. Puede que su fracaso no consista en homicidio, como en el caso de Moisés, pero puede que sea una de las docenas de experiencias que pueden murmurar a sus oídos «Eres un fracasado», como en:

- el continuado rechazo (o falta de aprobación) por parte de un miembro de la familia
- una amistad rota
- un trabajo perdido
- sentimiento de rechazo personal en el trabajo
- desempleo crónico
- una idea que no funcionó
- una mala inversión
- una relación tensa
- acusaciones de un hijo
- palabras que no pueden retirarse, pronunciadas en un momento de ira
- infidelidad matrimonial
- un divorcio anterior
- una reacción encolerizada contra un hijo
- un error insensato

Observemos que en este capítulo de la vida de Moisés, parte de la solución para el problema de Moisés acerca de su propio yo fue un compañero: Aarón. Se constituyeron en equipo. Indudablemente, Aarón le recordaba frecuentemente a Moisés esta verdad: que era el hombre de Dios para aquella misión y que Dios sería fiel a Sus promesas. Así como Moisés necesitaba de Aarón, también tu cónyuge te necesita a ti.

Por qué fracasamos

El fracaso proviene de no alcanzar normas: las de Dios, las nuestras y las de otros. Fracasamos porque somos humanos. El fracaso constituye una parte del tejido defectuoso de nuestra humanidad.

En nuestro hogar experimentamos abundantes fracasos, tanto grandes como pequeños. Por ejemplo, una comida sin que se vierta algo es poco menos que milagrosa. La leche puede extenderse a través de la mesa en la cena, o formar un plácido río que se derrama como una cascada por el borde de la mesa, cayendo al suelo. Nos hemos encontrado con algunos derrames clásicos: dos simultáneos, cuatro a la vez, y uno que se derramó de manera perfecta en el zapato de Dennis (mientras lo llevaba). Nuestra frase favorita para los niños ha llegado a ser: «No pasa nada; todos cometen errores.»

La otra tarde, mientras comíamos, se me derramó la bebida (a mí, Dennis). Una manita me dio una palmada encima del hombro, y Rebecca (nuestra niña de cinco años) dijo, tranquilizándome: «Está bien, papá. Todo el mundo comete errores.»

Como cristianos, somos agudamente conscientes de nuestras insuficiencias y de nuestros fracasos, a causa de nuestra relación con un Dios perfecto, justo e intachable. ¡Con frecuencia, también hay cristianos que están dispuestos a informarnos rápidamente cuando fracasamos!

Es consolador saber que no estamos a solas —otros han necesitado y pedido el perdón de Dios cuando han fracasado. El rey David fracasó por su relación adúltera con Betsabé y el asesinato de su marido. Pedro fracasó al negar a Cristo. Tomás dudó, y Saulo (Pablo) ayudó al asesinato de Esteban.

Pero ninguna de estas vidas representa un fracaso total. Buscaron el perdón. No abandonaron. Persistieron. La fidelidad, a pesar de los fracasos personales, fue su marca.

A veces hay personas que «fracasan» porque ponen unas

expectativas demasiado elevadas, o porque permiten que unas expectativas irreales de otros, incluyendo sus cónyuges, se conviertan en sus propias normas.

¿Recuerdas en el circo o en la televisión cómo un profesional del espectáculo actuaba con perros amaestrados que saltaban a través de aros? Un perro diminuto saltaba a través del aro precisamente cuando tú sabías que de ninguna manera aquel animalito podría saltar tan alto. El entrenador sabía qué esperar de sus animales, y, para deleite de los espectadores, el perrito siempre conseguía hacer lo que se le mandaba.

A diferencia de aquel entrenador, algunos cónyuges no se han estudiado ni han trabajado suficiente tiempo entre ellos para conocer sus límites y sus capacidades potenciales. O, si han visto de qué son capaces, no les gusta lo que ven. Otros siguen «levantando el aro» más y más para que salten. Cuando llegan al punto en que no pueden lograrlo, reaccionan con un «ya sabía que no podrías», o «no me creo que no puedas hacer esto; con lo fácil que es». Llegan a la conclusión de que sus cónyuges son unos fracasados y se lo hacen saber.

¿Le has estado levantando el aro a tu cónyuge? Pide a Dios que te muestre en qué áreas estás contribuyendo a los sentimientos de fracaso de tu cónyuge. Cerciórate de que no seas parte del problema, para que puedas llegar a ser parte de la solución.

¿Cuál es la solución para el temor al fracaso? ¿Cómo alientas a un cónyuge cuyos sentimientos de fracaso están activados por las circunstancias más insignificantes?

El antídoto para los que fracasan

Uno de los principios más poderosos que hemos experimentado al edificar la imagen del otro es:

DA A TU CÓNYUGE LA LIBERTAD DE FRACASAR

Cuando le das a tu cónyuge la libertad de fracasar, comienzas a eliminar la presión de que actué para ser aceptado. También le liberas para que sobresalga. Queda libre para asumir riesgos y volver a probar. El fracaso se toma en un tutor, no en un juez. Aprendemos de nuestros fracasos, en lugar de sentirnos intimidados por ellos. Y, en ausencia de la condena, la propia valía crece.

Durante años, estuvimos hablando acerca de mudarnos al campo. El pensar en tener espacio para que los chicos pudiesen desenvolverse sonaba a invitador, pero trasladar una familia grande es mucho trabajo. Y, lo más importante, era un riesgo. ¿Y si no nos gustaba conducir de ida y vuelta al centro urbano? ¿Y si no nos gustaba aislarnos de los amigos? De modo que lo dejamos. Por la razón que fuese, el riesgo era demasiado grande.

Luego, un día Bárbara me dijo: «¿Pues qué si decidimos que no nos gusta? ¡Podemos revender y volver a la ciudad!» Su declaración prendió; me dio (a mí, Dennis) la libertad de tomar una decisión —¡aunque me equivocase! Así que decidimos hacerlo, ¡y nos encantó! Pero la decisión vino sólo después que se eliminase el temor al fracaso.

Puede que estés preguntando: «¿Cómo puedo darle a mi cónyuge la libertad de fracasar?» Nos gustaría recomendar seis dones que puedes dar a tu cónyuge, con los que comenzar a liberarle del temor al fracaso. Estos dones pueden eliminar lentamente el temor al fracaso y, con ello, el temor al rechazo. Mantén en mente que también tú quizá fracasarás al retomar algunos de estos dones. Bien, no es grave. El fracaso es una parte del aprendizaje, para los dos.

1 *El don de la compasión*

En el capítulo seis hemos tratado acerca de cómo el pasado tiene poder sobre la vida de la persona. Quizá tu cónyuge sea excesivamente cauto y tenga dificultad con los cambios o con la toma de decisiones. Lo más probable es que muchos de sus temores hayan quedado incrustados en él durante años. Necesita de tu simpatía y paciencia al comenzar a asumir riesgos.

Toda vida de cada persona tiene un contexto. Cuanto más plenamente comprendas el contexto del viaje de tu cónyuge hacia la etapa adulta y expreses entonces tu simpatía, tanta más libertad sentirá tu cónyuge para admitirte sus fracasos. La simpatía dice: «Comparto tus sentimientos.»

Durante su infancia, puede que tu cónyuge no experimentase una relación en la que tuviese libertad para fracasar. Quizá sus muchos fracasos le enseñasen a esperar reacciones como el rechazo, la desaprobación y la ira de los que estaban encima de él. Aprendió a sentir que merecía rechazo, que el rechazo «es la consecuencia natural del fracaso». Los padres, entrenadores, maestros, compañeros, amigos y amigas, hermanos y otras personas significativas le dieron una herencia personal, bien de éxito, bien de fracaso.

Sean cuales sean sus antecedentes, tu cónyuge necesita de tu creencia en él, consecuente, infatigable y llena de simpatía. Habla acerca de contexto de su vida y conseguid juntos un entendimiento de aquellos errores del pasado, junto con los actuales. No dejes a solas a tu cónyuge frente a sus fracasos. Dile que tú eres distinto de los que le han rechazado; tu compromiso es firme y tu amor constante, a pesar de sus imperfecciones. En un clima de compasión y paciencia, comenzará a sentirse libre para asumir riesgos y para fracasar sin temor a ser rechazado.

2 *El don de la afirmación continua*

Recientemente, Bárbara fue de compras con la furgoneta, y accidentalmente chocó marcha atrás con un Camaro de una pareja, recién pintado, abollándolo ligeramente. Naturalmente, ellos no se sintieron demasiado felices e insistieron en llamar a la oficina local de tráfico para que viniesen y tomasen nota del accidente. Yo (Dennis) me encontré con Bárbara en la tienda y, mientras esperaba la llegada de la policía, le aseguré que todo iría bien —que no era nada importante, a fin de cuentas.

Los dos sabíamos que había cometido una equivocación, pero de nada habría valido en aquel momento martillearle una lección moral ni darle algún consejo acerca de cómo conducir. Necesitaba que la tranquilizase. Tenía que saber que no estaba enfadado con ella, que todo iba bien. ¿Le sirvió de ayuda? Eso es lo que ella dice:

> ¡Qué tonta me sentía por haber abollado aquel auto! Iba con prisas y estaba ensimismada cuando subí a la furgoneta. Cuando subí y cerré la puerta no me di cuenta del auto detrás de mí, pero ahí estaba. No había mirado, y mis excusas no pudieron eliminar la abolladura.
>
> Me pregunté qué pensaría y diría Dennis. Estaba segura que no se encolerizaría conmigo, pero estuve especulando mentalmente un rato. Necesitaba experimentar su aprobación en esta nueva situación, y así fue. Fui de nuevo afirmada, y, como los trozos que se van juntando de un rompecabezas, siento que voy adquiriendo más y más libertad para cometer errores.

El don de la afirmación continua crea el medio en el que otro puede fracasar. Le recuerda a diario a tu cónyuge que es valioso, y no un «tontorrón» si comete un error. Y si tu cónyuge no es condenado por sus errores, aprenderá gracias a ellos. Henry Ward Beecher escribió: «La compasión curará más pecados que la condenación.» Uno de nuestros versículos favoritos, 1 Pedro 4:8, dice: «El amor cubrirá multitud de pecados.» La aprobación continuada, persistente e ininterrumpida frente a los muchos errores y fracasos de la vida edificará la propia estima de tu cónyuge.

3 *El don de la perspectiva*

Jesús dijo: «Conoceréis la verdad, y la verdad os hará libres.» Como socios en el peregrinaje de la vida, somos responsables de decir la verdad el uno al otro para ayudar a equilibrar nuestra perspectiva del fracaso.

Comprender la verdad del gobierno soberano de Dios, que Él está al control, trae una perspectiva eterna a los errores de tu cónyuge. La promesa de Romanos 8:28: «Todas las cosas cooperan para bien de los que aman a Dios», ilustra de manera hermosa Su absoluta supremacía. Estas palabras ofrecen consolación, recordándonos que Dios puede emplear nuestros errores y fracasos. Nada se pierde en Su economía. Alienta a tu cónyuge a creer en Dios, y, como pareja, pedidle que emplee vuestros fracasos para bien.

Otra perspectiva que puedes darle a tu cónyuge es que la mayor parte de los fracasos no son tan enormes como nos parecen. Ayúdale a ver la imagen global. Los errores no son tan monumentales cuando se ven a la luz de toda una vida.

4 *El don de la disociación*

La mayoría de las personas no se dan cuenta de que pueden fracasar y no ser unos fracasados. No han aprendido a separar su valía como personas de su ejecutoria. Estas personas encuentran difícil que se les critique sus ideas, trabajo o logros. Sienten que están criticando y rechazando lo que son, no sólo lo que hicieron.

Un maestro le dijo a una madre que su hijo no era un buen estudiante. No podía aprender y nunca llegaría a ser mucha cosa. Era un fracasado. Pero la madre decidió creer en su hijo en lugar de escuchar a la voz de esta autoridad. Como resultado, aquel joven creció en un hogar rodeado de una aceptación amante, seguro con el conocimiento de que era una persona con valía. A pesar de esto, siguió fracasando. De hecho, fracasó diez mil veces en el mismo proyecto antes que él, Thomas Alva Edison, perfeccionase la bombilla eléctrica. Fue su estrecha relación con el fracaso lo que llevó a Edison a comentar: «Fui fracasando en mi camino al éxito.» Pero la fe de su madre en él fue el combustible humano para su espíritu inventivo.

¿Cómo puedes ayudar a tu cónyuge a aprender a fracasar sin sentirse como un fracasado? Trata de no discutir acerca de un problema en tu matrimonio o familia con palabras acusadoras como: «Tú nunca (o siempre) ...» o «tus ideas son siempre (o nunca) ...» Este tipo de declaraciones vinculan verbalmente a tu cónyuge con su forma de actuar, insinuando que es un fracasado. En lugar de ello, emplea tus palabras con discernimiento, para ayudarle a ver la distinción entre su persona y su actuación.

Al discutir acerca de asuntos, comienza expresando tu compromiso y lealtad para con él como persona. Entonces dale a tu cónyuge el beneficio de la duda. Elimina el filo acusador diciendo: «Puede que esté en un error, pero, ¿acaso tú ...?» o «Me parece que ...» o «Me ayudaría mucho si quisieras ... (llenar el depósito del auto, hacer el balance de la cuenta corriente, echar tus calcetines sucios donde la ropa sucia, etc.).»

Puede que descubras que tu cónyuge es reacio a admitir que ha fallado. Esto puede deberse mayormente a que demasiada de su propia valía pende de su manera de actuar. Al admitir el fracaso, admitiría que no domina la situación, y una persona insegura tiene dificultades para admitir esto. Es algo demasiado amenazador. Pero no abandones. Con el tiempo comprenderá la diferencia entre su valía como persona y el valor de la actuación.

Dile la verdad —que le quieres, estimas y que es valorado y estimado por Dios, con dotes, pero con límites. Recuérdale sus logros pasados, pero, lo más importante, ayuda a tu cónyuge a distinguir entre sí mismo y sus fracasos. Céntrate en él también como *persona*, no sólo en su forma de actuar existosa. Será cuando sepa cómo afrontar los fallos sin *ser* él un fallo que tu cónyuge tendrá de verdad la libertad de fracasar.

5 *El don de alentar a vivir de manera decidida*

Muchas veces en la vida fracasamos no porque tomemos una decisión equivocada, sino porque no tomamos ninguna. Buscando seguridad y comodidad, escapamos al mundo aparentemente libre de problemas de la postergación y de la indecisión. No aventurándonos nunca a salir de nuestra cubierta protectora de indecisión, tratamos de evitar arriesgarnos a una decisión errónea que podría acabar en un fracaso. Decidimos no decidir.

Puedes fortalecer a tu cónyuge ayudándole a ver que una vida exenta de riesgos es también potencialmente una vida aburrida y egoísta. Al eliminar los riesgos, eliminamos también muchos placeres. La seguridad y la comodidad no se encuentran en rehuir la realidad y la responsabilidad. De hecho, lo cierto es precisamente lo opuesto. El fracaso despunta precisamente en el horizonte de la persona que evita el proceso de toma de decisiones. Está montado sobre una valla, con ambos pies firmemente plantados en el aire —hay poca estabilidad.

Si tu cónyuge tiende a depender excesivamente de ti para la toma de decisiones, comienza de manera gentil a devolverle unas cuantas de ellas. En ocasiones, el hecho de verbalizar: «Tú decides. Confío en ti. Y te respaldaré en lo que decidas», puede ser muy liberador. De esta manera aprende que puede tomar buenas decisiones. Las buenas decisiones producen confianza en uno mismo y una mayor confianza en las propias capacidades de toma de decisión.

6 *El don del perdón*

Los efectos del fracaso pueden ser desarmados por medio del milagro del perdón. Perdona a tu cónyuge cuando su error te haya afectado. Aprémiale a recibir el perdón de Dios y a perdonarse a sí mismo, si es necesario. El acto del perdón abre la puerta a la sanidad.

Pablo, de nuevo, nos da un buen consejo: «Sed benignos unos con otros, misericordiosos, perdonándoos unos a otros, como también Dios os perdonó a vosotros en Cristo.»[6] Y «Soportándoos unos a otros, y perdonándoos unos a otros si alguno tiene queja contra otro. De la manera que Cristo os perdonó, así también hacedlo vosotros.»[7]

Quizá el fallo de tu cónyuge te haya hecho llegar tarde a algún sitio, lo que tú odias. Quizá su fallo le ha costado una bonificación con la que contabas para comprar aquel sofá nuevo. Debido a que estáis asociados en matrimonio, los fallos y errores de tu cónyuge te afectarán en alguna medida. Sea cual sea la situación, los errores cuestan un precio. Puede que se trate de trabajo extra, sufrimiento, gastos adicionales —o las tres cosas. (Todos los fallos necesitan del bálsamo del perdón.) Cuando perdonas, abandonas tu derecho a castigar. Es un acto de la voluntad —una elección deliberada que significa que no tomarás represalias cuando pienses que la otra persona te ha perjudicado. El verdadero perdón no le echa por la cara sus fallos al cónyuge, ni los emplea para hacerle daño.

Cuidado también con las racionalizaciones. No te digas a ti mismo: «Mi mujer tiene más culpa en esto que yo, o sea que no seré yo quien vaya a ceder y a pedir perdón.» Esto es la soberbia en marcha. Ten en cuenta que la gente raras veces evalúa las situaciones con una perspectiva carente de prejuicios. Como dice el viejo dicho: «Rara es la persona que puede ponderar las faltas de los otros sin poner su pulgar sobre el platillo de la balanza.»

El don del perdón no es sólo *otorgar* el perdón, sino *pedirlo* cuando has fallado. Tanto si es tu culpa al 90 por ciento como si es sólo al 10 por ciento, pedir perdón saca la leña del fuego. Verbalízalo. Sé específico. Y no manipules la realidad. Algunas personas intentan manipular su responsabilidad de manera que nunca admiten que se han equivocado. Pero, con ello, se pierden el beneficio del perdón.

El perdón puro y libre nos da algo que a menudo no nos merecemos. Así es cómo Dios nos trata como a hijos. Él nos ha dado amor cuando nos merecíamos castigo. El perdón dice: «No te rechazaré por tus fallos. Escojo aceptarte de manera plena, tal como eres, y no me acordaré de tus fracasos.»

El perdón está en pie con los brazos abiertos de una relación amante, listo para abrazar. Es ilógico por parte de tu cónyuge resistir a un amor tan activo. Al eliminar el temor al rechazo, le das a tu cónyuge una esperanza renovada para seguir intentando sin temor al fracaso.

Dale la libertad de fracasar

Por lo tanto, la solución reside no en tratar de llenar vuestras vidas sólo con éxitos, ni tampoco en sólo evitar los fracasos. Esto, de todos modos, es imposible. En lugar de esto, daos mutuamente la libertad de fracasar, y de apoyaros el uno al otro cuando fracaséis.

Dos personas juntas pueden ser como unos tirantes. Cuando uno falla, siempre hay la certeza de que el otro aguantará. Tú y tu cónyuge os necesitáis para ayudaros a edificar la propia valía interior. Y cuando tu cónyuge falle pecando, necesita que le señales a Cristo, que siempre está listo para recibirnos y aceptarnos.

Al conseguir una perspectiva del fracaso y de cómo afecta a tu cónyuge, podrás mejorar en amarle, abrigarle y cuidarle. Más importante, la comprensión de la reacción de tu cónyuge frente a los riesgos y fracasos puede serte de ayuda para edificar su propia estima.

Proyecto de edificación de estima

(Usa una hoja de papel si es necesario.)

1. Evalúa el «factor de temor» de tu cónyuge. ¿Cuánto temor siente? ¿Poco? ¿Mucho? ¿Sólo ocasionalmente? ¿Frecuentemente?

2. Confecciona una lista por orden de prioridades de los dos o tres «dones» de este capítulo que necesitas dar a tu cónyuge. Escribe junto a cada don cómo reforzarás su verdad de manera práctica en la vida de tu cónyuge.

El don de la compasión ______________________________

____

El don de la afirmación continua ____________________

____

El don de la perspectiva ____________________________

____

El don de la disociación ____________________________

____

El don de alentar a vivir de manera decidida __________

____

3. ¿Por qué no le das a tu cónyuge una libertad autorizada para fracasar? Puedes presentarle de manera formal un documento a este efecto, diseñado a medida, y firmado por ti ante notario para hacerlo oficial.

---

1. Éxodo 3:11.
2. Éxodo 3:12.
3. Véase Éxodo 3:13.
4. Éxodo 4:10.
5. Véase Éxodo 4:13.
6. Juan 8:32.
7. Efesios 4:32.
8. Colosenses 3:13.

Agradando a tu cónyuge

Al centrarte en agradar a tu cónyuge, le comunicas que es valorado, cuidado y amado.

10

Nuevo mobiliario para un hogar vacío

- Un anuncio clasificado especial
- Agradar a tu cónyuge produce valor
- ¿Por qué no agradamos?
- «Pasa el veneno, por favor»
- La realidad rebasa al idilio
- La familiaridad engendra comodidad
- Temor, descuido y amargura
- Requerimientos para quien quiera agradar a su cónyuge
- El agradador del cónyuge es abnegado
- El agradador del cónyuge es aventurero
- Ideas para agradar
- Beneficios de agradar a tu cónyuge
- Sé receptivo con gratitud
- Proyecto de edificación de estima

Bloque de construcción Nº 6: Complaciendo a tu cónyuge

Un anuncio por palabras decía lo siguiente:

> Se vende: Marido de 52 años. Nunca recuerda aniversarios, cumpleaños ni días especiales. Pocas veces toma de la mano,

> abraza, besa o dice «Te quiero». Raras veces es gentil o tierno. Vendo barato —dos centavos. Llamar al 555-0366. Se estudiarán contrapropuestas.

Este anuncio ilustra el resultado final de un matrimonio hueco, vacío de un agradarse mutuamente. Es indudable que la propia valía de aquella mujer llevaba la marca de la falta de atención de su marido. Si su marido hubiese hecho un esfuerzo consciente para fortalecer su propia imagen agradándola, aquel anuncio nunca habría aparecido.

¿Acaso este marido comenzó su noviazgo y matrimonio con esta lista de «nuncas»? Lo dudo. Esta pareja, lo mismo que la mayoría de parejas, probablemente experimentaron el placer y deleite de agradarse el uno al otro, porque el deseo de agradar procede del amor. Pero, ¿por qué es agradarse uno a otro tan abundante en el noviazgo y en la primavera del matrimonio, pero tan escaso en las otras estaciones de un matrimonio que va madurando?

Antes de responder a esta pregunta, exploremos cómo agradar a tu cónyuge edifica su propia estima.

Agradar a tu cónyuge produce valor

Agradar significa «satisfacer, contentar, gratificar, alegrar, animar, deleitar.» Cuando nos sentimos complacidos, sonreímos. Nuestra sonrisa indica felicidad y satisfacción.

Así como una nueva tapicería transforma nuestra vieja y desgastada silla en una pieza de mobiliario que parece nueva, de la misma manera agradar a tu cónyuge puede reconstruir su propia estima. Cuando prestes atención a lo que agrada a tu cónyuge, valoras su singularidad como persona. Conociendo sus intereses y actuando para acomodarlos, te deja saber que te cuidas de ellos. Tanto si se trata de arreglar la puerta trasera como de poner algo de salsa a vuestra vida sexual, cumplir una promesa, perder diez kilos, trabajar más alrededor de la casa, o llegar a tiempo a las citas, tus acciones comunican: «Tú eres el número uno, y quiero que lo sepas.»

¿Qué podrías hacer ahora mismo para agradar a tu cónyuge? ¿Qué podría hacer que su rostro se ilumine con entusiasmo? ¿Lo sabes? ¿Lo harás? ¿Cuándo? Y si no, ¿por qué no? Si realmente lo amas, ¿por qué no quieres agradarle en todo momento?

¿Por qué no agradamos?

¿No es algo fascinante que durante la fase del noviazgo, los hombres y las mujeres compiten vigorosamente por el premio del matrimonio, y que cuando se encuentra a «la pareja adecuada», ambos miembros de la relación aplican al máximo el principio de agradar al otro? Salen a correr juntos, hacen gimnasia juntos, para agradarse el uno al otro. Las jóvenes pasan horas para mantener la mejor imagen posible, y asisten a todo tipo de competiciones deportivas, tanto si les gusta como si no, o siquiera comprenden de qué va el juego. Como dice la popular canción de final de la década de los 60:

> « ... Haz las cosas que a él le gustan,
> lleva el cabello sólo para él, porque
> no querrás que se inquiete y que ruegue,
> que desee y que espere ...»[1]

Los hombres no son distintos. Un joven se tomará tiempo para *picnics* y paseos por el parque. Puede que ahorre de su escasa paga para comprar flores, tarjetas, sellos y regalos. Es sumamente atento. La sorprende con veladas en la ciudad. Ella se siente como una reina, orgullosa de estar con un hombre tan considerado. Hablan durante horas y sueñan acerca del futuro. Va creciendo la confianza de que este estado de gloria durará para siempre.

Luego viene y termina la ceremonia del casamiento. Casi de

la noche a la mañana, la pareja se transforma en un par de pragmáticos tacaños. Han «ganado el premio». Pero el deseo de agradar, que hacía tan poco corría instintivamente, comienza a retroceder como un arroyo del desierto al intensificarse el calor del verano. La familiaridad destruye la iniciativa, y el reto aparentemente se ha desvanecido. Finalmente, el agradar prácticamente desaparece. Lo que comenzó como un sueño se desvanece al tomar la desilusión el puesto del romance. El ciclo vital de agradar ha terminado de manera repentina.

«Pásame el veneno, por favor»

Una de las relaciones más acerbas registradas en esta generación, llena de sarcasmo, fue la que se dio entre dos de las personas mejores de Gran Bretaña: Sir Winston Churchill y Lady Astor. Aunque no estaban casados el uno con el otro, tipifican lo que sucede a demasiados maridos y mujeres.

En una ocasión, ella quiso insultarle, y le dijo: «Señor Churchill, si usted fuese mi marido, le pondría veneno en el café.»

Su réplica inmediata fue: «Señora, si usted fuese mi mujer, me lo bebería.»

Pero Lady Astor no estaba dispuesta a dejar las cosas así. En otra ocasión vio su oportunidad dorada, porque Churchill había estado bebiendo demasiado. Lady Astor, pensando que no tendría presencia de ánimo para replicar, le acusó en tono indignado, diciendo: «Señor Primer Ministro, veo que está bebido.»

Una sarcástica sonrisa se dibujo en el rostro de Churchill, al replicar: «Si, señora, y veo que usted es fea. Pero mañana yo estaré sereno.»

Lo mismo que en la relación entre Churchill y Astor, muchos cónyuges de nuestros días han dejado el agradarse el uno al otro por envenenarse el uno al otro. Han pasado de las palabras positivas a las negativas e hirientes.

La realidad predomina sobre el romance

¿Por qué tantas parejas dejan de agradarse? Porque la realidad toma el lugar del romance. Cualquier pareja puede gozar de un romance. Es como saltar juntos de un acantilado. ¿Quién no ha disfrutado de estar bajo la influencia de la gravedad del romance? Pero luego llegan al suelo. De repente, el pago de las facturas, y ahorrar para el futuro, deja poco dinero para las flores. Se tienen que terminar los trabajos, se tienen que cocinar las comidas, y se tiene que mimar y alimentar a los bebés; ya no queda tiempo para paseos por el parque. Se ensimisman tanto en sobrevivir, o en luchar por mantener un nivel de vida, que no les queda energía creativa para considerar cómo agradar a su cónyuge. «Además», se dicen, «ya sabe que le quiero.» O «ya sabe que estoy por ella.»

La familiaridad engendra complacencia

Con el debilitamiento de los sentimientos románticos, pueden entrar en el matrimonio la familiaridad y la complacencia. Nos contentamos con el *status quo*; no hay mucho más que aprender acerca de la otra persona. El deber reemplaza al deseo como la fuerza motivadora para agradar a tu cónyuge. No es que sea malo servirle por deber, sino que el espíritu en que se haga hace que agradarle sea un gozo o un esfuerzo. Tu cónyuge se dará cuenta de la diferencia, y se sentirá valioso o irrelevante, dependiendo de tus motivos.

El temor alimenta la propia protección

Sin el fuego de aquellos intensos sentimientos calentándote y dándote valor, el frío del temor te transforma en introspectivo y cauto. Ahora dudas en dar, compartir, sacrificar. Poco a poco, vas levantando barreras para protegerte. Tratas de suplir tus propias necesidades en lugar de dar a tu cónyuge. En lugar de permitirte abrirte y asumir un riesgo, tu temor te lleva a jugar sobre seguro. Te resistes a aventurarte en áreas que te son poco familiares o que representan una amenaza para tu seguridad. De modo que tu cónyuge se siente a solas, aislado, y su propia estima comienza a sufrir.

El descuido es peligroso

Cuando un cónyuge se siente descuidado y aburrido en casa, él o ella pueden buscar el entusiasmo en otras partes. Uno de los principales ingredientes de las aventuras extramatrimoniales es el renovado interés que se expresan dos personas la una por la otra. En consecuencia, los dos se vuelven buenos oyentes, y vuelve a comenzar la competición.

Demasiadas veces las personas ignoran a los que están más cerca de ellos. Con el «premio» asegurado, no piensan en conservar la fuerza de sus relaciones para mantener la competencia lejos. Con frecuencia descuidan a sus cónyuges porque son egoístas y eso es lo más fácil. Pero de todos modos están *todavía* compitiendo por sus cónyuges, o al menos deberían estarlo. Si no se centran en sus cónyuges, dejan la puerta abierta de par en par para que otros entren y echen un vistazo. Pierden por abandono.

Debemos estar, de una manera sana, conscientes de que la competición no ha acabado. Sí, estamos sobre seguro. Pero no, no somos perezosos. Y nos damos cuenta que los hombres y las mujeres no irán en pos de placer, satisfacción, entusiasmo o compañía si ya tienen en casa todo lo que pueden necesitar.

¿Has descuidado a tu cónyuge? ¿Por qué no comienzas a competir de nuevo por él? Hazlo de una manera sana. Es divertido.

Elimina toda amargura

Quizá no estés interesado en complacer a tu cónyuge porque sientes ira contra él y quieres aplicarle un castigo. Los que se sienten amargados contra sus cónyuges no se dan cuenta de que se están haciendo daño a sí mismos tanto como a sus cónyuges, o más aún. Como alguien ha dicho, ¡un conflicto matrimonial es como un duelo entre gemelos siameses!

Es posible que estés amargado porque has tratado de agradar a tu cónyuge, sólo para descubrir que no has logrado complacerle. Puede que hayas decidido que complacer a tu cónyuge es cosa imposible. ¿Por qué no le pides perdón por tu amargura, e intentas agradarle de nuevo, y de nuevo ... sin importar cómo reaccione? (Para más información a este respecto, vuelve al capítulo 9.)

NECESIDADES DE QUIEN QUIERA AGRADAR A SU CÓNYUGE

1. Agradar a tu cónyuge demanda un conocimiento preciso

La mejor manera de descubrir cómo agradar a tu cónyuge es preguntar: «¿Qué podría hacer para agradarte? ¿Qué tres cosas realmente te agradan? ¿Qué cosas, si las hago, comunicarán amor, mérito y valor de mí hacia ti?»

Demasiadas veces caemos en la trampa de confundir lo que agrada a nuestro cónyuge con lo que nos agrada a nosotros. Sólo recientemente Bárbara me señaló esto a mí (Dennis). Como prueba de mi afecto, estaba frotando gentilmente la nuca de Bárbara. Me miró y sonrió. «Hemos estado casados catorce años. ¿Cuando te acordarás de que no me gusta que me froten la nuca?»

Debido a que a mí me gusta que me froten la nuca y la espalda, automáticamente creo que a Bárbara también le gusta. Pero durante más de catorce años, Bárbara me ha estado repitiendo que a ella no le gusta. ¡Quizá algún día aprenderé!

Otra vía para conseguir información es la observación y escuchar. ¿Te ha dicho tu cónyuge alguna vez: «Lo que realmente me gusta es...» o «Me gustaría que alguna vez tú...»? Si es así, éste es el lugar donde comenzar tus esfuerzos para complacerle. Obsérvale. ¿Dónde experimenta repetidas frustraciones? ¿Puedes ayudarle en ello? ¿Quieres hacerlo?

A fin de mantener abiertas las líneas de comunicación y de permanecer informados acerca de la vida del otro, intenta establecer un tiempo regular juntos para planificar, hablar y soñar. *Intentamos* poner aparte las veladas del domingo como nuestro tiempo para hablar y decidir acerca de nuestros calendarios y programas. ¿Cuándo pasaremos un tiempo especial con los niños? ¿Cuándo pasaremos un tiempo especial juntos? Planificar comunica que tenemos una especial solicitud por consultarnos unos a otros con antelación. Comunica valor. Y pasar este tiempo de manera consecuente hablando aumenta nuestro conocimiento mutuo y nos da oportunidades para agradarnos el uno al otro.

2. *Quien quiere agradar a su cónyuge debe sacrificarse*

En nuestro sistema económico, generalmente, el valor de una pieza de mercadería o un servicio viene determinado por cuánto uno tiene que dar, o sacrificar, para conseguirlo. Si mi hijo quiere comprar un balón de cuero, le costará tres semanas de libertad poder ganar el dinero para pagarlo. Por tanto, el valor que Benjamín le da al balón es de tres fines de semana.

De manera similar, tu cónyuge interpreta a menudo cuánto le amas o valoras por lo que estás dispuesto a sacrificar.

Algunos sacrificios se pueden ver fácilmente. Ahí se incluyen regalos especiales en ocasiones específicas y también sin ningún tipo de razón. No siempre tienes por qué dar un regalo grande, pero no caigas en la rutina de siempre dar regalos pequeños o baratos. Y, recuerda, las sorpresas son divertidas a cualquier edad. Traen placer y ayudan a tu cónyuge a sentirse especial. Esto, a su vez, ayuda a edificar su propia estima.

Como hombre, dudo de que jamás llegue a comprender por qué las mujeres se entusiasman tanto con las flores. Pero me doy cuenta de que no tengo por qué comprender el «por qué». Sólo he de saber que periódicamente debería regalarselas a Bárbara. Un ramo de flores es un pequeño sacrificio que lleva un gran valor y que dice: «Te quiero.»

Para la mujer que está tratando de agradar a su marido, se ha dicho a menudo que el camino al corazón del hombre es a través de su estómago. ¿Por qué no preparar comidas que le gusten? Ten cuidado de no hacerle como su madre, alimentándole sólo con lo que es «bueno para él». Mímale un poco. Esto dice que te cuidas de él lo suficiente como para sacrificar tus normas para agradarle. Y vosotros, hombres, llevad a vuestras mujeres a una comida especial, aunque *no* sea su cumpleaños.

Otra forma de sacrificio en el matrimonio tiene lugar cuando mostramos un interés en los pasatiempos y en las aficiones de nuestro cónyuge. A mí (Bárbara) siempre me ha interesado el arte y me gusta mirar pinturas en galerías de arte y museos. Cuando nos casamos, Dennis no tenía estos intereses. Consideraba los museos de arte unos lugares excelentes en los que aburrirse rápidamente. Pero, para complacerme, Dennis ha ido a bastantes museos. También me animó a tomar clases de pintura a la acuarela. Incluso hace preguntas para aprender más acerca de esta faceta mía. La otra noche dejó de lado el telediario de la noche para mirar conmigo un catálogo de arte. No fue un gran sacrificio, pero me comunicó un respeto que me hizo sentir valorada. Su involucración me decía: «Me siento interesado en las cosas que te gustan.»

Como contraste, aunque a Dennis siempre le ha gustado pescar, yo no sentía aprecio para este deporte. Tendía a estar de acuerdo con la persona que dijo: «Un pescador es un idiota en un extremo de la caña esperando a otro idiota que pique en el otro.» Pescar parecía una pérdida aburrida de tiempo. Pero, para complacer a Dennis, me dediqué mucho a la pesca en los primeros años de nuestro matrimonio. Posteriormente, cuando nuestra creciente población infantil hizo imposible que fuese, le alenté a ir a solas o con algunos otros hombres.

En el proceso de agradarnos el uno al otro, nos hemos enriquecido ambos. Nuestros horizontes se han expandido. Yo he aprendido que hay destreza, paciencia, perseverancia y compensaciones en la pesca. Ya no la considero como una pérdida de tiempo. Pescar ha llegado a ser una cosa importante, porque es parte de lo que hace que Dennis sea como es. Tenemos maravillosos recuerdos de vacaciones de pesca por la noche mientras nuestros hijos dormían.

Por otra parte, Dennis ha desarrollado un interés creciente en el arte. Incluso le gusta ir a museos (en cantidades dosificadas). El detalle y la profundidad de la pintura y escultura clásicas le producen ahora asombro y respeto —no somnolencia.

La forma final de sacrificio que queremos tratar es posiblemente la más importante: el tiempo. Uno puede ganar dinero, y uno puede comprar más flores, pero no se puede ganar o comprar más tiempo. Cada día tiene veinticuatro horas —y eso no lo puede cambiar nadie. Tienes 86.400 segundos cada día. ¿Cómo los vas a gastar? Si duermes ocho horas al día y trabajas nueve, sólo te quedan 25.200 segundos. ¿Cuál es el mejor uso que puedes darles?

¡Cuán a menudo oyes decir: «Me encantaría, pero no tengo suficiente tiempo»! O, «Sí, claro, nos podemos reunir, *si* podemos encontrar el tiempo suficiente. O, «¿Qué voy a hacer? Voy escaso de tiempo.» Todos vamos escasos de tiempo. El Salmo 90:12 nos amonesta a «contar nuestros días». ¿Cuántos nos quedan? ¿Cómo vas a emplearlos?

Dar tiempo exige el mayor sacrificio. ¿Lo merece tu trabajo? ¿O lo merecen tu mujer y familia? ¿Quieres comunicarle tu amor a tu mujer? Si es así, dale tu tiempo... indiviso, centrado en ella. Tómate tiempo para un paseo tranquilo, o para una excursión en auto por algún paraje escénico. Por encima de todo, tomaos sencillamente tiempo el uno para el otro. Si la sangre es el don de la vida, el tiempo es el don del amor.

3. Quien quiere agradar a su cónyuge gusta de la aventura

El matrimonio nunca tuvo la intención de ser algo aburrido. Pero si no te dedicas a añadir aventura, tu matrimonio puede volverse monótono, lleno sólo de la rutina de la vida. La vida es demasiado breve para malgastarla. ¿Por qué no volverte algo impredecible y añadir algo de chispa a tu cónyuge y a tu matrimonio? La propia imagen de tu cónyuge crecerá al transformarte en un cónyuge aventurero.

Todos nosotros hemos sido o seremos llamados a expresar amor a nuestro cónyuge de una manera que va más allá de la zona de la comodidad. Esto es especialmente difícil si valoramos nuestra comodidad por encima de agradar a nuestro cónyuge. Para aventuramos más allá de nuestra comodidad, debe asegurarse la confianza. Nadie quiere ser vulnerable ni tratar de complacer a otro para verse rechazado o ridiculizado. Que tu cónyuge sepa que tus esfuerzos por complacerle podrían ser al principio algo vacilantes. Dile que necesitas que aprecie tus esfuerzos de principiante.

Una área en la mayor parte de los matrimonios que tiende a volverse predecible es la del sexo. Descubre lo que le agrada específicamente a tu cónyuge, y continúa comunicando y creciendo en esta área íntima de vuestra relación matrimonial. Expresa también lo que te complace, no sólo lo que no. Casi cada persona deriva una gran satisfacción al agradar a alguien a quien quiere. Pero si el receptor no expresa aprecio a su vez, entonces el dador se queda preguntándose si agradó a su cónyuge.

Ocasionalmente, puede que necesites apartarte de tu zona de comodidad y arriesgarte de una manera nueva en tu esfuerzo por agradar a tu cónyuge. Al mostrarte aventurero, comunicarás amor. Por otra parte, una mala disposición a crecer, a asumir riesgos y a intentar algo nuevo puede ser una declaración negativa de valor para tu cónyuge, así como también un punto de resentimiento.

Una mujer necesita vestirse para agradar a su marido (si esto es importante para él). Ella debería mantenerse atractiva para él.

Debería estar dispuesta a gastar ocasionalmente en prendas íntimas y a ponerse «algo especial» sin que él se lo tuviese que pedir.

Un marido ha de proveer abundante romance y ternura. Necesita proseguir comunicando amor, afecto y solicitud.

En los vaivenes de la vida, las necesidades y emociones cambian, lo que exige una sensibilidad continuada por parte de ambos cónyuges. No puedes agradar físicamente a tu cónyuge sin riesgos, sin aprender primero y sin ser sensible a sus necesidades.

Manténte en contacto, de manera literal. Durante vuestro noviazgo, las caricias eran cosa tan automática como complaceros el uno al otro. De hecho, era una parte de la expresión del romance. Para muchas parejas casadas, las caricias son una avenida olvidada de comunicar valía. Aprended la delicia de acariciaros el uno al otro como lo hacíais cuando estábais saliendo como novios: Tomaos de la mano, abrazaos, pasead asidos del brazo, etc. Compartid dónde os gusta ser acariciados y cómo. La caricia corporal no sexual puede ser una manera pequeña pero importante de comunicar «quiero darte un poco de placer».

Mientras consideras áreas que podrían complacer a tu cónyuge, pero que son difíciles para ti, deténte y considera la alternativa. Millones de matrimonios están muertos porque ambas partes han dejado de intentar agradarse el uno al otro. Dile a tu Padre Celestial cómo te sientes y pídele que te dé el valor y la fortaleza para volverlo a intentar. Entonces aviva las chispas de creatividad. Da, sin pedir una respuesta, o siquiera sin esperarla.

Los beneficios de agradar a tu cónyuge

Agradar a tu cónyuge no le estropeará. No significa indulgencia hasta el punto de echar el sentido común por la ventana. No significa que te tomas un esclavo, obedeciendo sus mandatos de manera exacta. Sois compañeros. Tú tienes la posición honrosa de ser el amante de tu cónyuge. Y ser un amante es mucho más que ser un compañero sexual. Es amar a la persona íntegra. Es respetarle y sentirse feliz de que sea como es. Si le amas, querrás agradarle. Jesús identificó el amor con acción, cuando dijo: «El que tiene mis mandamientos, y los guarda, ése es el que me ama.»[2]

Romanos 15:2, 3a dice: «Cada uno de nosotros agrade a su prójimo para lo que es bueno con miras a su edificación. Porque ni aun Cristo se agradó a sí mismo.» ¿Quién es tu prójimo más cercano? Tu cónyuge. ¿Cómo puedes edificar (construir, mejorar) a tu cónyuge y con ello potenciar su propia estima? Descubriendo —y haciendo— lo que le agrada.

Agradar a tu cónyuge es un conservante de tu matrimonio, como lo es la sal para las comidas. Potencia el sabor de vuestra relación singular. Da deleite a tu cónyuge. Su propia estima queda edificada porque le haces sentir valioso, especial, importante. Y os devolverá al encanto y entusiasmo del primer amor, potenciando más vuestra propia valía.

Aprende a recibir con gratitud

Si como resultado de leer este capítulo, tu cónyuge comienza a asumir riesgos y a hacer cosas para complacerte, cerciórate de que sabes recibirlo con gratitud. Mostrar aprecio es la mejor manera de asegurar que ello prosiga. El desdén o el descuido en observar los primeros pasos en agradar apagarán la diminuta llama del amor que da. Por tanto, expresa aprobación y gratitud. Encomia a tu cónyuge, aunque sus intentos por complacerte terminen en un fracaso la primera vez. Edifícale, y probablemente volverás a recibir.

Recuerda: aprender a complacer a tu cónyuge demanda tiempo.

IDEAS PARA AGRADAR

Para los creativos, agradar al cónyuge puede ser una parte natural de la personalidad. Pero los menos creativos pueden necesitar algunos consejos para llegar a agradar a su cónyuge.

COSAS A HACER POR EL HOMBRE PARA AGRADAR A SU MUJER

1. Llévate a los niños unas cuantas horas.
2. Llévala a un *picnic* que hayas preparado tú.
3. Arregla aquel grifo que gotea.
4. Limpia el jardín de hojas y planta algunos arbustos o flores, etc.
5. Déjale una nota amorosa... debajo de la almohada, en su bolso, bolsillo, etc.
6. Haz todos los preparativos para una velada fuera, o sea, llama a la cuidadora de los niños, haz la reserva de una mesa, y quizá podéis pasar la noche fuera en un hotel.
7. Envíale una tarjeta sin ningún tipo de razón —quizá una que os recuerde a ambos algo especial.
8. Haced una búsqueda de un tesoro escondido, que tenga como premio un regalo especial o un viaje para dos personas.
9. Usa el teléfono. Llámala sólo para decir: «Te amo y estaba pensando en ti.»
10. Haz alguna cosa que hicieses cuando os conocisteis y empezasteis a salir juntos.

Y todos nosotros necesitamos un empuje ocasional para recordarnos hacer esto. Incluimos en estas páginas algunas listas de cosas con las que agradar a nuestro cónyuge. Usa algunos consejos de lo que no hayas probado aún. No des pie a la complacencia.

COSAS A HACER POR LA MUJER PARA AGRADAR A SU MARIDO

1. Escríbele una carta y envíala a su oficina, o pon una nota amorosa en su caja de comida, maletín de trabajo, etc.
2. Prepara su comida favorita.
3. Arregla una velada fuera para los dos.
4. Lleva el vestido que más le gusta con tu cabello arreglado como a él le gusta.
5. Ponte su camisón de noche favorito.
6. Compra algo pequeño y frívolo para él que no se compraría para él mismo.
7. Dale una fotografía bien enmarcada tuya o de ti y los niños, para su oficina.
8. Sorpréndele con un viaje de un día para jugar al golf, pescar o cazar, con todos los gastos pagados.
9. Pon los niños a dormir, y prepara una comida a la luz de las velas.
10. Haz algo que le complaciese de manera especial cuando estábais saliendo juntos.

Proyecto de edificación de estima

(Usa una hoja de papel si es necesario.)

1. ¿Qué es lo que verdaderamente complace a tu cónyuge? Haz una lista de cinco cosas por orden de prioridades con cosas que le complacerían.

2. ¿Por qué no piensas en hacer lo que más le agradaría a tu cónyuge hoy o este fin de semana? Señala un tiempo en tu calendario para hacerlo, y luego cúmplelo.

---

1. «Wishin' and Hopin'», Burt Bacharach y Hal David. Con permiso. Blue Seas Music, Inc., N.Y., © 1969, Jonathan Music Co., Inc. Asignado a Blue Seas Music, Inc., y JAC Music Co.
2. Juan 14:21.

Haciendo lo recto

Tu aplauso genuino por las decisiones correctas motivarán a tu cónyuge hacia un estilo de vida obediente.

11

Transformando imitaciones baratas en originales sin precio

- La esencia de la propia valía es nuestra relación con Dios
- ¿Estás haciendo una falsa imitación de la vida cristiana?
- Agradar a Dios da satisfacción
- Los hijos de Elí escogieron desobedecer a Dios
- Cómo alentar la vida de obediencia (y con ello edificar la propia estima)
- Dennis denuncia su propia pantomima
- Obediencia modélica a Cristo
- Aplaudiendo las decisiones correctas
- Consejos para alentar a la obediencia
- Ora por la obediencia
- Proyecto de edificación de estima

Bloque de construcción Nº 7: Haciendo lo correcto

¿Te has dedicado alguna vez a «imitar» la vida cristiana? ¿O has visto a tu cónyuge actuar «religiosamente» cuando sabías que estaba alejado de Dios? ¿Puedes recordar cómo te sientes cuando desobedeces a Dios y cómo es para tu cónyuge vivir contigo cuando ignoras un mandamiento de la Escritura?

En el núcleo de la propia valía tenemos nuestra relación con

Dios. Nuestra obediencia para con Él asegura un sentimiento de bienestar y de contentamiento. Nos da paz cuando somos fieles, cuando «oímos» Su Palabra y somos «hacedores de ella».[1]

Por otra parte, nuestra desobediencia puede tener como resultado un pesado yugo de culpa. Sabiendo que el desagrado o la ira de Dios están ardiendo contra nosotros, no podemos experimentar una propia valía. Nos sentimos tan valiosos como un billete falso de 100 dólares.

Algunas personas son falsificaciones bastante bien hechas —excelentes falsificaciones. Sus vidas pueden presentar todas las apariencias de cristianismo. Públicamente, puede que hagan abundantes «acciones cristianas» y que empleen los clichés cristianos correctos, pero, en privado, sus vidas son una pantomima. No están escuchando a Dios. Sus vidas son una burla.

Un joven acababa de graduarse de la Facultad de Derecho y había montado un bufete, exhibiendo orgulloso su rótulo en el frente. Al comenzar su primer día de trabajo, se sentó ante su mesa de trabajo con la puerta abierta, y preguntándose cómo conseguir su primer cliente. Luego oyó unos pasos que se acercaban por el largo pasillo hacia su oficina.

No quería que este potencial cliente supiera que era el primero, y rápidamente tomó el teléfono y comenzó a hablar en voz alta a un pretendido interlocutor.

«Oh, sí, señor,» exclamó el joven abogado, sosteniendo el auricular, «tengo mucha experiencia en derecho administrativo... ¿experiencia en tribunales? Sí, sí, he participado en varios litigios.»

El ruido de pasos se acercó más a su puerta abierta.

«Tengo una amplia experiencia en casi cada tipo de trabajo legal», prosiguió, con voz lo suficientemente alta para que le oyese su inminente visitante.

Finalmente, con los pasos casi delante de su puerta, contestó: «¿Caro? No, señor, soy muy razonable. Dicen que mis tarifas se encuentran entre las más baratas de la ciudad.»

El joven abogado se excusó entonces de su «conversación»

y cubrió el teléfono para contestar al posible cliente que estaba ahora de pie en el umbral de la puerta. Con su voz más confiada le dijo: «Sí, diga, ¿en qué puedo ayudarle?»

«Bueno, desde luego que puede», dijo el hombre sonriendo con sorna. «Soy empleado de la compañía telefónica, ¡y he venido a conectar su teléfono!»

A veces imitamos la vida cristiana de la misma manera. Preocupados con nuestra propia imagen y queriendo hacer nuestra propia vía, dejamos a Dios de lado, y pretendemos ser espirituales. En lugar de tener el carácter de Cristo impreso en nuestras vidas, queremos proseguir por nuestro propio camino, y nuestro cristianismo se transforma en una falsedad. Lo mismo que el billete falso de 100 dólares, podemos parecer reales, pero carecemos de un genuino valor.

Agradar a Dios es fuente de satisfacción

La base de la obediencia es la fe. Vivir por la fe no es algo pasivo —exige acción. Escuchamos la Palabra de Dios y luego obedecemos, poniendo acción a Sus mandamientos. Agradamos a Dios cuando andamos por fe. «Y sin fe es imposible agradar a Dios; porque es necesario que el que se acerca a Dios crea que le hay, y que es galardonador de los que le buscan.»[2]

Así como la obediencia es una decisión, lo mismo sucede con la desobediencia. Se trata de un rechazo a escuchar, un rechazo de la verdad. Decimos con nuestras acciones que no creemos que lo que Dios dice sea fiable o exacto.

Cuando desobedecemos a Dios de manera voluntaria, perdemos nuestros sentimientos de paz y valía, y no experimentamos Su amor y perdón. Esto *no* significa que valgamos menos a los ojos de Dios. Sólo experimentamos *sentimientos* de carencia de valor. El amor de Dios para con el cristiano más rebelde nunca disminuye.

(Observa la promesa de Romanos 8:31-39 y la historia del hijo pródigo en Lucas 15:11-32.) Pero el sentimiento interno de nuestra dignidad sin precio como cristianos se desvanece cuando vivimos en desobediencia pasiva o voluntaria delante de Dios.

Los hijos de Elí

Las Escrituras incluyen muchas historias de los que cayeron bajo la desaprobación de Dios por causa de la desobediencia. Una de las más trágicas es la historia de la familia de Elí.

Se nos habla en 1 Samuel acerca de este padre y sus dos hijos que pertenecían al sacerdocio de la nación de Israel. Su responsabilidad heredada era dar liderazgo espiritual al pueblo. Sin embargo, los hijos de Elí no estaban interesados en servir a Dios. «Los hijos de Elí eran hombres *indignos*; no conocían al SEÑOR» (énfasis añadido).[3]

No sólo no conocían a Dios, sino que tampoco se cuidaban lo suficiente para observar las costumbres del sacerdocio. Estos hombres abusaban de su papel como sacerdotes. «Era, pues, muy grande delante del Señor el pecado de los jóvenes; porque los hombres menospreciaban las ofrendas del Señor» (énfasis añadido).[4] La palabra *menospreciar* significa «escarnecer, sentir disgusto para con, odiar, abominar, aborrecer, reírse de». Éstas son palabras fuertes. Nos dicen cómo los hijos de Elí se sentían acerca de Dios y Su plan prescrito para el hombre (las ofrendas). Los hijos escogieron la desobediencia, y su estilo de vida era flagrantemente rebelde.

Observemos lo que Dios le dijo a Elí varios versículos después: «Yo honraré a los que me honran, y los que me desprecian serán *tenidos en poco*.»[5]

CÓMO ALENTAR A LA VIDA DE OBEDIENCIA
(y con ello edificar la propia estima)

Si es necesaria la obediencia a Dios para tener una propia imagen positiva, y si la obediencia es esencialmente una cuestión individual, entonces, ¿cómo puedes emplear este bloque de construcción para dar forma a la propia estima de tu cónyuge? No puedes obedecer por él, ¿verdad? No. Aunque a veces puedes desear que lo pudieras hacer, él tiene que adoptar sus propias decisiones.

Así, ¿cómo puedes ayudar a tu cónyuge a obedecer a Dios? Hay varias cosas que puedes hacer, pero, primero, debes cumplir un prerrequisito en tu propia vida.

Dennis denuncia su propia pantomima

Durante más de trece años, viví una farsa en la iglesia. Oh, tenía mis momentos de sentirme cerca de Dios, cuando veía una hermosa puesta de sol o hacía algo bueno «para el Señor». Era cristiano, pero de manera principal «jugaba a la iglesia». Mi vida cristiana era poco más que un «seguro contra incendios» y hacer un viaje a la semana a la «oficina del agente».

Iba por mis propios caminos. Escogía o bien dejar a un lado el camino prescrito por Dios para mi vida, o desobedecerlo flagrantemente. Iba a vivir mi propia vida y no veía por qué Dios había de tener ninguna parte significativa en ella.

Mi vida era un ejemplo vivo de una declaración hecha por Juan Calvino, el gran líder de la Reforma. Dijo él: «El tormento de una mala conciencia es el infierno de un alma viviente.»

Pero cuando hice los veinte años algo sucedió. Había alcanzado todas las metas que me había establecido para aquel momento en mi vida. Estaba prosperando. Todo lo que tocaba parecía convertirse en «oro», y sin embargo no me sentía satisfecho. La satisfacción que lograba con estos objetivos era pasajera. Me sentía vacío, carente de respeto por mí mismo y de valor. Sabía que estaba contemporizando con lo que Dios había mandado. Estaba haciendo lo posible por ignorar a Jesucristo sobre una base diaria.

Al final, mi vaciedad me impulsó de nuevo a mis raíces cristianas para encontrar el perdón y el Dios que sentía que necesitaba. Ayudado por un amigo, comencé a estudiar la Biblia y encontré que Dios me amaba y que quería lo mejor de Su parte. Descubrí que no había comparación entre lo mejor de Dios para mi vida y mi propio «mejor». Estaba viviendo en un mundo borroso, bidimensional, en blanco y negro, mientras que en comparación Dios tenía una experiencia transparente, a todo color, tridimensional, que me esperaba... si tan sólo quería obedecerle.

Llegué a la conclusión de que había estado tratando a Jesucristo como una rueda de recambio. Cuando tenía problemas, lo sacaba del maletero por un par de días, pero luego lo volvía allí hasta que tenía otro pinchazo. Vi claramente que el Dios del universo que tanto me amaba no vino para ser una rueda de recambio, un autostopista o sólo mi compañero de conducción. Cristo vino para ser el Señor de mi vida; el propietario y conductor de mi vida.

Recuerdo sintiéndome atónito que el Dios de la creación me valorase hasta tal punto. Que siguiese llamándome Su hijo a pesar de que durante años no le había llamado «Padre». Su amor sin pausa seguía yendo en pos de mí.

Finalmente, cedí. Y abandoné. Le di todos los derechos de mi vida a Él, y, durante un período de tres meses, mi vida se volvió a poner en Sus manos. En lugar de tratarle como una rueda de recambio o como un auto-stopista, le di la propiedad de mi vida y le dejé tomar el volante.

Al someterme a Su plan para mi vida, estoy convencido de que la vida es ahora más valiosa y entusiasmante que cualquier cosa que yo hubiese podido tener si hubiese seguido mi camino. Andar con Dios y obedecerle sobre una base diaria provee un sentido de dignidad y valor más allá de toda descripción. Tengo paz en mi mente al agradar al Señor viviente del universo. No puedo imaginarme vivir de otra manera.

Darle a Dios el Señorío —dejar a Dios el control diario— es fundamental para la propia imagen y un prerrequisito para la obediencia. Una vez que la vida se someta a Cristo, hay por delante miles de decisiones que tomar, que o bien validarán este compromiso o lo mostrarán falso. Pero, felizmente, las decisiones vienen una a una. Aquellas encrucijadas diarias en el camino, sumadas, pueden producir una propia estima de valor y valía.

Una vez te hayas entregado a Jesucristo por la fe, dejando que Su poder obre en y a través de tu vida, entonces puedes espolear a tu cónyuge a que llegue a ser un cristiano obediente, y al hacerlo así, elevar su propia dignidad. Aquí hay algunas maneras.

1. Ejemplifica la obediencia

La mejor manera de alentar a tu cónyuge a ceder a Cristo es ejemplificar una vida de obediencia a Él. Un ejemplo es un modelo. Los modelos se emplean en muchas profesiones, incluyendo medicina y ortodoncia, y en la mayor parte de los campos del arte. Se emplean como ilustraciones en arquitectura y ciencia. También se estudian y observan de manera cuidadosa con el propósito de copiar o conseguir más conocimiento.

De la misma manera, en tu matrimonio tú eres un modelo para tu cónyuge. Tu vida está bajo observación por parte de aquella persona más estrechamente relacionada contigo. Es inevitable.

¿Demuestra obediencia, tu vida? ¿Vives lo que crees, o simplemente hablas? ¿Qué conocimiento consigue tu cónyuge acerca de la piedad, del contentamiento y de la oración por tu ejemplo (no por tus palabras)? ¿Querría tu cónyuge copiar el modelo que exhibes?

Jesús se refirió a Sus discípulos como la sal y la luz del mundo.[6] Tu tarea es crear un medio en el que tu cónyuge pueda ver (luz) lo que es realmente la vida cristiana, y pueda tener sed (sal) por aquel mismo estilo de vida.

Sé tú un ejemplo andando con Dios y teniendo comunión con Él (no confundas esto con la «obra» de la iglesia), así como sometiendo tu vida a Él por la fe. Llegarás a ser sal y luz para tu cónyuge al evidenciar tu vida la paz y el contentamiento que Dios promete.

Modelar la obediencia a Cristo es imposible, a no ser que estés lleno con el Espíritu Santo. Al rendirte diariamente por la fe a Su poder, crecerás y madurarás como cristiano. Por ello, prosigue sometiéndote a las Escrituras, y el Espíritu Santo en ti llegará a ser el modelo que tu cónyuge necesita ver.

2. Aplaudiendo las decisiones correctas

Tu cónyuge necesita que seas su animador, no un predicador. Encomia y aplaude las buenas decisiones de tu cónyuge. Te alentará a confiar de nuevo en Dios. No le digas qué es lo que no hace bien. Lo más probable es que ya reciba una multitud de recordatorios diarios de otros.

Una pareja estaba haciendo frente a la pérdida de su casa por un error cometido en la confección de su impuesto sobre la renta. La cantidad que debían era considerable, y parecía totalmente posible que la única manera de pagar la deuda sería vendiendo su casa.

Pero había otra opción. Mientras trataban la situación a lo largo de los tres días siguientes, recibieron todo tipo de consejo de abogados y consultores tributarios. No todos los consejos eran éticos. Les dijeron que había una gran posibilidad de que el Ministerio de Hacienda ni se enterase. El error nunca podría ser detectado. Se sintieron tentados a dejar pasar el tiempo.

Pero sabían lo qué debían hacer. La decisión era clara, pero no fácil. La mujer apremió a su marido a que hiciese lo que era correcto. Le dijo: «Quiero que hagas lo correcto, aunque signifique vender la casa.»

E hicieron lo que era correcto. Decidieron rellenar una declaración complementaria y pagar la cantidad debida, aunque tuviesen que vender la casa. Fue una decisión difícil, porque habían trabajado duro en su casa para transformarla en lo que ellos querían.

Después de tomar la decisión, se miraron el uno al otro, y tragaron saliva. Pero en su fuero interno tenían la firme certeza de que su decisión agradaba a Dios. Su confianza parecía crecer cada momento que pasaba.

Algunos días después, con sonrisas en sus rostros, compartían cómo se habían mantenido firmes a través de esta tentación. Debido a su decisión correcta, tenían paz con Dios, y tenían otro ladrillo firmemente puesto en su carácter y propia imagen. Aprendieron la verdad de lo que dijo Francis Bacon: «Una buena conciencia es un banquete continuo.» Y, al final, no tuvieron que vender su casa.

También nosotros hemos hecho frente a muchas tentaciones en nuestra vida de casados. Hemos sido tentados a la infidelidad, a dar al otro por sentado, a decir algo que habría herido profundamente, o a amargarnos contra el otro por desacuerdos.

Pero en cada uno de estos casos, y en otros, hemos conseguido verbalizar nuestras tentaciones. Nos decimos el uno al otro cómo nos sentimos. Luego hablamos acerca de una solución.

En cada situación, se expresa aprecio para el que comparte el problema y para el otro por responder de manera positiva. Aplaudimos la transparencia y la veracidad del que está siendo tentado. No hacemos sermones con la verdad, sino que afirmamos a la persona y le alentamos a hacer lo que es recto. El resultado ha sido una mayor libertad y una gran confianza en nuestro matrimonio.

De la misma manera, puedes apoyar a tu cónyuge por hacer lo que es recto. Vitorea sus decisiones correctas. Afírmale. Dile a tu cónyuge que le admiras cuando se mantiene por lo que es correcto, y que te inspira también a ti a seguir a Cristo.

Y si tu cónyuge se aparta por un mal camino, manténte con él. Ora por él. Ámale intensamente.

Otra manera en que puedes alentar a la obediencia a tu cónyuge es expresar un aprecio verbal por sus convicciones y carácter. Las convicciones y el carácter se moldean cuando cooperamos con el Espíritu Santo y obedecemos su verdad.

CONSEJOS PARA ALENTAR A LA OBEDIENCIA

Aquí hay algunos consejos que hemos encontrado útiles en nuestra vida matrimonial cuando uno de nosotros quiere hacer «lo que le viene en gana»:

1. No regañes. Ámale por lo que es. Que le regañen a uno es como ser muerto a picotazos por un pato.
2. No trames trucos. En lugar de ello, ora por tu cónyuge.
3. No esperes que obedezca perfectamente a Dios cada vez.
4. No le atribuyas lo que no es y lo que no está haciendo. Edifica, incluso cuando crees que no lo merece.
5. No escuches consejos impíos que te sugieren que abandones. Rodéate de cristianos que te animen a cumplir tus votos matrimoniales.
6. Ora por tu cónyuge para que esté rodeado de cristianos piadosos que le amen y compartan con él lo que necesite oír. (No lo hagas tú mismo. Deja que Dios lo haga.)

¿Le dices con frecuencia a tu cónyuge que estás orgulloso de él por lo que defiende? ¿Por su buena reputación en la comunidad? ¿Por tomar de manera consistente decisiones correctas y por el ejemplo que es para tu familia? Encomiando y elevando el carácter de tu cónyuge refuerzas los valores queridos por el corazón de Dios.

3. Ora por obediencia

Edificar la propia imagen de tu cónyuge demanda cooperación entre tú y Dios. No lo puedes hacer en solitario. La importancia de orar por tu cónyuge no puede ser subestimada.

«La oración eficaz del justo tiene mucha fuerza.»[7] La oración eficaz es pedir a Dios que haga lo que Él ya quiere hacer en la vida de tu cónyuge. Dios se deleita en dar respuesta a una oración así, porque Él quiere que le conozcáis, que le veáis obrar, y que sigáis acudiendo a Él.

Orar por tu cónyuge a lo largo de toda una vida es un privilegio que pocas personas tienen. Las Escrituras nos dicen: «No tenéis lo que deseáis porque no pedís.»[8] Necesitamos ir a Dios una y otra vez con nuestras necesidades y peticiones, esperando que Él actúe en nuestro favor. Pablo nos amonesta: «Orad sin cesar.»[9]

Ten cuidado en no orar negativamente por aquella lista de cosas que no te gusta en tu cónyuge. En lugar de ello, ora positivamente. Contempla tus oraciones como una oportunidad para colaborar juntamente con Dios para edificar cualidades de piedad en tu cónyuge. Acude delante del trono de Dios en su favor solicitando que conozca más plenamente el amor de Dios; que Dios desarrolle dentro de él un corazón susceptible a la enseñanza, y puro. Ora para que tenga un creciente deseo de obedecer y seguir a Cristo. Pide a Dios que le dé una creciente conciencia de los beneficios de andar con Él. Pide también fidelidad, contentamiento, paciencia, dominio propio, disciplina y otros valores piadosos que hayan de desarrollarse en su vida. Estudia las Escrituras (comienza con 1 Corintios 13; Romanos 12 y Gálatas 5:22, 23) y pídele a Dios que más debes incluir en tus oraciones.

Hace años recibimos una llamada de una mujer desesperada. Su marido no estaba interesado en las cosas espirituales, y ella había hecho todo lo que había podido imaginar para hacerle «razonable» tomar una decisión. Le dejaba libros cristianos abiertos en su lado de la cama, con secciones subrayadas en tinta llamativa. Por toda la casa había folletos y tratados. Probablemente debía parecerse a una librería cristiana bien dotada.

Dejaba cintas en el cassette del auto, paradas en el lugar justo. Y si sacaba el cassette, ya os podéis imaginar en qué emisora estaba sintonizada la radio, en la estación cristiana local. Aquel botón de la radio estaba «preajustado» para hacerle llegar «la palabra». Pobre hombre.

Después de hablar un rato, finalmente nos escuchó cuando le dimos este consejo: «No le diga ni una palabra más a su marido acerca de Cristo —ni libros, ni cintas, ni notas, ni tratados, ni más preparar reuniones con otras parejas para arrinconarle. Sólo viva la vida cristiana, y *ore*. Si hace alguna pregunta sobre la fe, puede contestar. Sólo obedezca a Cristo y ore por su marido. Pero no diga una sola palabra —ni una.

Hasta este punto, esta mujer había pensado que Dios no podría pasarse sin ella. ¡Estaba haciéndole un favor a Dios al ir persiguiendo a su marido! Pero, de mala gana, accedió a seguir nuestro consejo. Aplicó el principio que se encuentra en 1 Pedro 3:1-6, y comenzó el proceso de ganar a su marido «sin palabra».

No sucedió mucho durante los primeros pocos meses, pero quedó callada. Luego, la Palabra de Dios y su estrategia del silencio comenzaron a funcionar. Poco a poco, su marido se interesó por las cosas espirituales. Alrededor de un año después, comenzó a ir a un estudio bíblico con un grupo de hombres de negocios. Y unos cuantos meses después de esto, recibió a Cristo y se transformó en un cristiano en crecimiento y en un testigo para Él.

Nos gustaría poder prometerte a ti y a cada lectora de este libro que la oración contestada de esta mujer será también una realidad en tu matrimonio. Desafortunadamente, no hay tal promesa, pero no cedas. No importa cuál sea tu situación, hay esperanza. *Tu* vida y *tus* oraciones son la clave de ello.

Dios es mayor que tu cónyuge

¿Crees que Dios es mayor que tu cónyuge? ¿Crees que Dios es totalmente capaz de atraer su atención? ¿Acaso tiene Él que usarte a *ti* para conseguir que el corazón de tu cónyuge se vuelva a Él?

A veces olvidamos que Dios ama a nuestros cónyuges más que nosotros, que desea que nuestros cónyuges se den totalmente a Él.

Como cristianos, apreciamos poco el poder de Dios. Vivimos como si Él fuese un pobre anciano que necesita de nuestra ayuda para llevar a cabo Su obra. Esto es cierto especialmente cuando pensamos acerca de nuestros cónyuges. Pensamos que sólo nosotros podemos llegar a conducir a nuestros cónyuges al buen camino.

Al pensar esto, hemos ocupado el puesto de Dios. Pero es únicamente Dios, el Buen Pastor, que sabe y puede emplear los métodos más eficaces para atraer la atención de una oveja descarriada. Sólo pídele que lo haga, y Él lo hará a Su tiempo. Colabora con Dios de la manera justa, ejemplificando y aplaudiendo la obediencia, y orando.

Confianza por medio de la sumisión

Desafortunadamente, en ocasiones escogemos una mala bifurcación del camino. No hacemos lo que está bien. Cuando esto le suceda a tu cónyuge, no le señales con el dedo. Recuerda las lecciones acerca del fracaso, y dale a tu cónyuge el espacio y la libertad para fracasar.

Abraham conoció la satisfacción de una vida vivida de manera obediente a Dios. Se registra en Génesis 25:8: «Y exhaló el espíritu, y murió Abraham en buena vejez, anciano y lleno de años.» No murió lleno de pesares. Murió con la paz que puede venir sólo cuando el hijo de Dios camina en el poder del Espíritu de Dios y le obedece.

Por cuanto hemos sido hechos a imagen de Dios, es consecuente que cuando sometemos nuestras vidas de manera plena a Su control, comencemos a recapturar la identidad y confianza que estaba designada para el hombre al principio.

En el libro *Beyond Personality*, C. S. Lewis escribe de la identidad que se encuentra en la propia negación y rendición a Cristo:

> Cuanto más sacamos del camino lo que llamamos el «nuestro yo» y dejamos que Él asuma el control, tanto más llegamos a ser nosotros mismos... En este sentido, nuestros verdadero yo está todo esperando para nosotros en Él... No es bueno tratar de ser «yo mismo» sin Él... Cuanto más le resisto y trato de vivir a mi manera, tanto más quedo dominado por mi propia herencia y crianza y medio ambiente y deseos naturales... No soy ni de cerca, en mi estado natural, la persona que me gustaría creer que soy. La mayoría de lo que llamo «yo» puede ser fácilmente explicado. Es cuando vuelvo a Cristo, cuando me entrego a Su Personalidad, que comienzo a tener por primera vez una verdadera personalidad propia...
>
> Pero ha de haber una verdadera entrega del yo. Por así decirlo, se tiene que echar fuera «ciegamente». Cristo te dará verdaderamente una personalidad real. Pero no debes ir a Él por causa de esto. En tanto que sea tu personalidad lo que te preocupa, no estás yendo a Él en absoluto. El primerísimo paso es intentar olvidar el yo de una manera total... Pierde tu vida, y la salvarás. Sométete a la muerte, a la muerte a tus ambiciones y deseos favoritos cada día, la muerte de tu cuerpo —en fin: Somete cada fibra de tu ser, y encontrarás vida eterna. No retengas nada... Nada en ti que no haya muerto se levantará jamás de la muerte. Busca el yo tuyo, y al final sólo hallarás odio, soledad, desesperanza, furia, ruina y destrucción. Pero busca a Cristo, y le encontrarás a Él, y, con Él, a todo lo demás.[10]

Proyecto de edificación de estima

(Usa una hoja de papel si es necesario.)

1. Leed el siguiente recuadro y escribid vuestro propio contrato con Dios como pareja.
2. (Optativo) Haz una lista de áreas donde debes ejemplificar la vida cristiana para que la observe tu cónyuge, y pídele a Dios que te ayude a ser un excelente modelo.

Nuestro contrato con DIOS

Después de habernos casado, quisimos simbolizar juntos lo que ambos ya habíamos hecho por separado. Así, durante nuestra primera Navidad juntos, confeccionamos un «Otorgamiento de la vida de Dennis y Bárbara Rainey».

Aquella Navidad, antes de darnos los regalos el uno al otro, firmamos nuestro contrato con Dios, concediéndole la propiedad total de nuestras vidas, matrimonio y familia. Los dos sentimos una gran satisfacción de que lo que habíamos hecho era grato a Dios y que estaba bien. Nunca hemos lamentado aquella decisión.

Aquel documento está archivado a seguro en nuestra caja de caudales con todos nuestros otros documentos valiosos como recuerdo de quien tiene en último término la propiedad y autoridad sobre nuestras vidas. Es un recuerdo de que nuestras vidas no son nuestras.

Si no lo habéis hecho aún, estudiad juntos Lucas 14:23-35 y escribid vuestro propio documento contractual. Hoy, dadle a Dios plenos derechos sobre vuestras vidas y familia.

Si tu cónyuge no está aún dispuesto a firmar, ¿por qué no haces tu propio contrato individual con Dios? Puedes firmarlo por ti mismo. Ponlo en lugar seguro con tus otros documentos valiosos.

1. Santiago 1:22-24.
2. Hebreos 11:6.
3. 1 Samuel 2:12 (BAS).
4. 1 Samuel 2:17.
5. 1 Samuel 2:30b.
6. Véase Mateo 5:13-16.
7. Santiago 5:16b.
8. Santiago 4:2b.
9. 1 Tesalonicenses 5:17.
10. C. S. Lewis, *Beyond Personality*, reimprimido en *Cristianismos y nada más* (New York: MacMillan Publishing Co., 1952), pág. 189-190.

Ayudando a tu cónyuge a hacer amigos

Al alentar a tu cónyuge a desarrollar estrechas amistades, capacitarás a otros para que afirmen su valor y significado.

12

Los amigos: reflectores de aumento

- Los amigos te hacen sentir cómodo
- Un amigo: Alguien que escoge la amistad con tu cónyuge
- La amistad: los radios de una rueda
- Las amistades son necesarias
- Una palabra a los maridos
- Una palabra a las mujeres
- Cada pareja necesita «una pareja amiga»
- Dennis: Cómo los amigos me ayudaron
- Proyecto de edificación de estima

Bloque de construcción Nº 8: Ayudando a tu cónyuge a desarrollar amigos

Era el día de Navidad de 1984. El sistema de vídeo de casa y la cámara fotográfica habían estado funcionando desde temprano por la mañana hasta casi el mediodía. La salita estaba llena de papeles, cintas y docenas de envoltorios de papel de aluminio de chocolatinas que habían encontrado su destino. Cinco niños llenaban la estancia chillando con deleite y en constante movimiento, como si fuesen juguetes con las baterías a plena carga. Nosotros, sentados, mirábamos, disfrutábamos y dirigíamos... y bostezábamos.

Nadie de la extensa familia vino para ayudarnos a celebrar aquel año, porque yo (Bárbara) estaba embarazada de más de ocho meses, para dar a luz en dos semanas. Me sentía demasiado cansada para preparar un gran banquete de Navidad, por lo que tuvimos una comida corriente y algunas galletas. Luego limpiamos, y los dos más pequeños y yo nos retiramos arriba para dormir la siesta.

Al atardecer, todos nos sentíamos algo solitarios. Habíamos disfrutado nuestro día a solas, pero queríamos compartir la fiesta con alguna otra persona. Afortunadamente, unos amigos nos invitaron a verlos. Así que, después de una cena temprana, recogimos a los niños, algunos pañales y juguetes nuevos, nos metimos en el auto y fuimos a la ciudad.

Constituíamos una abigarrada multitud. Nuestra hija de cuatro años, Rebecca, llevaba el pijama que había recibido de sus abuelos y que había desenvuelto temprano aquella mañana. Los otros llevaban diversas clases de vestimenta vieja y nueva. Yo llevaba lo que se había convertido en mi uniforme cotidiano de maternidad: pantalones vaqueros y una blusa plisada de franela, una de las dos o tres cosas que todavía me iban bien. Decidí no ponerme maquillaje aquel día, y Dennis, que también había decidido relajarse, ni se había afeitado.

Nuestros amigos, que habían tenido familia y fiesta durante todo el día, nos saludaron a la puerta vestidos con sus mejores galas. Nuestros chicos se lanzaron adentro y desaparecieron con los suyos para ver los nuevos juguetes y disfrutar juntos. Nosotros, los cuatro adultos, acompañados de su hijo de dos años y de nuestra Deborah, que entonces tenía casi veinte meses, nos adentramos al comedor. Después de probar algunos deliciosos postres navideños, pasamos un hermoso tiempo de amistad y conversación.

Los amigos te hacen sentir cómodo

Estábamos con amigos. Carecía de importancia el hecho de que nuestra vestimenta y apariencia no se ajustase a la de ellos. Nos sentíamos aceptados por lo que éramos y valorados sin tener que hacer nada. Nos fuimos sintiéndonos felices y contentos porque nos habíamos dado a otros y éramos aceptados.

George Santayana dijo: «Los amigos son aquella parte de la raza humana con los que se puede ser humano.» Así es como nos sentíamos aquel 25 de diciembre. Llegamos como éramos, sin pretensiones, y recibimos el afecto de los amigos.

Un amigo: alguien que escoge la amistad con tu cónyuge

Una amistad, lo mismo que el matrimonio, es una relación escogida. Un amigo es alguien que admira a tu cónyuge, cree que vale su tiempo y energía, y le ha escogido, de entre las multitudes de gente, para llegar a conocerle.

Uno de los libros de nuestros hijos dice sencillamente: «Un amigo es alguien a quien le gustas.» Puedes contar con un amigo comprometido para que pase por alto las pequeñeces que otros emplean para despellejar a tu cónyuge. Sin embargo, un buen amigo confrontará a tu cónyuge con verdades dolorosas cuando más necesite oírlas.

Pero, puede que pienses, *mi cónyuge y yo nos gustamos, no necesitamos amigos*. Sin embargo, una pareja sin amigos fuera del matrimonio será incapaz de lograr una propia confianza sana y equilibrada.

La amistad: los radios de una rueda

El matrimonio es como el eje de una rueda. Es el punto fuerte, y debería proveer la certidumbre de una aceptación total. Aquí encontramos un refugio del rechazo y desaprobación de los demás.

Pero ningún matrimonio fue pensado para soportar toda la responsabilidad para la edificación de la propia estima en el otro. Esto significaría un peso excesivo para llevarlo a solas. En lugar de esto, ambas partes necesitan salir del eje de la rueda y extender los radios de la amistad que les fortalecen y expanden su horizonte. Necesitan a otros fuera del matrimonio que afirmen su valor y dignidad. Estos radios, o amigos, no amenazan a la seguridad y fortaleza del eje de la rueda. En lugar de ello, el matrimonio queda *fortalecido* por la presencia de unos cuantos amigos firmes y leales.

Las amistades son necesarias

En una relación madura, un hombre y una mujer pueden reconocer sus profundas necesidades el uno al otro sin insistir en que estas necesidades sean suplidas sólo en el matrimonio. Reconocen su necesidad de amigos. Por amigos no nos referimos a conocidos, porque todos tenemos muchos. Nos referimos a íntimos, a aquellos con los que se puede ser genuinos, sin afectación, naturales. Sin amigos, un matrimonio puede absorberse en sí mismo.

Hemos visto a algunas parejas tan ocupadas con sus propios deseos, necesidades y carencias que se vuelven demasiado introspectivos. Preocupados por ellos mismos, pocas veces se abren a otros y por ello tienen una deficiente perspectiva acerca de sí mismos.

¿Quieres que mejore la perspectiva de tu cónyuge acerca de sí mismo? Entonces, aliéntale a tener amigos. Addison escribió: «El que tiene un buen amigo no necesita espejo.» Un amigo ayuda a tu cónyuge a ver sus buenas cualidades y a comprender mejor sus debilidades. Refleja el verdadero valor y valía de tu cónyuge, su significación e importancia. Como un espejo triple en una tienda de vestidos, tú y los amigos de tu cónyuge, *juntos,* dais muchos reflejos positivos, que edifican la propia estima de tu cónyuge.

Las buenas amistades refuerzan la edificación de valía que tiene lugar en tu matrimonio. Un amigo le hace saber a tu cónyuge que alguna otra persona le aprecia por sus ideas, pensamientos y cualidades de carácter. En ocasiones, tu cónyuge puede pensar que estás comprometido con él sólo porque tienes que estarlo, o porque tienes prejuicios de alguna buena manera. En cambio un amigo, una tercera parte con objetividad, puede animar a tu cónyuge al hacerse eco de las mismas cosas que has dicho. Tu cónyuge comienza a creer tus comentarios afirmativos porque otra persona también los ha dicho.

Un amigo también se mantendrá al lado de tu cónyuge cuando éste fracase. Laurence Peter dijo: «Siempre puedes distinguir a un verdadero amigo. Cuando has cometido una necedad, él no piensa que hayas hecho algo definitivo.» Un verdadero amigo es uno de los pocos que puede introducir valor y perspectiva cuando tu cónyuge ha «metido la pata». Como tú, un buen amigo «estará ahí» cuando parezca que todo el mundo da la espalda. Exhibirá el amor incondicional de Dios.

Los cambios de trabajo, los fracasos y las circunstancias inesperadas, todo ello puede sacudir una propia imagen, soltándola de sus amarras en las que estaba segura. Los altibajos de la vida pueden lanzar interrogantes acerca de la propia valía y confianza. La duda en uno mismo puede extenderse rápidamente, casi de la noche a la mañana.

De manera especial, tu cónyuge necesita a un amigo que sea su compañía a través de las etapas difíciles de la vida, como la menopausia, el nacimiento de un hijo, el nido vacío, un trabajo perdido, una crisis de edad madura, o dificultades con un adolescente. Todas las circunstancias cambiantes de la vida pueden ser afrontadas mejor con una persona al lado. Un amigo puede hacerse eco de tu apoyo, creencia y confianza en tu cónyuge. Puede llegar a ser un punto exterior de referencia en las tempestades de la vida, aconsejando, edificando, y dando dirección a tu cónyuge de una manera que tú no puedes, fortaleciendo así su propia estima.

Una palabra a los maridos

Aquí tienes un consejo para edificar la propia estima de tu mujer, que le hará resplandecer entusiasmada. Dale a tu mujer un fin de semana para que vaya a un encuentro para edificar amistades. Anímala a pedir a otra mujer que ya conozca que vaya con ella. Dale una cuenta de gastos para el fin de semana, para que la use como sea necesario para disfrutar de su tiempo. El domingo por la noche, tu mujer volverá con una mejor perspectiva acerca de sí misma. Estará animada y edificada de una forma que tú, como hombre, jamás podrías conseguir.

Esto es especialmente necesario si tu matrimonio está en sus primeros años, y si os habéis mudado de lugar de residencia y desarraigado muchas de las amistades establecidas de tu mujer. También es importante si ella está ocupada con niños pequeños o si trabaja fuera de casa, dejando poco tiempo para desarrollar amistades.

Unas amistades demasiado alejadas, sin «hermanas» íntimas, que compartan sus almas, pueden resultar en una fuente de comparación, lo que resultará en sentimientos negativos para tu mujer. Las mujeres tienden a compararse con otras mujeres. Comparan su apariencia, la conducta de sus hijos, su trabajo, su cocina, la decoración de sus casas, sus logros y sus talentos (coser, cantar, enseñar, etc.) Tu mujer necesita una amiga con la que pueda ir más allá de todas estas comparaciones y competiciones. Necesita una amiga con la que pueda compartir acerca de sus luchas y que no piense menos de ella por eso, o que la rechace a ella por sus sentimientos.

En mi relación con Dennis, yo (Bárbara) estoy confiada acerca de su entendimiento de mí misma, de mi función y de mis luchas.

Hemos pasado horas sin fin hablando para escribir este libro. Él ha estado conmigo a través de muchos momentos difíciles. Incluso ha hecho de madre para los niños cuando he estado fuera de casa, por lo que sabe cómo es. Pero hay un punto más allá del cual él no puede ir. Sólo otra esposa y madre puede realmente compartir el dolor que sentí en el parto, lo mismo que mis luchas acerca de la obediencia, y puede unirse conmigo en oración. Otras madres pueden proveer el apoyo y la motivación para el peso diario de criar hijos que los padres no pueden dar.

Necesito esta afinidad con dos o tres mujeres, y la tengo. Es maravilloso. Me siento afirmada cada vez que hablamos por teléfono, nos reunimos o tenemos correspondencia. Y cuando me siento bien acerca de mí misma, Dennis también se beneficia. Siente menos presión para suplir todas mis necesidades.

Una mujer necesita al menos de otra mujer con la que se pueda identificar. Esta mujer no debe tomar el lugar del marido como fuente primaria de aprobación, pero debería suplementar la propia imagen que tú estás ayudando a tu mujer a edificar. La amiga de tu mujer tomará este lugar sólo si tú no estás llevando a cabo tu obra de amar a tu mujer como Cristo quiere. Así que, no te sientas amenazado por una amistad exterior. Dale a tu mujer el tiempo y el aliento para desarrollar estas amistades. No lo lamentarás.

Una palabra a las mujeres

Mujeres, dejad a vuestros maridos el tiempo y la libertad para desarrollar una estrecha amistad con otro hombre. La mayoría de los hombres no desarrollan estrechas relaciones con otros hombres. ¿Lo hace tu marido? ¿Sabes por qué no lo hace? ¿Comprendes a tu hombre? Él lucha con su tiempo, con su imagen machista, y, muy probablemente, con su incapacidad para relacionarse con otros hombres.

La mayoría de hombres llevan imágenes de hombría que han recogido de los medios de comunicación, libros y películas, y de su pasado al observar a los hombres en sus familias. Generalmente, los hombres «fuertes» que han visto no eran presentados como personas vulnerables. Como resultado, la mayoría de los hombres no tienen amistades más allá de un nivel superficial. Y lo peor es que no saben cómo profundizarlas.

Debido a que las mujeres tienden a ser más transparentes, hacen amistades con mayor facilidad. Los hombres están más inclinados a encontrar el significado añadido que da un amigo en el seguimiento de los negocios, política o deportes. Hablan de tener muchos «amigos», mientras que la mujer emplea esta palabra de manera más selectiva.

Tu marido es más vulnerable a las dudas acerca de sí mismo si su única amistad entrañable eres tú. Esto no significa que tu papel no sea crucial; significa que necesita la capacidad de comunicación y responsabilidad que da otro hombre, así como tu necesitas a otra mujer con la que relacionarte. Así que anímale a compartir sus luchas acerca de su trabajo y relación y sus cuestiones acerca de los temas de la vida con otro hombre al que respete. Si está debatiéndose acerca de alguna decisión o cuestión concreta, sugiere que salga a desayunar con algún hombre cristiano al que respete, para tratar aquel problema. Puedes recordarle que él, como tú, necesita ser real y genuino con un amigo. Aliéntale a dedicarse a dejar que otros entren en su vida.

«Hierro con hierro se aguza,» escribió Salomón, «Y así el hombre aguza el rostro de su amigo.»[1] Un buen amigo aguzará a tu marido. Influenciará su crecimiento espiritual y le aconsejará por el camino. Le tendrá por responsable por lo que dice que quiere hacer. Será leal con él cuando otros no lo sean.

Cada pareja necesita «una pareja amiga»

Como pareja, necesitáis algunas «parejas amigas». Necesitáis una relación en la que ambos maridos y mujeres tengan una afinidad especial el uno por el otro. Nosotros oramos por tales amigos y, durante años, intentamos encontrar la correcta «combinación». Estamos agradecidos de que ahora sentimos esta afinidad con cuatro o cinco parejas especiales. Algunos los vemos frecuentemente, otros sólo ocasionalmente, pero las amistades permanecen sólidas.

El verano pasado compartimos parte de nuestras vacaciones con una pareja así. Nuestra amistad se ha desarrollado a lo largo de los últimos cinco años porque enseñamos un curso universitario con ellos cada verano.

Honradamente, no comenzamos esta relación con el objetivo de llegar a ser amigos íntimos, pero a lo largo de los años hemos visto cómo Dios entrelazaba nuestros corazones de una manera especial. Abrigamos preciosos recuerdos de los cuatro paseando junto a un lago, montando a caballo por arboledas y flores que nos llegaban hasta la rodilla, y pasando tiempos informales compartiendo sueños, ideas, preguntas y preocupaciones. Con estos gratos recuerdos viene ocasionalmente una llamada telefónica o un regalo —recordatorios del valor que tenemos nosotros en sus vidas y ellos en la nuestra. Es difícil no sentirnos felices cuando unas cuantas personas escogidas nos conocen bien y siguen queriéndonos.

Hace varios años, estábamos cenando una noche con un pastor y su mujer que están contribuyendo de manera significativa a la comunidad cristiana. Mientras hablábamos, surgió el tema de los amigos. Ellos nos confiaron que mantenían una entrañable amistad con cuatro o cinco parejas. Estas personas estaban comprometidas a una amistad de por vida. No todos vivían en la misma ciudad ni iban a la misma iglesia, pero sabían que podrían contar con estos amigos si las cosas se ponían mal. Era un compromiso tácito.

¿Tenéis parejas amigas? ¿Amigos individuales? Pedid a Dios que os dirija en desarrollar ambos tipos de relaciones esenciales. Pasad tiempo con las personas a las que Él os conduzca. Conocedlos, y entregaos. Sed honrados y abiertos. Comunicad vuestro amor para con ellos y vuestro compromiso para con ellos como vuestros amigos. La bendición será mutua.

En los pasados quince años, yo (Dennis) he experimentado dos días muy negros en mi vida, dos ocasiones en que realmente puse en duda mi valía como hombre. Se trataba de problemas en mi trabajo que me llevaron a poner en duda mi eficacia como líder. Fueron tiempos de duda acerca de mí mismo, desaliento y torbellino emocional.

Afortunadamente, tenía dos amigos muy piadosos con los que había estado desarrollando una relación. Les había ayudado en sus puntos de crisis, y ahora los necesitaba. Me fue difícil admitir mi necesidad delante de ellos, pero, gracias al aliento de Bárbara, me abrí y les pedí su orientación, consejo y ayuda.

Estos dos hombres se mantuvieron a mi lado, y, junto con Bárbara, me recordaron de la verdad acerca de mí mismo. Al principio fue difícil creerlo, pero lentamente, a lo largo de un período de tiempo, sus vidas y palabras constituyeron una diferencia en mi vida. Su aceptación, consejo y sabiduría me fueron inapreciables. El regalo de su tiempo me comunicó que yo tenía valor. Su creencia en mí como hombre me comunicó que era aceptable, incluso en esta situación particular.

Esto es amistad. Es un gozo, un riesgo, una responsabilidad. Es también consolador saber que los hay que quieren estar contigo, tanto si eres rico como pobre, torpe o habilidoso, famoso o desconocido. Los amigos sustentan tu propia estima.

Así que hazte a ti mismo y a tu cónyuge un enorme favor. Ensanchad vuestras amistades, y con ello vuestros horizontes. Desarrollad unas amistades duraderas, y observad cómo estos aliados os ayudan a edificar la propia estima del cónyuge. Ellos preservarán la tarea que has llevado a cabo y acelerarán el crecimiento de la propia imagen de tu cónyuge.

Proyecto de edificación de estima

(Usa una hoja de papel si es necesario.)

1. Haz un inventario de las amistades de tu cónyuge. ¿Quién es su mejor amistad del mismo sexo (una o dos)?
2. Da a tu cónyuge y a su amistad un retiro de fin de semana para que hablen, compren, cacen, etc.
3. Como pareja, orad y pedid, durante los siguientes seis a doce meses, para que Dios os dirija a una o dos parejas con las que pudierais establecer una amistad. Luego comenzad a cultivar esta amistad pasando tiempo con ellos.

---

1. Proverbios 27:17.

Manteniendo la vida manejable

Completar la edificación de la propia imagen de tu cónyuge demanda tomar decisiones difíciles, conocer tus valores, pensar en oración y mantener la vida sencilla.

13

Quitando el hielo de tu globo

- Quemado, tenso, exprimido
- La vida puede ser pesada
- Subiendo y bajando
- ¿Hacia dónde se dirige el globo de tu cónyuge?
- La propia imagen y la vida sencilla
- Ganando donde más cuenta
- Propuestas útiles para mantener la vida manejable
    - Librándose de un equipaje excesivo
    - Conociendo vuestros valores
    - Reflexionando en oración
    - Manteniendo la vida equilibrada
- Proyecto de edificación de estima

Bloque de construcción Nº 9: Manteniendo la vida manejable

Woody Allen dijo: «El ochenta por ciento del éxito reside en mantener la presencia.» Puede que tenga razón. Pero en la actualidad demasiadas personas están «manteniendo una presencia» absolutamente agotada por la logística de su frenético estilo de vida. Son incapaces de hacer otra cosa más que mantener su presencia.

En conversaciones con amistades, ¿has observado declaraciones repetidas (dichas con un suspiro) como «¡Estamos tan ocupados estos días!», o «Tan pronto como acabe este mes se aligerará nuestra agenda, y podremos encontrarnos entonces»? Como cultura, estamos siempre apresurados, amontonando más y más cosas en un programa ya recargado.

Parece que la mayoría de las personas quieren salir fuera de este tiovivo, pero que pocos están dispuestos a darle al interruptor y a tomar algunas decisiones difíciles. Como resultado, muchas personas quedan quemadas, tensas y estresadas por su empuje hacia la significancia. En lugar de ir a a cualquier parte, simplemente se quedan agotados. Descubren, como dijo Samuel Butler, que «la vida es un largo proceso de cansarse.»

¿Y qué de tu cónyuge? ¿Acaso este estilo de vida contribuye a su propia estima, o meramente a su fatiga? Quizá, en el proceso de edificarle, necesitarás ayudarle para eliminar algunos puntos no esenciales de su agenda.

La vida puede volverse pesada

Un buen amigo nos confió recientemente: «La vida solía ser muy sencilla. Ahora parece tan complicada. Están los niños, demandas y presiones del trabajo, facturas, mantenimiento de la casa, amistades, responsabilidades en la iglesia, obligaciones sociales, planificación financiera a largo plazo, y ... bueno, la lista parece interminable. No puedo ganar para perder. Me siento como si estuviese ahogándome, y mi mujer no parece estar ayudándome. En lugar de ayudarme a flotar, está también hundiéndose. De hecho, mi mujer parece estar tirándome hacia abajo.»

Quizá te hayas sentido alguna vez como nuestro amigo: hundiéndote emocionalmente bajo todo este peso. Su sentimiento de zozobra nos recuerda una historia que yo (Dennis) escribí en «Mi Jabonera» (nuestra carta circular a los asistentes a la Conferencia de Vida Familiar),[1] una historia que ilustra lo que está sucediendo en muchos matrimonios.

¿Subiendo o bajando?

«Tres mil fatigosas millas se interponían entre tres hombres en un globo llamado Double Eagle II y Europa. La Isla Presque, en Maine, estaba cubierta de oscuridad mientras un grupo de aventureros esperanzados se acurrucaban alrededor del globo lleno de helio. En silencio, Double Eagle II fue elevándose lentamente. Los hombres y la naturaleza se enfrentarían una vez más en el intento del hombre de atravesar el Atlántico en globo. Los hombres agitaron las manos en un adiós al iniciar su jornada a través de lo que iba a ser un precario e invisible pasillo hacia Europa. Habían ya fracasado en dos intentos anteriores; milagrosamente, habían sobrevivido todos.

»Elevándose de día y derivando hacia abajo de noche, la tripulación manejó diestramente aquellos vientos como un imaginario ángel durante tres días y dos noches. Luego, a pocos cientos de millas de la costa de Irlanda, el tiempo cambió, y unas nubes negras y amenazadoras los rodearon. Sobre el globo, que se levantaba a una altura de cinco pisos por encima de ellos, se comenzaron a formar cristales de hielo, centelleando con una belleza engañosa. Pronto, unas capas de hielo que pesaban cientos de libras forzaron hacia abajo el gigantesco globo.

»El pánico apareció donde antes había tranquilidad, al contemplar los tripulantes cómo el altímetro les señalaba la situación ... 24.000 pies... 20.000... 16.000... 12.000. Sin rayos solares para fundir el hielo, la tripulación creía que estaba destinada a una desagradable zambullida. Tenían que eliminar todo exceso de peso. Frenéticamente, echaron el lastre. Libros, alimentos enlatados, y otros equipos, fueron lanzados al Atlántico. El hielo seguía haciéndolos bajar más y más... a 8.000... 6.000. Lanzaron un mensaje por radio: "¡Mayday! ¡Mayday! ¡Mayday!" junto con su posición. Lanzaron al mar una cámara de vídeo con la que habían esperado poder grabar su aterrizaje. Finalmente, se desprendieron a regañadientes de su transmisor-receptor en su esfuerzo por mantenerse en el aire.

»Tres hombres asustados miraban atemorizados mientras el espumoso y enfurecido Atlántico subía para engullirlos... 4.000... luego, de repente, ¡Eureka! Se nivelaron y pasaron de la gris neblina al sol. El globo se elevó según los rayos del sol fundían la cubierta de hielo.

»Cruzando la quebrada costa de Irlanda, flotaron por encima de verdes colinas y luego el Canal de la Mancha. Miles de automóviles se amontonaban en los caminos vecinales al posarse el Double Eagle II en un campo de trigo a pocos kilómetros de París y del aeropuerto donde Charles Lindbergh había aterrizado hacía medio siglo. ¡Lo habían conseguido!»

¿Hacia dónde se dirige el globo de tu cónyuge?

¿Está subiendo bien el globo de tu cónyuge? ¿Puedes observar hacia dónde se dirige antes de que se acerque demasiado al mar? ¿Hay hielo encima? ¿Qué es lo que está haciendo que se forme hielo? ¿Está bajando demasiado rápidamente el balón de tu cónyuge? ¿Le ayudarás a eliminar esas cargas, o añadirás más peso? Lo más probable es que tú seas un factor estratégico para el problema de «peso» de tu cónyuge.

La propia imagen y la vida sencilla

Recuerda, la propia imagen de tu cónyuge es cómo él piensa y siente acerca de sí mismo a la luz de sus expectativas internas (el fantasma). Si tu cónyuge es personalmente inseguro, puede que esté tratando de llenar este vacío de inseguridad en su propia imagen llenando su vida de actividades. Las ocupaciones elevan su propia importancia haciéndole sentirse necesitado por muchos. El descontento y las comparaciones le llevan a añadir más actividades a su agenda ya excesivamente cargada.

Desorientado por una vida que a menudo está fuera de control, pierde su enfoque y sentido de prioridades. En último término, experimenta el fracaso, dañando adicionalmente a su propia imagen.

CONSEJOS ÚTILES

Éstas son algunas sugerencias que hemos hallado útiles para mantener la vida manejable para la casa de los Rainey:

• No siempre puedes complacer a todos, pero deberías complacer a los que más valoras. Decide a quién quieres agradar y vive según ello.

• La presión y el estrés pueden ser un resultado de la responsabilidad. Al descargarte de una o dos responsabilidades, puedes aligerar tu carga y reducir alguna presión. Por cuanto Dios nos ha puesto ahí para «ejercer dominio»,[2] librarnos de toda responsabilidad no es una alternativa. Pero hacer lo que Él te ha llamado a hacer y depender de Él en el proceso pondrá las presiones en perspectiva.

• A toda costa, evita las comparaciones. Sólo alimentan el descontento, la envidia y la provocación.

• Practica decir: «No, lo siento, no puedo hacerlo,» al menos una vez al día. La palabra *no* puede ser una poderosa palanca para eliminar el control de otros sobre tu vida y programa. (De pasada, no les debes ninguna excusa a nadie.)

• Aprende a aceptar objetivos limitados y asequibles. Hemos aprendido que por lo general esperamos demasiado de nosotros mismos en cualquier día de 24 horas. RECUERDA: ¡TIENES TODO EL TIEMPO QUE NECESITAS PARA HACER TODO LO QUE DIOS QUIERE QUE HAGAS!

Ganando donde más cuenta

Desafortunadamente, no estamos exentos de esta tentación a extendernos en demasía. Nos debatimos con calendarios, metas y expectativas acerca de la vida y de las prioridades. Lo mismo que los tuyos, nuestros días están llenos desde el momento en que suena el despertador hasta que apagamos la luz por la noche. Con nuestros hijos en diferentes etapas de crecimiento, a veces es para volverse locos. Nuestro programa puede llegar a ser abrumador, pero trabajamos juntos para evitar vivir bajo el peligro de lo urgente. Hemos decidido ganar donde más cuenta: en casa.

Lo intentamos, pero no siempre lo logramos. Cometemos muchos errores, pero estamos luchando contra la corriente, no ignorándola ni yendo arrastrados por ella. Uno de nuestros compromisos mutuos es ayudarnos el uno al otro en esta área. En el proceso, aprendemos, crecemos y adquirimos más sabiduría. Tenemos que hacerlo así si queremos ganar en casa.

Nadie lo hace todo

Debido a que tenemos seis niños, nos preguntan una y otra vez: «¿Cómo lo hacéis todo?»

Nuestra respuesta es sencilla: «*No* lo hacemos *todo.*» Esta oración de cuatro palabras ha sido para nosotros de gran ayuda. Admitir lo evidente es liberador. Puede ayudarte a ti y también a tu cónyuge.

¿Sabes qué pasa? Que tampoco nadie «lo hace todo». El hecho de que una persona haga una o dos cosas bien no significa automáticamente que lo haga todo bien. Nadie puede hacerlo. Entonces, ¿por qué deberías intentarlo *tú*? Tu fantasma puede darte la idea de que tienes que hacerlo todo a la perfección, pero no te lo creas. Relájate, y repite con nosotros: «No lo hacemos todo.»

Como personas individuales y como pareja tenemos áreas a

las que no llegamos. En ocasiones nos sentimos como «patanes». No salimos con amigos ni invitamos a amigos a nuestra casa tanto como nos gustaría. Los jardines están llenos con una extraña mezcolanza de malas hierbas; las habitaciones están sin pintar; las sillas necesitan reparación... y sólo échale un vistazo al garaje de Dennis o al cosedor de Bárbara. Pero esta «etapa» de nuestra vida matrimonial pasará, y algún día estos patanes saldrán de su encierro y harán su *debut*.

Pero antes se tienen que cumplir otros objetivos. Como dice un colgante bordado en casa de unos amigos: «Una casa limpia es señal de una vida malgastada.» No es que una casa limpia sea cosa mala, sino que, en la economía de Dios, no es tan importante como otros valores. Nosotros hemos decidido seguir la prioridad del llamamiento de Dios y Sus valores. Dios nos ha dado un ministerio y una familia grande, y ellos determinan la mayor parte de nuestro compromiso en cuanto al tiempo. Por ello, nuestras vidas diarias están gobernadas no por expectativas fantasmales ni por la comparación con otros, sino por el plan de Dios.

La Biblia nos dice que hemos de vivir en obediencia al plan de Dios para nuestras vidas. Las Escrituras nos enseñan también que la vida ha de ser vivida gozosamente —no con la mandíbula tiesa y los dientes apretados, asiéndonos como si estuviésemos en un túnel de pruebas de viento. El gozo es parte del plan de Dios para nosotros.

La vida puede ser comparada con una carrera de maratón: larga distancia y campo a través. Demanda que seamos sabios en la forma en que corremos. Hemos de seguir el camino determinado por nuestro entrenador, el Dios del cielo. Entre los antiguos griegos, el corredor que ganaba la maratón no era el primer hombre en cruzar la línea de meta, sino el primero en cruzarla con su antorcha aún ardiendo. Si tu cónyuge intenta correr la carrera de la vida a un ritmo demasiado frenético, puede estar en peligro de extinguir la antorcha de su vida espiritual —su relación con Dios— y por ello de dañar su propia imagen.

Entonces, ¿cuál es la solución?

Librándose de un equipaje excesivo

Así como la tripulación del Double Eagle II tuvo que echar mucho de su equipaje excesivo para sobrevivir, puede que tú tengas también que aligerar tu carga. Tú y tu cónyuge podéis llegar a tener tantas actividades y responsabilidades simultáneas que vuestro matrimonio, lo mismo que el globo de helio, puede comenzar a caer en picado. Os recomendamos que hagáis como nosotros el comprobar periódicamente el altímetro de vuestra vida matrimonial.

En los primeros tiempos de nuestro matrimonio, nos dirigíamos a Cincinnati en el automóvil, en un viaje de trabajo. Bárbara se sentía inquieta porque no estaba consiguiendo todo aquello que hacía cuando era soltera. Le pedí que repasase su lista de «cosas para hacer» conmigo, mientras hacíamos aquel viaje de dos horas.

Nunca olvidaré aquella lista. Era abrumadora. Me sentí angustiado por ella. Tenía más que hacer que lo que hubiesen podido hacer tres personas. Cocinar, coser, preparar unas colchas, limpiar, clases de acuarelas, la colada, lectura, comprar, escribir cartas, agasajar invitados, estudio bíblico, hacer cosas conmigo —todo esto acumulándose sobre un programa ya recargado. Y estaba embarazada.

Se sentía totalmente agotada por el primer trimestre de embarazo. No estaba consiguiendo ninguno de sus objetivos, y se sentía fracasada. Juntos, pusimos prioridades y comenzamos a eliminar algunos puntos no esenciales. Bárbara estaba igual de ocupada que siempre, pero se sentía aliviada por saber que no tenía que hacerlo «todo».

Ésta fue la primera de muchas conversaciones similares que siguieron en nuestra relación matrimonial. Los dos tendemos a esperar demasiado de nosotros mismos, y como resultado a veces consideramos que hemos fracasado. Por lo general, la impresión de fracaso es interna y sencillamente falsa. Resulta de aferrarnos a una norma que no podría ser cumplida por Superman ni por Supermujer.

Hemos encontrado que es difícil mantener una perspectiva apropiada sobre programaciones y expectativas acerca de lo que se puede lograr. La vida puede quedar fuera de control, y, lo mismo que un tren desbocado, puede ser al final muy destructiva. De modo que con cierta regularidad nos vamos y examinamos nuestras expectativas acerca de la vida. Es muy beneficioso sentarnos y analizar todo lo que esperamos acerca de nosotros mismos y el uno del otro, así como lo que los demás esperan de nosotros.

Del mismo modo, puedes ayudar a tu cónyuge a disminuir las expectativas a unas normas razonables. Tómate el tiempo preciso para ayudar a alinear el programa de tu cónyuge, actualizar sus objetivos y establecer sus prioridades *antes* de que la jornada se haga dura.

El pasado verano, un par de entusiastas del vuelo revelaron sus planes de construir un avión de fabricación casera que sería el primero en volar alrededor del mundo sin escalas. Para emplear cada centímetro cúbico de espacio, sus únicos «compañeros» en el vuelo de veintiún días serían comida, agua y combustible, no se podía admitir nada más.

De una manera similar, hemos de ser sabios acerca de lo que nos llevamos con nosotros en nuestro viaje por la vida. Pablo escribe: «Mirad, pues, con diligencia cómo andéis, no como imprudentes, sino como sabios, aprovechando bien el tiempo, porque los días son malos. Por tanto, no seáis insensatos, sino comprendiendo bien cuál es la voluntad del Señor.»[3]

La sabiduría. Ella valora la vida conforme a las normas de Dios. Contempla la vida con los ojos de Dios. La sabiduría mira frecuentemente a las circunstancias de la vida y luego consulta a Dios y Su Palabra para recibir la respuesta adecuada.

Evalúa tu vida y matrimonio con prudencia. ¿Qué dice el altímetro? ¿Está subiendo o bajando el altímetro de tu cónyuge? ¿Hay alguna interrupción en el programa de tu cónyuge, o no para? Comprueba también tu propia altitud. La sabiduría podría decirte que es hora ya que eches algún equipaje excesivo de ambas vidas por encima de la borda.

Conociendo vuestros valores

Un prerrequisito para ayudar a tu cónyuge a saber qué echar por encima de la borda es conocer su sistema de valores (y el tuyo). Evaluad juntos estas normas en relación con los valores de Dios (ved el Inventario y Análisis que sigue). La comprensión de las normas del cónyuge explicará por qué da su tiempo a ciertas cosas. Articular vuestros ideales de manera mutua os ayudará a ti y a tu cónyuge a ver lo que deberíais esperar de la vida de manera razonable. Conversad y determinad cómo deberíais programar vuestro tiempo de manera que sea factible y razonable para ambas partes.

La primera vez que hicimos una lista y comparamos nuestros cinco valores prioritarios, nos quedamos totalmente sorprendidos. Uno de los míos (Dennis) era desarrollar relaciones; uno de los de Bárbara era el trabajo duro. Pero cosa interesante, ninguno de nosotros había puesto ninguno de los valores del otro en su lista. No se trata que yo no crea en el trabajo duro, o de que Bárbara no crea que sean importantes las relaciones. Sólo que veíamos otras cosas como más importantes para cada uno de nosotros en este momento de nuestras vidas. Desde entonces, hemos pasado muchas horas hablando acerca de nuestros valores individuales, aquellas cosas que consideramos como muy queridas para nosotros. Al madurar, muchas de ellas han cambiado de importancia.

INVENTARIO Y ANÁLISIS DE VALORES

Determina cuáles son los valores de tu cónyuge siguiendo estos pasos:

1. Tomaos una velada con al menos una hora de tranquilidad garantizada. (Poner en marcha el contestador automático y poned la luz tenue.)
2. Pasad de cinco a diez minutos haciendo una lista, cada uno por su lado, de los cinco valores que consideráis más importantes.
3. Comparad las listas.
4. Pregunta a tu cónyuge «¿por qué?» a cada artículo relacionado. Descubre las razones de su elección. Tratad acerca de vuestras diferencias.
5. Fechad y guardad ambas listas.
6. Observa su horario, actividades y ocio para ver si «concuerda» con su lista. ¿Concuerda su gasto de tiempo con sus cinco valores principales? ¿Cómo puedes ayudarle a vivir según sus valores?
7. Programa otro análisis de valores para un año después.

Ahora, cuando planificamos nuestras metas juntos, las cuales constituyen un reflejo de nuestros valores, comprendemos cada uno de nosotros lo que es importante para el otro. Como resultado, nuestros objetivos y prioridades han comenzado a exhibir principios que los dos hemos aportado al matrimonio.

Reflexionando en oración

Tómate tiempo con tu cónyuge para quedarte a solas y pensar y escuchar a Dios. Da también tiempo a tu cónyuge para que pueda hacerlo a solas. Lo ideal sería que tú y tu cónyuge pudieseis salir juntos un fin de semana largo, al menos una vez al año, sin ningún programa de trabajo. Entonces podréis pensar con claridad, porque tendréis tiempo. Tomaos una siesta. Id a pasear juntos por el bosque. Hablad acerca de vuestra vida y contemplad en qué dirección va. ¿Os gusta el rumbo que lleváis? ¿Cómo querríais que fuese de aquí a pocos años? ¿Cuáles son vuestras metas para los próximos cinco años? No podéis planificar o establecer metas y prioridades sin tomaros tiempo primero para pensar y orar.

Apartad el domingo como día de reposo. Dentro de los Diez Mandamientos, Dios ha provisto una verdad permanente que nuestra cultura moderna está ignorando, para su perjuicio. El Sábado era un día para ser separado para Dios —un día de reposo para reactivar nuestra perspectiva, y para renovar nuestra comunión con Él. Como resultado de nuestra decisión para intentarlo, hemos comenzado a cosechar las enriquecedoras cualidades de una mente clara, de un espíritu relajado y de un conocimiento de que nuestra vida es agradable a Dios. (Gordon MacDonald, en su libro *Ponga orden en su mundo interior*, tiene todo un capítulo sobre el tema, que te recomendamos que leas.)

Manteniendo la vida equilibrada

Así como los equilibristas han de mantener un precario equilibrio en la cuerda floja, del mismo modo los cristianos han de equilibrar su caminar. Vivir una vida equilibrada demanda concentración, observación y correcciones a lo largo del camino —algunas, pequeñas; otras, drásticas.

Tú y tu cónyuge puede que seáis demasiado reclusivos, demasiado cautos, viviendo en una rutina. Puede que necesitéis pasar a la cuerda floja y asumir algunos riesgos. Dios no nos dio la vida para aburrirnos, sino para proveer oportunidades para confiar en Él y crecer en la fe.

Pero es posible que tú y tu cónyuge sigáis viviendo con un estilo de vida irrazonable, no saliendo nunca del tíovivo para evaluar todo lo que estáis haciendo. Puede que, lo mismo que nosotros, tengáis que evaluar vuestra vida con regularidad para mantenerla en el debido rumbo.

Mantener la vida equilibrada dará a tu cónyuge el beneficio del dominio propio. A la larga, verás cómo disminuye la carga de tu cónyuge y aumenta su productividad. Su propia imagen será enormemente fortalecida si le ayudas a mantener un programa razonable. *Puedes* marcar una enorme diferencia en la vida de tu cónyuge manteniendo su vida sencilla y manejable.

Proyecto de edificación de estima

(Usad hojas de papel separadas si es necesario.)

1. Haced una lista, como pareja, de todas vuestras actividades bajo una de las dos áreas que aparecen aquí, y luego evaluadlas.

Las que podemos controlar	Las que no podemos controlar
______________________	______________________
______________________	______________________
______________________	______________________
______________________	______________________
______________________	______________________
______________________	______________________
______________________	______________________
______________________	______________________
______________________	______________________
______________________	______________________
______________________	______________________

2. Repasa tus listas y subraya aquellas cosas que tienden a tirar abajo a ti o a tu cónyuge. Hablad acerca de tu solución. ¿Puedes o deberías ayudar asumiendo responsabilidades? ¿Debería disminuir su lista, o ser modificada? ¿Cómo le afecta tu lista?

3. Ayuda a tu cónyuge para establecer prioridades en su lista. ¿Dónde ha de tener éxito? Pídele que trate contigo cómo puedes protegerle y ayudarle a «ganar».

---

1. Dennis Rainey, *My Soapbox*, circular publicada por Family Ministry (Enero 1985).
2. Véase Génesis 1:26.
3. Efesios 5:15-17.

Descubriendo la dignidad a través del destino

El verdadero significado se encuentra cuando invertimos en una causa que nos vaya a sobrevivir.

14

Dejando un legado que te sobrevivirá

- Visión —¿qué es?
- Hazte algunas preguntas duras
- Tú y tu cónyuge sois hechura de Dios
- Un hombre con un destino
- Encontrar tu destino es un proceso
- Ayudando a tu cónyuge a encontrar un sentido de destino
- Mira detrás de él
- El inventario de los talentos de tu cónyuge
- Instiga a hablar la verdad
- Créelo, arriésgalo, vívelo
- Dejando un legado
- Dignidad por el destino
- Proyecto de edificación de estima

Bloque de construcción Nº 10: Descubriendo la dignidad a través del destino

Le preguntaton una vez a Helen Keller: «¿Hay algo peor que ser ciega?» Ella contestó: «Sí. La persona más digna de lástima en el mundo es alguien que tenga vista pero que no tenga visión.»

Visión. ¿Qué es esto? Es poseer un sentido de propósito en

la vida. Es ver más allá en un futuro sin mapas y saber a dónde vas. La visión es dejar una marca en el presente visualizando el futuro. Jonathan Swift dijo en 1699: «La visión es el arte de ver lo invisible.»

La visión no viene con facilidad. Tu cónyuge te necesita para ayudarte a dar un sentimiento de visión, dirección y propósito a tu vida. Al ayudarte de esta manera, tú también podrás ayudarle a mejorar su propia imagen. Porque cuando el propósito de tu cónyuge sea elevado por encima de lo temporal, su dignidad y estima personales se incrementarán.

Los sentimientos de significado, una de las columnas de una propia estima positiva, pocas veces se encuentran en una persona sin rumbo, en un nómada con pocas raíces, que vaya a la deriva por la vida. Pero una persona con un sentido de destino personal tiene confianza y orgullo de sí mismo. Sabe que ha sido escogido, entresacado, puesto aparte de la humanidad para un propósito digno.

Así como el Presidente de los Estados Unidos es seleccionado de entre muchos para la suprema tarea del liderazgo, así tú y tu cónyuge habéis sido escogidos por Dios para cumplir Su plan personal en vuestro matrimonio, familia y mundo. ¿Has recibido la visión? ¿Y tu cónyuge?

En este capítulo nos dirigiremos a ti y a tu cónyuge como individuos y como pareja. Aunque Dios pueda en ocasiones llamaros a causas separadas, tenéis un destino y propósito como pareja. Al entregaros al santo y elevado propósito de Dios, os daréis cuenta de la significación de vuestro matrimonio.

Hazte algunas preguntas duras

La cultura americana así como la europea de fines del siglo veinte ha sido definida como narcisista, egoísta, dependiente y seguidora de la corriente. Somos unas gentes que viven para el instante, sin pensar en el futuro.

Muchas personas, y la mayor parte de las parejas, no se están haciendo suficientes preguntas acerca de la vida. Atrapadas en la precipitación de la vida activa, apenas si se toman tiempo para salirse de la corriente principal para mirar a dónde se dirigen. Seneca dijo: «Tienes que saber a qué puerto te diriges si quieres coger el viento adecuado para que te lleve allá.» ¿Sabéis tú y tu cónyuge a dónde os dirigís?

Pregúntate a ti mismo:

- ¿Cuál es mi visión, dirección, propósito y meta en la vida?
- ¿Cuál es la visión, dirección y propósito de mi cónyuge?
- ¿Cuál es el destino ordenado de Dios para mi cónyuge? ¿Para mí? ¿Para mi matrimonio? ¿Para mi familia?

¿Puedes contestar a estas preguntas? ¿Estás confiado en tus respuestas? Quizá tú y tu cónyuge estéis buscando un propósito, dirección y visión en la vida. O quizá ninguno de vosotros haya reflexionado suficiente sobre vuestro destino. Quizá no estéis dirigiéndoos a ninguna parte, sino que estáis a la deriva, sin dirección, sin visión, sin propósito.

Will Rogers advirtió: «Aunque estéis sobre la pista correcta, ¡os atropellarán si os quedáis parados!» Puede que tú y tu cónyuge seáis cristianos y que estéis «sobre la pista correcta», pero también debéis seguir en marcha hacia algo, decidiendo, cotidianamente, cómo usar la vida que Dios os ha concedido. ¿Por qué no conseguir la visión de Dios para vuestra vida? ¿Por qué no determinar cuál es Su «vocación» para vosotros de manera individual y como pareja?

Tu visión, o vocación, probablemente incluyan logros y relaciones. Sea lo que sea que cubra esta visión, sueño o meta, dará contexto y significado a las decisiones menores así como a las grandes encrucijadas en el camino.

Decidir tu dirección es como desarrollar un sexto sentido: el sentido de la fe. Por medio de ella comienzas primero a comprender lo invisible, y luego a ponerlo en práctica. Tú y tu cónyuge desarrollaréis la propia confianza al cumplir el plan singular de Dios para vuestras vidas. Comenzaréis los dos a descubrir y a sentir vuestra importancia a los ojos de Dios al descubrir vuestra importancia en Su plan. Os sentiréis valorados y necesitados por aquel cuya opinión cuenta más.

Tú y tu cónyuge sois hechura de Dios

Pablo habló de esta dirección y visión en Efesios 2:10: «Porque somos hechura suya, creados en Cristo Jesús para buenas obras, las cuales Dios preparó de antemano para que anduviésemos en ellas.»

¿Está Pablo hablando de un plan concreto de Dios para una vida individual? Así lo creemos. Vuelve a mirar este versículo:

«Porque somos hechura suya,	*Dios nos hizo*
creados en Cristo Jesús	*Él nos redimió*
para buenas obras,	*nuestro propósito*
las cuales Dios preparó de antemano	*el plan de Dios*
para que anduviésemos en ellas.»	*nuestra responsabilidad*

Todo esto forma parte del plan maestro de Dios para la humanidad. Dios está cumpliendo Su perfecta obra y Su perfecto plan a través de personas imperfectas. Y Él quiere usaros a ti y a tu cónyuge para llevar a cabo este plan. A su vez, vuestra vida reflejará un gran valor, valía, significación y dignidad, al daros vosotros a Dios y al participar con Él en Sus «buenas obras».

¿Puedes pensar en algo más satisfactorio que cumplir el designio del Creador para tu vida? Cumplir el propósito para el que tú y tu cónyuge fuisteis creados y unidos dará la dignidad suprema a vuestras vidas.

Un hombre con un destino

Un hombre que vivió en Inglaterra en la segunda mitad del siglo dieciocho ilustra el principio del destino. A la edad de veintiún años, William Wilberforce fue escogido para el Parlamento. Era un hombre pequeño, apenas medía 1,5 metros de estatura, pero su capacidad natural como orador hizo de él un gigante.

En otoño de 1785, Wilberforce tomó una decisión que cambió su vida. Un viejo amigo le instruyó de manera diligente y debatió con él acerca de las Escrituras y de Jesucristo, y John Newton (el autor de «Amazing Grace [Gracia Asombrosa]» le dio consejo. La decisión estaba clara.

Dos años después de su decisión de seguir a Jesucristo, Wilberforce escribió en su diario: «el Dios Omnipotente ha puesto delante de mí dos grandes objetivos: la abolición del tráfico de esclavos y la reforma de las costumbres.»[1]

Como joven cristiano, había observado la injusticia de un comercio que dependía de la venta de seres humanos. Se preguntaba si Dios le había salvado sólo para llevarlo al cielo, o si tenía más en mente. ¿Tenía Dios un plan para su vida, un lugar para que él sirviese? Su conciencia le azuzaba. El mal de la esclavitud había de ser confrontado directamente en el Parlamento. Haciendo caso del consejo de Newton de permanecer en su cargo público, emprendió la tarea de eliminar la plaga de su patria empleando su posición política.

Wilberforce sabía que sería una acerba batalla contra los ricos negociantes que amasaban fortunas con el tráfico de esclavos. Pero es dudoso que previera los largos años de repetidas derrotas y desalientos que tenía delante de él. Él y sus compañeros fueron objeto de ridículo y escarnio, pero permanecieron fieles a la causa que ardía en sus corazones.

Después de veinte años de introducir una y otra vez el proyecto para la abolición de la esclavitud, Wilberforce contempló cómo finalmente la Cámara de los Comunes y la Cámara de los Lores aprobaban el proyecto en 1807, transformándolo en ley. Pero los efectos de este esfuerzo llegaron mucho más lejos aún. Por toda Inglaterra se extendió un gran movimiento espiritual. Muchos miembros del Parlamento se habían convertido en cristianos comprometidos durante aquellos veinte años, y comenzaron a desarrollarse otras reformas para ayudar a los oprimidos.

En 1797, Wilberforce escribió acerca de su perspectiva del cristianismo. «Debo confesar de manera igualmente abierta que mis propias esperanzas sólidas para el bienestar de mi país se apoyan no tanto en sus naves y ejércitos, no tanto en la sabiduría de sus gobernantes, no tanto en el espíritu de su pueblo, como en la persuasión de que todavía tiene a muchos que aman y obedecen el Evangelio de Cristo.»[2]

William Wilberforce tenía un encargo de parte de Dios y una visión para su país. No se sentía contento con sólo llevar el título de cristiano. Sentía que debía *vivirlo.*

En vuestra vida como pareja, como en la vida de Wilberforce, las metas a largo plazo pueden mantener encendidos los fuegos de la perseverancia durante los aguaceros de las frustraciones a corto plazo. Un sueño —una visión— pueden ayudar a mantener viva a la gente, incluso tras repetidos fracasos.

Encontrar tu destino es un proceso

Encontrar un destino personal como pareja es cosa progresiva. El tiempo es un elemento esencial para su descubrimiento, como lo es la obediencia al llamamiento de Dios. ¿Qué quiere Dios que hagáis como pareja? ¿Acaso tu cristianismo ha de ser meramente una cuestión personal? ¿O debería proyectarse a otros? ¿Y cómo? Puede que Dios no te guíe a encabezar una causa, como sí guió a Wilberforce; pero puede que quiera que te unas a otros que ya están encabezando ofensivas. Wilberforce no actuó a solas. Muchos se unieron a él. Él necesitaba a aquellos compañeros creyentes que estuviesen de su lado. De la misma manera, puede que Dios tenga a alguien o alguna causa para que tú y tu cónyuge, y quizá toda tu familia, le deis vuestro apoyo.

Tanto si tú como tu cónyuge estáis ocupando una posición «destacada» o si trabajáis «detrás de las bambalinas», encontraréis dignidad en llevar a cabo la obra de Dios. La posición no tiene nada que ver con la significación.

Hemos descubierto que nada tiene una mayor significación para nosotros que ser la pareja que Dios nos ha llamado a ser y a cumplir la obra que Él ha puesto delante de nosotros.

Ayudando a tu cónyuge a encontrar un sentido de destino

No son los horóscopos los que determinan el destino de tu cónyuge. Ningún adivino ni quiromántico puede profetizar tu futuro. Pero *tú* puedes conducir a tu cónyuge para descubrir la dirección de Dios para su vida. No sólo tú compartes este llamamiento con él, sino que Dios también te ha puesto de manera singular para trabajar con tu cónyuge para llevarlo a cabo. Al ser un entrenador alentador para tu cónyuge, no sólo le ayudas en discernir la dirección de Dios, sino que también ayudas a sostener esta dirección a lo largo de toda una vida.

Antes de embarcarte en esta empresa, debes comprender y llevar contigo un par de criterios. Sin ellos, serás como un minero que va a una mina de oro o de plata para buscar los preciosos metales sin casco, pico o lámpara.

Primero, Dios está involucrado de una manera intrincada y maravillosa en la creación. Él conoce los granos de arena en el océano,[3] los nombres de todas las estrellas,[4] el número de cabellos de tu cabeza y el mismo instante en que cae el gorrión.[5] Si Él conoce los más pequeños detalles del fondo del océano y hasta los extremos del universo, podemos suponer correctamente que Él sabe todo lo que sucede en medio.

Segundo, Dios es soberano. Él está totalmente al control de todo. No encontrarás destino personal, ni para tu cónyuge ni para vosotros dos como pareja, aparte de una confianza interior de que hay un Dios que gobierna soberanamente. Y por cuanto Él gobierna, toda la vida tiene propósito. Por consiguiente, Él tiene un designio divino para cada vida individual. Los dos sois significantes en el designio de Dios.

¿Cuál es el propósito de Su reino? ¿Qué objetivos está Él buscando? Evidentemente, el plan global de Dios es redimir a la humanidad para Sí. Cosa increíble, Él ha escogido usar a hombres y mujeres como vosotros y como nosotros para llevar a cabo Su plan de poner una impronta en la eternidad.

Según habléis de la grandeza de Dios y del inenarrable privilegio de ser escogidos por Él, la propia estima de tu cónyuge se fortalecerá calladamente. Y así como la recompensa del oro y de la plata espera a los que perseveran en la mina, así está edificándose una recompensa duradera y guardada en el cielo para los que encuentran y obedecen el llamamiento y plan de Dios para sus vidas. La promesa de una recompensa celestial es un motivo suficiente para vivir nuestras vidas en la tierra en obediencia a Él.

Pon en tu corazón el reto de una recompensa eterna. Ármate con la perspectiva correcta de Dios y de Su soberanía, y comienza a buscar el destino de tu cónyuge y el tuyo propio.

DESCUBRIENDO EL DESTINO DE TU CÓNYUGE

1. Mira detrás suyo

Comienza a ayudar a tu cónyuge a encontrar su destino bucando primero en su pasado. Busca cualidades que Dios haya edificado en la vida de tu cónyuge para prepararlo de manera singular para una tarea determinada. ¿Qué causa o idea sigue emergiendo en el pensamiento de tu cónyuge y en sus conversaciones? ¿Qué injusticia le encoleriza? ¿Qué constituye una carga en su corazón acerca de vuestra ciudad, vuestro estado, vuestro mundo? ¿Qué deseos han formado parte de la vida de tu cónyuge durante años y que, si se canalizasen en el plan global de Dios para con los hombres, darían un gran servicio a otros? No esperes unas respuestas inmediatas a estas preguntas. Recuerda que se trata de un proceso; exige tiempo.

Nosotros no hemos llegado a nuestro actual campo de ministerio de la noche a la mañana. Inicialmente, nos dedicamos a trabajar entre estudiantes de instituto de segunda enseñanza, ayudando a ganarlos para Cristo y comenzando el proceso de discipulado en sus vidas por medio de estudios bíblicos.

Durante aquellos años, hicimos algunas observaciones interesantes. Muchas veces, un estudiante expresaba interés en las cosas espirituales, sólo para volver a casa y encontrarse con desaliento de parte de sus padres. En otras ocasiones, el crecimiento espiritual de un estudiante quedaba afectado de manera negativa por una madre o un padre divorciados. Comenzamos a ver la necesidad de ayudar a matrimonios para que los hijos no sufriesen. También vimos la necesidad de hacer todo lo que pudiéramos para fortalecer nuestro propio matrimonio. El resultado es que, cinco años después de casarnos, comenzamos a trabajar en el área del matrimonio y de la familia.

¿Está tu cónyuge preocupado por la educación, el gobierno, los negocios, los hambrientos, los pobres, la familia, la iglesia, la oración, donaciones, las necesidades de los países del Tercer Mundo, o por ministrar a los enfermos? ¿Por qué no le preguntas a tu cónyuge qué haría si supiese que no iba a fracasar?

En 1776, durante la Revolución Americana, un joven fue capturado por espiar contra los británicos. Su respuesta a los que le capturaron no ha sido nunca olvidada en nuestra tierra. Nathan Hale dijo: «Sólo lamento que tengo solamente una vida que dar por mi país.» Si tu cónyuge pudiese escoger, ¿por qué causa estaría dispuesto a dar su vida?

Con frecuencia, Dios empleará una vida entregada a Él para marcar una impronta sobre las futuras generaciones más allá de lo que se puede ver en el presente. Un ejemplo es el papel de la maternidad. Hoy en día ha sido relegada como cosa de poca importancia; pero, en el propósito de Dios, tiene un gran destino. Otras humildes tareas de servicio son también menospreciadas, pero si Dios ha llamado a tu cónyuge a llevar una de ellas a cabo, entonces se trata de un honor. Ningún destino es insignificante si proviene de nuestro Dios soberano. Y tu cónyuge ganará una recompensa en el cielo si cumple su destino —sea cual sea— con un espíritu de gozo y contentamiento en obediencia a Cristo.

2. *El inventario de los talentos de tu cónyuge*

En Mateo 25 Jesús cuenta la parábola de los talentos a Sus discípulos. Un amo les da un cierto número de talentos a cada uno de sus tres siervos. El amo recompensa luego a los siervos que usan e invierten fielmente los talentos recibidos, pero el que enterró su talento y no lo empleó lo pierde.

Observando, puedes descubrir y luego ayudar a tu cónyuge a que también descubra sus talentos, capacidades y dones espirituales (aquellas áreas singulares de capacidad espiritual, relacionadas en Romanos 12 y 1 Corintios 12). Con una confianza en aumento, puede ser un siervo más fiel y emplear los talentos que Dios le ha dado para impulsar Su reino.

Alienta a tu cónyuge a la fidelidad en lo que los dos ya sabéis que hace bien. Cuídate de añadir expectativas excesivas o demasiado elevadas. Tu cónyuge no tiene que hacerlo todo a la vez. Puede pasar la vida invirtiendo aquellos talentos para el bien de los hombres y para una recompensa celestial.

Según vayas evaluando los talentos de tu cónyuge, los dos probablemente sentiréis la necesidad de ayuda exterior. Pide a los amigos que conozcan bien a tu cónyuge que den sus opiniones. Pide ideas a tu pastor o a algún otro cristiano maduro que conozcas bien.

Proverbios 2:1-5 nos habla acerca de buscar, escudriñar y encontrar sabiduría. La necesitarás si quieres dar respuesta a estas preguntas. La sabiduría, como hemos dicho ya, es destreza en la vida diaria según las pautas y normas de Dios. Al pasar con tu cónyuge por este proceso, pide a Dios que te conceda sabiduría para hacer frente a las muchas bifurcaciones que hallarás en el camino.

No podemos prometerte ni respuestas rápidas ni soluciones sencillas. (Nuestras propias vidas no comenzaron a centrarse hasta que llegamos a los treinta años.) Pero podemos prometer que tu interés y aliento pueden hacer mucho por ayudar a tu cónyuge mientras él destila su destino.

3. Instiga a hablar la verdad

El destino de tu cónyuge está en el futuro, pero queda conformado y cumplido por las decisiones diarias. Esto queda ilustrado en el relato bíblico de la historia de Israel.

Dios le decía constantemente a la nación de Israel que eran un pueblo peculiar. Los judíos sabían que habían sido puestos aparte para una contribución singular y significativa a la humanidad. Esto ayudó a edificar la unidad nacional, y se sentían entusiasmados acerca de quienes eran y adónde se dirigían. Pero lo que decidieron creer individualmente acerca de ellos mismos y de su relación con Dios marcó una enorme diferencia en su participación personal en el plan de Dios.

Una de las cosas que más recordamos acerca de los israelitas es que «murmuraron en sus tiendas».[6] Se pusieron exigentes y quejumbrosos, y en general estuvieron llenos de autocompasión. A causa de su negativa manera de hablar, centrada en el yo, se convencieron a sí mismos de que Dios los había olvidado, y perdieron su sentido de destino como nación.

El hablar negativo centrado en el yo puede hacernos lo mismo en la actualidad. Si nos decimos a nosotros mismos que Dios nos ha olvidado, o que no sabe lo que está haciendo, también nosotros estamos «murmurando en nuestras tiendas». Nuestras conversaciones interiores pueden expresar descontento e insatisfacción con el presente. Aunque Dios nos ha escogido, podemos llegar a convencemos de que nuestro destino no es diferente del de la persona corriente.

La conversación con uno mismo dice: «No tengo ningunos dones que Dios pueda utilizar»; «Mi vida no servirá de mucho» o, «sólo soy una persona de cinco millones». Algunos de los miembros de la nación de Israel estaban convencidos por la conversación negativa centrada en el yo que Dios les había abandonado en el desierto. Esparcieron abundantemente sus virus de murmuración hasta que toda la nación quedó contagiada.

De la misma manera, la conversación negativa con uno mismo de tu cónyuge puede parecer muy convincente. Tu cónyuge puede creer, basándose en sus sentimientos, que Dios no puede ser Dios en una situación determinada. Si te unes a él apoyándole en estos sentimientos, perderéis vuestro sentido de destino como pareja, así como vuestra esperanza para vivir.

Pero hablar con uno mismo puede también ser positivo. Por ejemplo, cuando nuestros hijos tienen miedo, les pedimos que nos digan cuál es la verdad: que papá y mamá les quieren y les protegerán, y que Jesús les ama y les protegerá. Luego les recordamos un cántico o un versículo en la Biblia, u oramos con ellos.

Yo (Bárbara) empleé una manera similar de hablar hace varios años, cuando pasé por una etapa de temor siempre que Dennis se iba de la ciudad. Me iba a dormir por la noche repitiendo un par de versículos de Proverbios que me recordaban la verdad: de que Dios está controlándolo todo, y que Él se cuida de mí. Esto es hablar positivamente con uno mismo, y tiene resultados positivos.

Proverbios 23:7 dice: «Porque cual es su pensamiento en su corazón, tal es él.» Alienta a tu cónyuge no sólo a que no diga cosas negativas en voz alta, sino a que ni siquiera las *piense*. Puede que tu cónyuge tenga el hábito de decir cosas negativas acerca de sí mismo por su carencia de una propia estima positiva. Responde a estas palabras pesimistas con simpatía, comprensión y una gran dosis de la verdad. Ayuda a tu cónyuge a ver cómo hablar negativamente consigo mismo le afecta a él y a su relación con Dios.

4. Adopta un orgullo «corporativo» de familia

Un reciente artículo de una revista de negocios hacía una lista de las compañías más admiradas en América. Las que aparecían en aquella relación habían desarrollado una identidad que los consumidores reconocían como de excelencia y fiabilidad. IBM era el número uno... otra vez.

Si tienes algún amigo que trabaja en IBM, sabes que sus empleados tienen un gran orgullo en lo que hacen. Este orgullo es contagioso, y esparce sentimientos de valía por toda la organización.

De manera similar, tu vida matrimonial debería abrazar un sentimiento de «orgullo familiar corporativo». No un orgullo altanero, de rebelión hacia Dios, sino un sentimiento de verdadero respeto y admiración por lo que Dios ha hecho por ti y por tu familia.

Nuestro orgullo familiar no es vanidad ni altanería, sino una declaración de que este matrimonio y esta familia son una parte integral de lo que Dios está llevando a cabo para la humanidad. No pensamos que seamos mejores que las otras familias, sólo que no hay para nosotros mejor lugar en el que estar. Tenemos una gran dignidad familiar porque estamos haciendo lo que Dios nos ha llamado a hacer. Ningún otro matrimonio o familia tienen un llamamiento idéntico al nuestro. Somos verdaderamente singulares —muy especiales.

Y también vosotros.

Reflexionando acerca de los más de catorce años que hemos buscado ser empleados por Dios potencia aún más nuestra identidad familiar. A veces se levantará la neblina de sentirnos insignificantes, de manera casi instantánea, cuando recordamos lo que Dios ha hecho en nuestras vidas, y aquello para lo que Él nos ha usado.

Si no lo estás haciendo ya, te retamos a que comiences a pensar en nuevos términos acerca de tu vida, de tu cónyuge, de tu matrimonio y de tu familia. Una identidad familiar positiva se extenderá de manera contagiosa a todos sus miembros.

5. Créelo, arriésgalo, vívelo

Al comenzar a emerger tu «destino divino», te demandará acción. La acción demanda riesgo. Y el riesgo demanda fe —tu fe y la fe de tu cónyuge. Decidid juntos cumplir el llamamiento que Dios os haya hecho hasta el máximo de vuestra capacidad. Encontrad vuestro lugar para servir.

- ¿Es por medio de algún proyecto de servicio a la comunidad?
- ¿Es en la iglesia local?
- ¿Es en vuestro actual puesto en el hogar con los hijos?
- ¿Hay algún ministerio al que podáis presentaros voluntarios?
- ¿Necesitáis hacer algún cambio vocacional/profesional?

Generalmente, Dios no revela todo Su plan en el acto. Cuando contraemos un compromiso, Él nos da luz, un poco cada vez, para alentarnos a andar por fe. Luego, cuando hemos ido hasta allí, Él nos da más luz.

Dejando un legado

Un marido y una mujer que anduvieron por la fe y que por consiguiente dejaron un legado mucho mayor que lo que jamás hubiesen podido siquiera imaginarse, vivieron a principios de los 1700 en la América colonial. Sus nombres eran Jonathan y Sarah Edwards.

Jonathan Edwards sintió el llamamiento de Dios para llegar a ser ministro. Él y su joven esposa comenzaron un pastorado en una pequeña congregación. En los años que siguieron, escribió muchos sermones, oraciones y libros, y tuvo influencia en el comienzo del Gran Despertar. Juntos tuvieron once hijos que crecieron hasta ser adultos. Sarah fue compañera en el ministerio de su marido, y él buscaba su consejo acerca de sermones y de cuestiones eclesiales. Pasaban tiempo hablando juntos de estas cosas, y cuando sus hijos fueron suficientemente mayores, fueron incluidos en sus discusiones.

Los efectos de sus vidas han sido de enorme alcance, pero los resultados más ponderables de su fidelidad al llamamiento de Dios se encuentra en sus descendientes. Elizabeth Dodds registra un estudio llevado a cabo por A. E. Winship en 1900 en el que hace una lista de unos pocos de los logros de los 1.400 descendientes de los Edwards que pudo encontrar:[7]

- 100 abogados y un decano de una facultad de derecho
- 80 cargos públicos
- 66 médicos y un decano de una facultad de medicina
- 65 profesores de universidad y escuelas superiores
- 30 jueces
- 13 presidentes de escuelas superiores
- 3 alcaldes de grandes ciudades
- 3 gobernadores de estados
- 3 senadores de los Estados Unidos
- 1 controlador de la Tesorería de los Estados Unidos
- 1 vicepresidente de los Estados Unidos

¿Qué clase de legado vais a dejar tú y tu cónyuge? ¿Será permanente, como lo fue el de Edwards? ¿Será imperecedero y eterno? ¿O dejarás detrás de ti sólo cosas perecederas: edificios, dinero, posesiones?

El apóstol Pablo instruyó a Timoteo a que invirtiera su vida en hombres *fieles* que podrían transmitir la verdad a la siguiente generación.[8] ¿Dónde quiere Dios que tú y tu cónyuge invirtáis el tiempo que os ha dado?

Dignidad por el destino

David Livingstone, el misionero a África, dijo: «Iré adónde sea, siempre que sea adelante.» Y al ir adelante e impulsar el reino de Dios, indudablemente avanzó también su sentido de dignidad.

Conseguir una visión y una dirección en la vida dará también significado a tu vida, especialmente si esta guía y dirección han sido establecidos por el omnipotente Dios del universo. De hecho, la verdadera visión, dirección y destino pueden provenir sólo de Aquel que controla no sólo el presente, sino también el futuro.

Al descubrir vuestro destino eterno, comenzaréis a edificar una dignidad permanente en vuestras vidas. La conciencia interna de aquella dignidad potenciará la propia estima de cada miembro de vuestra familia.

El reto es el mismo para todos nosotros. ¿Seguiremos a Cristo y cumpliremos en nuestras vidas Su llamamiento y visión? Así como no encontramos la vida en nadie más que en la persona de Jesucristo, igual descubrimos una dignidad como ninguna otra en el destino que Él nos provee.

Proyecto de edificación de estima

(Usa una hoja de papel si es necesario.)

1. Comenzad a descubrir vuestro destino como pareja hablando y soñando juntos acerca de lo que os gustaría hacer con vuestras vidas. ¿Qué áreas, cuestiones y necesidades de los demás querríais poder afectar? Tomad notas de vuestras conversaciones. Orad para que en las semanas y meses venideros Dios guíe vuestras conversaciones y comience a revelaros Su dirección.
2. Si ya tienes un sentido de visión y de destino, escribe tu visión para *tu* vida (sé específico). Pide a tu cónyuge que haga lo mismo *en su caso.*

3. Revisad las declaraciones del otro y responded a lo que haya escrito cada uno.

4. Comenzad juntos a decidir la visión de vuestra familia y cómo podéis establecer un «orgullo corporativo de familia».

---

1. Charles Colson: «Standing Tough Against All Odds,» *Christianity Today* (6 sept., 1985), págs. 25-33.
2. Ibid.
3. Véase Génesis 22:17.
4. Véase Salmo 147:4.
5. Véase Mateo 10:29, 30.
6. Salmo 106:25.
7. Elizabeth D. Dodds, *Marriage to a Difficult Man*, citado en *Where Have All the Mothers Gone?*, por Brenda Hunter (Grand Rapids, Mich.: Zondervan Publishing House, 1982), pág. 109.
8. Véase 2 Timoteo 2:2.

Cinco consejos para invertir

Invertir en tu esposa resultará provechoso y te dará unos beneficios duraderos.

1. Trátala como una copartícipe.
2. Protégela.
3. Hónrala.
4. Desarrolla sus dones y horizontes como mujer.
5. Ayúdala en la resolución de problemas.

15

Cinco consejos para invertir que te darán grandes beneficios

- «No soy peor que los demás»
- La inversión prudente
- Trata a tu mujer como una plena participante
- Protege a tu mujer
- Técnicas para honrar a tu mujer
- Sombreros que lleva una mujer
- Desarrolla sus dones y horizontes como mujer
- Ayuda en la resolución de problemas
- Persevera con tu inversión
- Consejos de Bárbara a los maridos
- Proyecto de edificación de estima

De hombre a hombre: De parte de Dennis

Tom Peters, autor del libro de gran venta *In Search of Excellence* [En pos de la excelencia], estaba una vez exhortando a un grupo de ejecutivos de una compañía acerca de la excelencia. Se dirigió a este grupo durante varias horas, retándolos a que elevasen sus normas. Finalmente, un alto ejecutivo, irritado por mucho de lo que Peters había dicho, le interrumpió para expresar su insatisfacción.

«Peters, ¡estoy cansado de escuchar todo esto acerca de la excelencia!» comenzó. «¡No lo necesitamos! Nuestra compañía *no es peor que cualquier otra.»*

Exteriormente, Peters escuchó con pasividad mientras este líder ejecutivo proseguía con su argumento. Pero interiormente su mente estaba lanzada a la carrera: *Vaya, pues esta declaración sería magnífica como un subtitular debajo del logo de la compañía — «International Widgets ... ¡no somos peores que cualquier otro!»*[1]

Y nosotros, como personas, podemos tener una actitud muy similar a la del ejecutivo de aquella sociedad. Exasperados con todas las áreas en las que hemos de dar dirección, podríamos llegar a exclamar: «Estoy cansado de oír lo que tengo que hacer, dónde estoy fracasando como marido, y acerca de todo lo que va mal en nuestro matrimonio. Después de todo, *¡nuestro* matrimonio no es peor que cualquier otro!»

Aunque algunas veces hayas abrigado estos sentimientos, como yo, estoy confiado en que no te gustaría exhibir orgullosamente este lema en la entrada de tu casa. Y, como líder de tu mujer, reconoces que tú (junto con el resto de nosotros) puedes usar algo del consejo para saber exactamente qué hacer después. Necesitas unos «consejos sólidos para la inversión» si quieres ver cómo aumentan en valor «las acciones» de la propia imagen de tu mujer.

Cuando tenía veinte años y estaba en mi segundo año de universidad, un corredor de la bolsa me dio un buen consejo para la inversión. Nunca olvidaré las Máquinas de Administración Dashew (ninguna relación con International Business Machines, os lo puedo asegurar). Sin pedir consejo a mi padre, invertí 500 dólares en cuatrocientas acciones. Después de todo, estaba saliendo de la bancarrota, y no podía hacer nada más que subir. No podía bajar más de 1,25 dólares por acción... o eso pensaba yo.

Mi bautismo en Wall Street fue duro. Dashew fue de 1,25 dólares a 0,87— a 0,50— a 0,12 y finalmente desapareció de la vista y volvió al juzgado. Poco tiempo después mi padre lo descubrió, y sugirió que emplease las acciones para empapelar mi habitación. Me serviría de recuerdo para invertir en acciones bien probadas y para recibir consejos acerca de mis inversiones de una autoridad en la que pudiese confiar.

LA INVERSIÓN PRUDENTE

Las Escrituras son la mejor, más probada y autorizada «lista de consejos de inversión» que jamás podrás leer. Igual que tener hoy una copia del diario *Wall Street Journal* que haya de ser publicado de aquí a cuarenta años, la Biblia te dice cómo invertir *hoy* en la propia estima de tu mujer si quieres experimentar unos fabulosos dividendos *de aquí a cuarenta años*. Y, de paso, al subir de valor sus acciones, tú participas de los beneficios.

Tu mujer necesita tus energías creativas de inversión si ha de llegar a ser todo aquello para lo que Dios la creó. Para ayudarte en esta área, aquí están algunos de los mejores consejos que conozco para que los dos obtengáis beneficios de vuestra inversión.

Primer consejo de inversión: Trátala como una plena participante

En la actualidad, el mundo de los negocios tiene toda clase de tipos de socios: socios silenciosos, socios financieros, socios a partes iguales, socios controladores, socios en minoría, y más. Pero en el matrimonio, Dios tiene la intención que sólo tengamos un tipo de socio: un participante pleno.

El apóstol Pedro expone el concepto de una sociedad mutua al instruir al hombre a tratar a su mujer como «coheredera de la gracia de la vida».[2] Aunque en sus funciones y papel como mujer difiera de ti como hombre, ella tiene una misma herencia como hijo de Dios. Debe ser tratada como plena participante en tu vida y matrimonio.

Cuando reconozcas a tu mujer como pleno participante en tu vida, le das valor y edificas su estima. Si la excluyes de tu vida, devalúas su valía como persona, y su identidad se perjudica. Sin darte cuenta, le estás enviando a tu mujer una señal inequívoca y clara: «No te necesito.»

Algunos maridos creen que las palabras más difíciles de pronunciar son: «Te amo», o «perdóname.» Pero el reconocimiento que parece más amenazador de todos es: «Te necesito.»

Sí, eso *es* difícil de admitir, ¿verdad? ¿Cuándo fue la última vez que le dijiste a tu mujer que la necesitabas? No, no sólo para aquella cosa que debías hacer o para un recado, sino que verdaderamente la necesitas, con una plena participación en la vida. Cuando expresas aquella necesidad de ella, ella *se siente* necesaria, porque tú te vuelves vulnerable y dependiente de ella. Ella experimenta su importancia en tu vida.

Pero algo en mi ego de macho se aferra a mi lengua y me impide decirle eso a Bárbara con toda la frecuencia que debería hacerlo. ¿Orgullo? Sí. ¿Un falso concepto de la hombría? Sin duda alguna. Pero, con toda certeza, en el fondo se trata de insensatez. ¡Porque la verdad es que *necesito* a mi mujer! Ella es la provisión que Dios ha escogido personalmente para mis necesidades.

Algunos hombres temen que perderán el respeto de su mujer admitiendo su necesidad. Yo he experimentado lo contrario. Cuando expreso mi total necesidad de Bárbara, ella queda tan edificada y animada que queda libre para respetarme aún más. No pierdo mi identidad como hombre por expresar mi dependencia de ella.

Tú harás de tu mujer una participante en tu vida cuando la mires cara a cara y digas: «Te necesito.» ¿Por qué no haces de esto una realidad experimental en tu matrimonio? Lo podrás hacer expresando con frecuencia:

• «Necesito que escuches cuando te hablo de lo que me preocupa. Y necesito tu perspectiva acerca de este problema y tu creencia en mí como persona.»

• «Necesito que me ayudes a llegar a ser el hombre que Dios quiere que sea.»

• «Quiero que tengas un acceso total a mi vida. Necesito que me mantengas honesto en las áreas de mi vida en que podría apartarme de Cristo. Puedes preguntarme o confrontarme acerca de cualquier cuestión.»

• «Tú eres la persona en quien más confío en mi vida.»

• «Te necesito para consejo, criterio y orientación en las decisiones que confronto, especialmente en el trabajo.»

• «Necesito tus oraciones para una tentación a la que estoy haciendo frente.»

Cuando me hago el propietario único de nuestro matrimonio, y trato a Bárbara como parte silenciosa, los dos perdemos. Ella pierde las oportunidades que le puedo dar para incluirla, desarrollarla y ayudarla a sentirse importante. Y yo pierdo porque tiendo a tomar decisiones malas cuando estoy aislado de ella.

De manera que el consejo de inversión es: «Deja entrar a tu mujer.» ¿La estás excluyendo a ella de alguna área de tu vida? ¿Tiendes a actuar de manera independiente de ella en cualquier área? ¿Profesión o negocio? Puede que ella esté más interesada en ello de lo que tú crees. ¿Cuestiones financieras? Ella necesita entenderlas mejor, de todas maneras. ¿Una relación difícil en la oficina? Su consejo podría resolver el problema.

Al hacer de ella una participante *plena*, expresas un valioso ingrediente al edificar su propia imagen: confianza. Ralph Waldo Emerson escribió: «Confía en los hombres y te serán fieles; trátalos con grandeza y se te mostrarán grandes.»

Segundo consejo de inversión: Protégela

El apóstol Pedro también exhorta a los maridos: «Vosotros, maridos, igualmente, convivid con ellas con comprensión, tratando a la mujer como a vaso más frágil.»[3] El énfasis de Pedro aquí reside en la «comprensión» por cuanto ella es «vaso más frágil». Tu mujer quiere un hombre que la comprenda a ella y a sus necesidades.

Tu mujer necesita sentirse a salvo, segura y protegida. Como su marido, te corresponde a ti proveerle esta seguridad. Algo me hizo recordar la necesidad de protección que tiene la mujer, hace años, cuando asistí a una conferencia de parejas. Durante la conferencia, una mujer joven fue violada en su habitación. Cuando el conferenciante advirtió a los participantes acerca de que un hombre había forzado la puerta de esta mujer joven, observé un fenómeno muy interesante. Instintivamente, y al unísono, como si hubiesen sido dirigidas por un director de orquesta, casi cada marido en el auditorio pasó el brazo alrededor de su mujer. De la misma manera, casi cada mujer se arrimó más dentro del brazo protector del marido. Fue un gesto físico de la necesidad de la mujer de ser protegida, y del deseo natural del hombre de proteger a su mujer.

La gente emplea cerrojos, alarmas contra robos e incendios, y sistemas programados de alumbrado para proteger sus posesiones, porque les dan valor. Cuando invertimos en proteger a nuestra mujer, también estamos haciendo una declaración acerca del valor que tienen para nosotros, edificando así aún más su valía.

Desde luego, ya proteges físicamente a tu mujer. Ni siquiera pensarías en que fuese de otra manera. La adviertes contra salir de noche si es peligroso. O la proteges animándola a que cierre el auto con llave cuando sale de compras. Hablas de qué hacer si un extraño fuerza la entrada en la casa. Y provees la clase de cerrojos y protección que necesita en casa para cuando estás fuera. Todas estas declaraciones y acciones demuestran que quieres protegerla, que ciertamente tiene valor para ti, y que te preocupa lo que le pueda suceder.

Pero, ¿estás protegiéndola de otros asaltos en su vida como:

- Una actividad excesiva, haciendo que su vida se desequilibre, y que se vea impulsada a estar fuera de control?
- La manipulación, por parte de otros, de sus emociones y de su vida?
- Sus propias metas y expectativas irreales, que la hacen vulnerable al fracaso?
- Su tendencia a compararse con otros —y la consecuencia de que una y otra vez queda a su entender en situación desfavorable?
- Agotamiento en su empleo?
- Los niños, que querrían aprovecharse de sus debilidades, que conocen demasiado bien?
- La gente que una y otra vez la desalienta?

Evidentemente, no puedes proteger a tu mujer de cada una de las presiones con que se encuentra, ni de toda preocupación o temor, o de que nunca pierda. Pero puedes hacer lo mejor de tu parte para anticiparte a muchos de estos problemas antes que sucedan y establecer un sistema sólido de seguridad para su protección.

No puedo explicar el sentimiento, pero experimento satisfacción al proteger a Bárbara. Ser firme y ayudarla a decir que no me hace sentir que realmente estoy ayudando a mi mujer a alcanzar el éxito al protegerla de estas fuerzas exteriores. De hecho, creo que protegerla a ella ayuda a *mi* propia imagen como hombre tanto como a ella, porque me siento necesario e importante.

Un pensamiento adicional: Tu mujer necesitará diferentes tipos de protección en diferentes épocas de su vida. Al pasar por varias etapas de ajuste, podrá necesitar aún más tu protección y cuidado que en otras ocasiones.

INVENTARIO DEL EDIFICADOR DE LA MUJER

El siguiente cuestionario me ayuda para «hacer inventario» de mi amistad más valiosa, Bárbara. Al llevarme a contestar periódicamente a estas preguntas, mantengo mi protección sobre ella y así edifico su propia estima.

- ¿Cuál es el ritmo de nuestra vida? A veces mi programa le causa a ella más problemas que a mí. ¿Hay algún respiro para ella? ¿Para los dos?
- ¿Qué ritmo puede ella mantener? ¿Para cuánto tiempo? ¿Qué necesita después de un tiempo de intensa actividad?
- ¿Qué tiende a aplastarla? ¿Qué es lo que revienta su globo? ¿Qué es lo que la lleva a pensar que está cayendo? ¿Qué puedo hacer acerca de ello?
- ¿Qué decisiones necesito tomar que reduzcan la presión o que deshagan un atasco? ¿Estoy dejando a un lado cosas que, si me lanzase a hacerlas, facilitarían su rutina diaria y que de este modo la ayudarían a largo plazo? (He visto como mi hábito de postergar las cosas le ha costado mucho emocionalmente a Bárbara.)
- ¿Necesita ser rescatada por una velada? ¿Por un fin de semana? ¿Por un período más largo? ¿Cuándo puedo llevarla a una salida romántica para los dos solos?
- ¿Qué dirección puedo darle para protegerla mientras está pasando por un período difícil?

Tercer consejo de inversión: Hónrala

Aquí tenemos una inversión que traerá un valor inmediato a tu mujer: honor. Como en el caso en que se impone una Medalla de Honor en un soldado, o se concede un Premio Nobel de la Paz, el honor hace que quien lo recibe sea estimado.

Cuando Dios estableció el matrimonio, sabía que uno de los principales componentes para edificar valía del uno al otro sería el honor. Vemos esto en Su mandamiento a los maridos: «Dándoles honor también como a coherederas de la gracia de la vida.»[4]

Webster define el honor como «gran consideración o gran respeto que se da; especialmente, gloria, fama, distinción». No es de asombrarse que tantas mujeres estén precipitándose en la actualidad al mundo laboral. Algunas tienen que trabajar, porque necesitan los ingresos. Pero otras mujeres no necesitan trabajar; trabajan porque buscan la honra, la satisfacción y la significación que no reciben de parte de sus maridos.

Nuestro amor se mantiene lozano comprendiendo que la competición por Bárbara no ha terminado. Por favor, que no se me comprenda mal: no estoy viviendo con el temor cotidiano de que vaya a dejarme. Pero después de haber visto desintegrarse los matrimonios de numerosos líderes cristianos, he llegado a algunas conclusiones. Una es que no existe lo que se pueda llamar un estallido repentino en un matrimonio —lo que hay son goteras lentas, pequeñas. Como un neumático que gradualmente ha ido perdiendo aire sin que se dé cuenta el conductor, muchos matrimonios lentamente se han quedado pinchados.

Cada matrimonio es susceptible a los escapes, y el nuestro no es ninguna excepción. El mundo seduce a mi mujer con falsas y doradas promesas de satisfacción y de verdadera significación. Si dejo de honrarla y estimarla como mujer distinguida, entonces ignoro la realidad de su necesidad y el poder seductor de la promesa del mundo. Es sólo cuestión de tiempo antes que ella comience a fatigarse y a mirar a otro lado en busca de valía.

Tristemente, en muchos casos en nuestro tiempo, las mujeres encuentran lo que han estado echando en falta, no en una profesión, sino en los cuidados de otro hombre.

Así que, de una manera sana, sigo compitiendo por mi mujer. Las siguientes son unas cuantas técnicas para honrar a tu mujer, que pueden darte una ventaja competitiva y que sirven a la vez para edificar la propia estima de tu mujer.

Honra a tu esposa aprendiendo el arte de subirla a un pedestal. Si te dedicas a honrarla y a suplir sus necesidades, y a abrigarla como tu más valioso haber, entonces podrás verdaderamente marcar una diferencia en la manera en que ella se siente acerca de sí misma. Captura el corazón de tu mujer tratándola con respeto, ternura y una alta estima.

Una manera de honrar a tu mujer es teniendo simpatía para con ella y reconociendo lo que lleva a cabo. Con frecuencia miro a Bárbara, directamente, y le expreso verbalmente mi asombro ante lo que hace. Ella lleva muchos sombreros, y es una trabajadora asombrosa. En otras ocasiones me quedo maravillado ante la mujer de carácter que ha llegado a ser. Su constante caminar con Dios es para mí de un constante aliento.

Los sombreros de Bárbara representan para ella un reto para ser vencedora en tantas áreas como le sea posible. Pero no son sólo sus sombreros. También lo son míos. Debido a que debo amarla y cuidar de ella, entonces todo lo que le conlleve presiones, fatiga o fracaso es algo que también me toca a mí.

Otra manera de honrar a tu mujer es hablarle con respeto. Si no prestas atención, tu lengua puede volverse cáustica, candente y acusadora. Washington Irving dijo una vez: «Tu lengua es la única herramienta que se aguza más con el uso.»

Mi lengua puede ser alimentada por una actitud irrespetuosa. Trabajo duro en esta área. No siempre tengo tanto éxito como querría, pero sé que el honor comienza con una actitud. También, si cualquiera de los niños le contesta mal a Bárbara o le faltan el respeto, saben que tendrán que vérselas conmigo cuando llego a casa del trabajo. Nuestros hijos son maravillosos, pero la maltratarían si yo les dejase. ¡Está en minoría! Así que aliento a mis hijos a que la respeten también a ella.

Si tu mujer trabaja fuera de casa, entonces tiene unas necesidades singulares acerca de que se la honre. Puede que necesite la honra práctica de una tarde libre una o dos veces a la semana en las que tú te presentes de manera voluntaria para hacerlo todo: poner a los niños a dormir, limpiar la cocina, hacer la colada, etc.

Las cortesías normales son otra manera de honrar a tu mujer. Puede que pienses que sólo valían la pena durante el noviazgo, pero en realidad son una gran manera de demostrar respeto y distinción ahora. La cortesía común está en el meollo de la condición de servicio; dice, «mi vida por la tuya.» Se inclina delante del otro para mostrar estima y dignidad.

SOMBREROS QUE LLEVA UNA MUJER

A continuación tenemos algunos de los sombreros que llevan algunas mujeres hoy en día:

Para la familia:

- Planificadora de comidas
- Enfermera
- Consejera/Consoladora
- Policía y juez (para decidir disputas internas)
- Consultor de vestidos y modas
- Planificadora y escatimadora de presupuestos y finanzas
- Maestra/tutora
- Animadora
- Mujer de profesión
- Consejera espiritual
- Niñera
- Modista
- Cocinera
- Camarera
- Experta en lingüística (especialista en el dialecto de los pequeños de dos años)
- Reportera residente
- Jardinera
- Planificadora/administradora de horarios
- Decoradora de interiores
- Chófer
- Ecologista (manteniendo el apropiado medio ambiente en el hogar)
- Tradicionalista familiar
- Conservadora de la historia de la familia

Para su marido:

- Confidente
- Compañera
- Amante
- Consejera
- Animadora
- Socia
- Consoladora
- Azafata y agasajadora

Para la comunidad:

- Una vecina solícita
- Una agasajadora gentil
- Voluntaria
- Consejera
- Amiga
- Miembro de la iglesia

Imagínate que acabas de recibir la siguiente carta de tu mujer. ¿Cómo le responderías por escrito? Sé específico, y expresa tus sentimientos.

Queridísimo esposo...

Gracias por escogerme para compartir tu vida. Gracias por tu honradez y sinceridad. Sé que a veces puede ser penoso.
En lo más profundo de mi ser sé que de veras me quieres. Pero soy una mujer, y necesito prendas tangibles de tu amor. Hay muy poco en esta vida que valore más que tu amor. Lo necesito. Te necesito a ti.
¿Te puedo pedir un favor? Me encanta recibir cartas tuyas, pero no me gusta pedirlas... quita todo el gozo de recibirlas, si ha sido idea mía. Pero... ¿querrás escribirme una carta?
Necesito saber:

- Cómo me aprecias...
- Lo que he hecho para mostrarte que te respeto...
- En qué te he servido de aliento...
- Que aprecias las «cosillas» que hago por ti cada semana...
- Tu aceptación incondicional, tal como soy (¿es así? Necesito saberlo)...
- En qué sentido soy participante contigo de tus cosas...
- Por qué disfrutas conmigo...
- Qué es lo que te gusta de mí...
- Cómo he cambiado para mejor, o en qué maneras me has visto crecer (a veces me olvido)...
- Que me quieres guiar y hacer lo mejor para mí...
- Que quieres suplir mis necesidades... y
- Que tu amor *persistirá.*

Puedes escribirlo como quieras, pero, por favor, dímelo. Realmente te respeto.

Te amo,
Tu mujer

P.S. Tampoco yo soy perfecta, pero estoy contenta de que estamos juntos en esta vida.

Una mujer es la corona de la obra creadora de Dios. Deberíamos tener cuidado en no tratarla como uno de los muchachos —dándole palmadas en la espalda, por ejemplo. La majestad de Dios se exhibe en tu mujer. ¿Por qué no la exaltas mostrándole cortesía? (Advertencia: ¡Si comienzas un diluvio de «antiguas cortesías», puede que tengas que alertar la unidad coronaria del hospital, o que tengas que preparar las sales!)

Esto me recuerda acerca de una historia que me contó mi amigo y colega de la Conferencia de Vida Familiar:

> Después de observar a su vecino llevando flores a su mujer cinco noches seguida y abrazarla apasionadamente cada vez, la señora Richards se lo hizo observar a su marido. «Sabes, he observado algo muy extraño. Cada noche esta semana, nuestro vecino ha entrado en su casa con un regalo y un ramo de flores y se lo ha dado a su mujer, besándola al entrar en casa. ¿No es romántico? ¿Por qué no lo haces tú?»
>
> El señor Richards contestó: «No podía hacerlo: ¡Apenas si la conozco!»
>
> Pero, con el paso del tiempo, comenzó a pensar: *Esto debe ser lo que realmente entusiasma a las mujeres.* Salió y compró una gran caja de bombones, y un ramo de las flores favoritas de su mujer. Llegó aquella tarde un poco más temprano de lo usual, y tocó el timbre, y cuando apareció su mujer, la abrazó apasionadamente. Ella cayó postrada al suelo, y él exclamó: «¡Cielos!, ¿qué te pasa?»
>
> Ella contestó: «¡Oh, qué día más terrible que llevo! Nuestro hijo ha traído muy malas notas a casa, mamá ha ingresado en el hospital, el asado se me ha quemado. La máquina de lavar no funciona, y ahora, para acabarlo de arreglar, llegas borracho a casa»

A veces, nuestra cortesía no suscita la reacción que esperábamos, pero vale la pena.

He descubierto que puedo dar gran dignidad a Bárbara haciendo lo que sigue:

- Comprarle un nuevo vestido que *no sea* de rebajas.
- Dando validez a sus emociones escuchando antes de responder.
- Apreciando su sexualidad en lugar de divertirme a su costa con comentarios como «Oh, ¡sólo eres una mujer!»
- Comprando con ella y recogiendo algo que me parece que la hace aparecer como una reina.
- Dándole un fin de semana libre mientras me quedo en casa con los niños, para que pueda ir a comprar antigüedades con sus amigas.

Invierte en la propia imagen de tu mujer descubriendo tus maneras propias y creativas de honrarla. Cuando la honras, se vuelve aún más honorable. ¡Los dos ganáis!

Cuarto consejo de inversión:
Desarrolla sus dones y horizontes como mujer

La vida de Bárbara está llena con la batalla contra la tiranía de lo urgente, afrontando necesidades, negociando disputas de rivalidades fraternales, y haciendo malabarismos con los horarios. La mayor parte de su día se gasta dándose a los otros, y por lo general termina cayendo exhausta en la cama.

Durante años la he observado pasando por este ritual diario de entregar su vida. Siendo perceptivo como soy, finalmente me di cuenta de que sería mejor ayudar a mi dama favorita a expresar algo de su creatividad de alguna otra manera.

Se me ocurrió que mientras estoy tomando clases de gestión y leyendo revistas, libros y diarios profesionales, Bárbara está de continuo ocupada con las necesidades de la familia. Ella me necesita para que me cuide de ella y para que la anime también a crecer y a desarrollarse.

Las Escrituras ordenan que lo haga. Consideremos el conocido pasaje en Efesios 5:25-29, especialmente: «El que ama a su mujer, se ama a sí mismo. Porque nadie aborreció jamás a su propia carne, sino que la sustenta y la trata con cariño, como también Cristo a la iglesia.»

Observemos las palabras que describen lo que debemos hacer por nuestras mujeres: amar, sustentar, tratar con cariño. Todo esto forma parte de la edificación de la vida de tu mujer y del desarrollo de su propia estima.

Primero, ayúdala a crecer como cristiana. Tu mujer es tu discípulo número uno. ¿Alientas el crecimiento espiritual en tu mujer? Es la cosa más sabia que podrías hacer. Cuando tu mujer crece en esta área, no sólo triunfa en la vida, sino que también *tú* te beneficias de ello. Ayúdala a crecer espiritualmente orando regularmente por y con ella —a la hora de ir a dormir, en la mañana antes de irte a trabajar, en horas de la comida. Tú escoges, pero ora. Ello *de cierto* la alentará.

Interactuad con la Palabra de Dios y su aplicación a vuestras vidas individuales, así como para vuestra familia. Alienta a tu mujer a emplear su don espiritual en el servicio a otros fuera de vuestra casa si ella tiene tiempo.

Segundo, desarrolla sus talentos. Toma parte en su vida alimentando el desarrollo de sus talentos latentes. Lo mismo que unas semillas de frutos que nunca han sido plantadas en tierra fértil ni regadas, los dones de tu mujer pueden necesitar de tu cuidado para poder germinar.

Si ya lo has hecho, sabes que responde a esta atención personalizada. Ella se da cuenta de que la valoras y que la ayudas a expandir su vida y a utilizar sus dones de manera que pueda ser más productiva aún como persona. Quizá tu mujer ya tenga influencia sobre otros. ¿Puedes aplicar recursos adicionales para que pueda llegar a ser aún más eficaz?

Tercero, ayúdala a desarrollar nuevos horizontes. La mayoría de nosotros dejamos de prever puntos importantes de cambio en las vidas de nuestras mujeres, como el nacimiento de un hijo, la adolescencia de los hijos, la menopausia y el nido vacío. Cuando tus hijos dejan la casa, tu mujer se encontrará de repente con enormes lapsos de tiempo y atención para dedicarlos a otra causa valiosa. ¿La estás desarrollando hoy para que pueda más adelante asumir algunos riesgos?

Bárbara está siguiendo con la edificación de una visión para su vida que los dos creemos será muy satisfactoria para ella. ¿Por qué no ayudas a tu mujer para descubrir una visión que le vaya a ser significativa? Al ayudarla a mantener claros sus horizontes y enfocados delante de ella, alentarás a su crecimiento y desarrollo. Y después de años de ayudarla a ensanchar su vida, gozarás al contemplar cómo tu mujer alcanza su propia esfera nueva de influencia.

Quinto consejo de inversión: Ayuda en la resolución de problemas

Interesante, ¿verdad? El trabajo consume nuestras energías más creadoras para la resolución de los problemas, nuestro mejor liderazgo y nuestras actitudes más noblemente controladas. El hogar generalmente recibe las sobras. Uno de mis amigos tiene en su despacho una placa que dice: «Guarda un poco para casa.»

Sin duda alguna, tu mujer se beneficiaría si guardases más para casa. Comienza considerando esta pregunta: ¿Qué problema en la vida de tu mujer, si fuese resuelto, la fortalecería de verdad? ¿Se trata de una barrera insuperable en el camino, o sólo de un pequeño peñasco? ¿Cómo podrías quitarlo?

Si quieres ver ganar a tu mujer, has de involucrarte a fondo en la resolución de los problemas que rodean su vida. Si ella se siente desalentada continuamente ante ciertas situaciones, entonces pon toda tu capacidad de liderazgo creativo tras ella, y gentilmente hazle sugerencias para resolver el problema. Aquí tienes algunas ideas:

- Observa cuidadosamente a tu mujer. Observar su vida puede revelar problemas que se pueden aislar y resolver rápidamente.

• Determina los hechos. ¿Cuál es exactamente el problema? ¿De quién es la responsabilidad? ¿Cuál es la causa del problema?

• Discutid juntos vuestras alternativas. Asegurad que descubrís qué es lo que tu mujer cree que es lo mejor para aquella situación. Puede que ella esté demasiado cercana al problema, que pueda saber qué se necesita hacer, y que simplemente necesite tu liderazgo y respaldo para tomar una decisión.

• Ve a Dios en oración. Pídele sabiduría y los recursos para resolver este problema. Cuídate de postergar la acción. Tomad una decisión bajo la dirección de Dios y luego ayuda a tu mujer a llevarla a cabo.

• Evalúa los resultados. Inspecciona lo que sucede. Afina la decisión y su realización por medio de otro análisis exhaustivo acerca de cómo funcionan las cosas.

Un gerente acude donde está su socio, y aplica recursos para suplir allí donde él está más débil. Tú puedes, y deberías, hacer lo mismo por tu mujer. Podría significar que tienes que asumir algunas de sus responsabilidades. ¿Tiene tu mujer alguna área o dos en las que fracasa constantemente? ¿Gestión del tiempo? ¿Presupuestos? ¿Planificación de las comidas? ¿Resolución de problemas en el trabajo o en el hogar? Puedes ayudar. Al escoger desarrollarla en estas áreas, alientas a su crecimiento para hacer frente a la presión. Pero tienes la decisión. O bien la desarrollas para que haga frente a las dificultades, o acudes a su lado para ayudarla a llevar a cabo las tareas. Ella necesita tu ayuda para llegar a ser todo lo que Dios quiere que sea.

Persevera con tu inversión

Puede que estés casado con una mujer muy insegura con una deficiente propia estima. Y puede que hayas tratado ya durante una o dos semanas de ayudarla para que llegue a estar más confiada y más segura, pero debido a que no has visto resultados inmediatos, puedes sentirte desalentado. No abandones. Puede que pasen años antes que comiences a ver florecer a tu mujer, pero vale la pena el esfuerzo y la espera. No cejes en tus esfuerzos.

Una palabra de advertencia. Te sentirás tentado a tomar el camino del mínimo esfuerzo: este camino está siempre repleto de maridos. Pero tendrás una gran compensación si verdaderamente persistes en invertir en la vida de tu mujer.

El rey David comprendió los beneficios de la perseverancia. Cuando comenzó por vez primera a reunir y organizar un grupo de hombres en el desierto, atrajo a «todos los oprimidos, y todo el que estaba endeudado, y todos los que se hallaban en amargura de espíritu».[5] Alrededor de cuatrocientos de estos vagabundos, inadaptados y proscritos respondieron al llamamiento de David para la instrucción militar.

Soy lo bastante realista acerca de la cuestión del liderazgo para comprender que David debió haber tragado saliva cuando contempló este grupo de desharrapados. Sin duda, se sentiría tentado a poner otro anuncio en el diario y reclutar otro grupo. Pero éstos eran los hombres que Dios le daba, de modo que los aceptó y comenzó a invertir su vida en la de ellos. Inmediatamente, comenzó un programa que iba a transformarlos en una banda de soldados disciplinados. Durante más de siete años, David dirigió personalmente su instrucción. Es indudable que el progreso fue lento, que hubo muchos vaivenes, y que la mejora era a veces insignificante. Finalmente, y después de años de perseverancia, surgió una unidad militar de élite, expertos con la espada, la honda, la lanza y el arco y las flechas. En 1 Crónicas leemos acerca de las increíbles hazañas protagonizadas por estos hombres. Empleándolos como el núcleo de su ejército, David echó a todos los invasores extranjeros de Israel. Y aquel grupo de inadaptados llegó a ser conocido como «los héroes de David».[6]

Desde luego, tu mujer no podría ser descrita con unos términos tan míseros como lo fueron estos hombres, pero su vida y su propia estima *pueden* llegar a ser un trofeo de la gracia de Dios. Si quieres invertir el tiempo, la energía y el liderazgo en oración necesarios para edificar en su vida, puede llegar a ser una esposa y mujer más llena de confianza.

Consejos de Bárbara a los maridos

También son de ayuda los consejos de Bárbara acerca de cómo ministrar a una esposa:

- Intenta comprender su papel y sus luchas. (Si trabaja fuera del hogar, comprende su trabajo y las presiones que éste le impone, especialmente con respecto a su papel en el hogar.)
- Verbaliza con frecuencia tu apoyo hacia ella, especialmente en las ocasiones de fracaso y desaliento (asegura que *realmente* la aceptas). Verbaliza libremente tu creencia en ella como persona y en su capacidad y valía.
- Verbaliza tu necesidad de ella y respáldala compartiendo con ella tus temores, fracasos, necesidades, sueños, esperanzas y desalientos. Hazlo de manera cauta si te es cosa nueva.
- Comparte en ocasiones en las que ella pueda escuchar con atención y apreciar tu transparencia. (No compartas algo serio cuando ella está pensando en los niños o en la comida.)
- Obsérvala y encómiala. Dale gracias por las cosas que hace por ti (comidas, la colada, etc.).
- Está dispuesto a ayudarla a solucionar las dificultades en su vida: la disciplina, los problemas con los niños, las relaciones con los amigos y padres, temores, resentimientos, etc.
- Ten paciencia y date cuenta de que edificar o reedificar su propia estima es un proceso de toda la vida. No es una cosa estática. El territorio reconquistado puede perderse si se abandona demasiado pronto.

En muchas maneras, soy una mujer distinta de lo que era el día que nos casamos. Uno de los cambios más significativos ha tenido lugar en mi propia imagen. La buena disposición de Dennis para escuchar y cambiar sus horarios, y sus constantes alabanzas a mí, creencia y compromiso conmigo, han servido para cambiar mi vida de manera literal. Hay esperanza. Al invertir en tu mujer, creo que será grande tu recompensa en el cielo.

Proyecto de edificación de estima

(Usa una hoja de papel si es necesario.)

1. ¿Cuál de las siguientes «inversiones» en la vida de tu mujer debes hacer prioritaria durante el mes que viene?

1. Tratarla como partícipe plena.
2. Protegerla.
3. Honrarla.
4. Desarrollar sus dones y horizontes como mujer.
5. Ayudarla en la resolución de problemas.

2. Revisa la sección de este capítulo que sea de mejor aplicación para tu mujer. Además de la inversión que escojas, haz una lista de qué puntos de acción necesites tomar. Escribe tu estrategia de inversión y establece tus metas.

---

1. Adaptado de Tom Peters, *The Excellence Challenge*, serie de cintas (Waltham, Mass.: EXCEL/MEDIA, INC., 1984).
2. 1 Pedro 3:7b.
3. 1 Pedro 3:7a.
4. 1 Pedro 3:7b.
5. 1 Samuel 22:2.
6. 1 Crónicas 12:21.

Tres secretos para la seguridad

Secreto 1. **Comprende su hombría.**
Secreto 2. **Respeta su persona.**
Secreto 3. **Adáptate a él y a sus sueños.**

16

Asegurando a tu marido

- El tejado derrumbado
- Un tejado es como la propia estima de mi marido
- Escogiendo negarte a ti misma
- Comprendiendo su hombría
- Dale una aceptación total
- Comprendiendo nuestra diferencia de varón y mujer
- Comprendiendo su necesidad de trabajo
- Comprendiendo su necesidad sexual
- Beneficios de la comprensión
- Respetando su persona
- Conoce a una reina digna
- Del palacio de Persia al presente
- Adáptate a él y comparte sus sueños
- Proyecto de edificación de estima

De mujer a mujer: De parte de Bárbara

Nuestros hijos y yo estuvimos observando cómo edificaban un nuevo centro comercial cerca de nuestra casa. Al principio, el progreso era rápido; la finca fue limpiada y los cimientos echados, todo en una semana. Luego subieron las paredes, a lo que siguió rápidamente la edificación del tejado.

Pero un día, la semana pasada, doblamos la esquina y detuvimos nuestra furgoneta mirando incrédulos el espectáculo. Toda la estructura se había hundido. Las vigas de madera yacían en hileras, rodeadas de los restos de las paredes de ladrillo derruidas. Parecía como si hubiese habido una explosión.

Perplejos, preguntamos qué había sucedido. Supimos que los carpinteros habían descuidado asegurar y trabar de manera apropiada la nueva estructura. El tejado del edificio no había quedado trabado, y estaba asegurado en su sitio sólo por unos maderos de dos por cuatro pulgadas. Se había hundido aquel mediodía, bajo el peso de dos carpinteros.

Mientras reflexionaba asombrada acerca de la necesidad de apoyo en la estructura del edificio, vi un paralelo en nuestra vida matrimonial. El tejado es como la propia estima de mi marido. La Escritura enseña en Efesios 5:23 que el marido es «cabeza de la mujer, así como Cristo es cabeza de la iglesia.» Cuando nos casamos, me comprometí a vivir bajo el tejado de la protección de Dennis. Él tenía toda la base estructural, pero era nuevo totalmente en cuanto a ser mi protector. Lo mismo que aquel tejado, parecía estar sólidamente en su sitio, pero él me necesitaba para ayudar a *asegurarlo* —a afianzarlo creyendo en él.

Afortunadamente, acudí a su lado. A lo largo de los años, el peso de las varias presiones de la vida le han causado a veces algunas sacudidas, pero ha permanecido sólido sobre mí como mi tejado, mi protector. Hoy, aunque todavía no está perfectamente seguro, la integridad estructural de mi marido es mucho más estable. Me dice que he jugado un papel principal ayudándole a sentirse más seguro de sí mismo como hombre y como marido.

De la misma manera, tú puedes fortalecer la propia estima de tu marido, pero antes has de reconocer dónde necesita afianzamiento. Hoy día, muchas mujeres están tan dedicadas a buscar su propia identidad que, lo mismo que aquellos carpinteros, hacen suposiciones acerca de la propia confianza y seguridad de sus maridos. Tu cónyuge puede que esté totalmente crecido en lo exterior, pero en su interior es indudable que tiene algún sentimiento de inseguridad. No está tan seguro acerca de cómo ser un hombre en este mundo con una creciente independencia de las mujeres y con las cambiantes normas de relación en la sociedad.

Pero, ¿cómo edifica una mujer la propia estima de su marido? Básicamente, hacer de su responsabilidad como esposa su actividad primordial. Al desarrollar la actitud correcta, una mujer puede hacer frente a las más profundas necesidades de su marido a un nivel humano.

Se ha dicho que «detrás de cada gran hombre hay una gran mujer.»

Una mujer creyó esto de manera literal. Ella y su marido, el alcalde de una gran ciudad, estaban andando un día por la calle de una ciudad cuando un obrero de la construcción en un andamio cercano se inclinó y gritó: «¡Hola, Peggy!» Se volvió a mirar, y reconoció en este hombre a un antiguo amigo del instituto. Devolvió el saludo y tuvieron una breve conversación antes que ella y su marido prosiguieran su camino.

El alcalde se rió entre dientes y le dijo a su mujer: «Mira, si te hubieses casado con él, serías sólo la mujer de un obrero de la construcción.»

Ella lo miró y le dijo: «No, querido; si me hubiese casado con él, *él* sería el alcalde de esta ciudad.»

No importa con quién te hayas casado, Dios quiere que emprendas la construcción de su propia estima. Para ayudarte a comenzar, te recomiendo que hagas tres cosas: (1) Consigue comprender su hombría; (2) aprende el secreto de respetar su persona; y (3) adáptate a él y a sus sueños.

1. Comprende su hombría

El libro de Proverbios es probablemente mi libro favorito de la Biblia, porque contiene tanta sabiduría práctica para la vida diaria. Uno de sus temas principales es el valor de desarrollar el entendimiento.

Si inclinas tu corazón a la prudencia a..., (2:2b).

Te guardará la inteligencia (2:11b).
A la inteligencia llama tu parienta (7:4b).
En el corazón del prudente reposa la sabiduría (14:33a).
El hombre entendido endereza sus pasos (15:21b).
Manantial de vida es el entendimiento al que lo posee (16:22a).

Observemos que el entendimiento no es un fin en sí mismo. Es un vehículo a la sabiduría, a la dirección e incluso a la vida. Te posibilita sentir por otra persona, identificarte con sus luchas y dificultades, y saber lo qué decir y lo qué no decir. En la relación marido-mujer, tu nivel de entendimiento determina con frecuencia tu nivel de aceptación; sin embargo, no es necesario un entendimiento total para la total aceptación que es crucial para edificar la propia estima de tu marido.

En una reciente Conferencia de Vida Familiar me estuve dirigiendo a más de una docena de mujeres que estaban experimentado problemas en sus vidas matrimoniales. Una mujer estaba resentida por el horario de su marido. Otra estaba en desacuerdo con su marido acerca de la crianza de sus hijos. Una tercera era una joven cuyo prometido tenía celos del tiempo que pasaba ella con su hermana.

Mi consejo a todas estas mujeres era básicamente el mismo: Intentad comprender *por qué* tu marido o prometido siente y actúa de esta manera. Céntrate en *él*, no en las circunstancias negativas ni en cómo te afecta a *ti*. ¿Está comunicando mediante su acción alguna profunda necesidad de afirmación, de compromiso o de lealtad?

Dale también tu aceptación completa, incluso si no lo entiendes del todo. Puede que sea necesario pedir a Dios que te ayude a aceptar a tu marido, porque tu situación puede que no sea fácil.

¿Por qué es tan importante para el hombre el ser aceptado? Sin ello, sentirá que le estás presionando para que sea lo que no es. Con ello, sentirá que le amas por lo que es hoy, y no por lo que esperas que llegue a ser mañana.

Comprende las diferencias

Hay tres áreas en las que la mayor parte de las mujeres tienen dificultades en entender a sus maridos. Estas tres áreas son fundamentales para todos los hombres, y conocerlas es esencial si quieres edificar la propia estima de tu marido.

La primera es comprender la diferencia entre varón y mujer. Hoy día se nos enseña que los hombres y las mujeres son simplemente dos «unidades sexualmente intercambiables». Para ayudar al intento de la mujer por lograr la igualdad política y económica con el hombre, muchos expertos han intentado desvirtuar todas las diferencias sociales, emocionales e intelectuales. Estos educadores, sociólogos y psicólogos implican que no hay diferencias entre varones y mujeres, aparte de las evidentemente biológicas.

El resultado es que las mujeres hemos sido engañadas a pensar que nuestros maridos son básicamente como nosotras. Los hombres, lo mismo que las mujeres, han perdido su sensación de maravilla y aprecio por nuestra masculinidad y femeneidad que Dios nos ha dado. Esta visión distorsionada nubla nuestras percepciones acerca de nuestros maridos.

Sin una verdadera comprensión de cómo Dios ha hecho diferentes a nuestros maridos, nos sentiremos tentados a sentirnos resentidas contra ellos por ser «tal como son». Si nos resentimos contra nuestros maridos, finalmente nos resentimos contra Dios por Su designio para la masculinidad de ellos.

He descubierto que al crecer en entendimiento de las distinciones de mi marido como varón, soy menos propensa a ser crítica ante factores potenciales de irritación. Mi coeficiente de comprensión tomó un gigantesco paso adelante cuando leí el libro de la doctora Joyce Brothers, *Lo que toda mujer debería saber acerca de los hombres.*

En su libro, la doctora Brothers confesaba que se sintió atónita al encontrar que las diferencias entre varones y mujeres eran tan inmensas. Dedica todo un capítulo a las diferencias entre los cerebros del varón y de la mujer. Cita repetidas evidencias para demostrar que aunque los cerebros del varón y de la mujer están constituidos de dos partes básicas, un hemisferio izquierdo y otro derecho, la función para cada sexo es muy diferente.

Expresado de una manera sencilla, el cerebro del varón opera específicamente, mientras que el de la mujer opera integralmente. El hemisferio derecho del cerebro de un varón puede operar y opera sin que esté involucrado el izquierdo, y viceversa. El cerebro de la mujer emplea e integra ambos hemisferios de manera simultánea. Así, el hombre puede centrar más su atención a su trabajo o proyecto, mientras que su mujer puede estar captando todo lo que se desenvuelve a su alrededor. Esto hace que ella sea más perceptiva acerca de las personas y de sus sentimientos que su marido, y la capacita, especialmente si es madre, para saber lo que sucede en todas las partes de la casa a la vez.[1]

Ahora comprendo por qué Dennis puede estar leyendo el periódico y no saber que los niños, a pocos metros de distancia, se están aterrorizando mutuamente. En lugar de enfurecerme por su aparente negligencia, me doy cuenta de que un sector de su cerebro está «apagado» y que está siendo él mismo, un varón.

También, cuando llega a casa de trabajar, los niños a veces chillan para atraer su atención, pero no parece oírlos. Les digo: «¡Tranquilizaos, chicos, que papá no está todavía en casa!»

Exasperados, contestan: «Sí, sí que está, mamá, está aquí mismo.»

Pero les digo: «*Nosotros* sabemos que está en casa, ¡pero *él* todavía no lo sabe!»

Dennis me necesita para ayudarle a sintonizarse en casa. Los dos lo sabemos. En el primer incidente que he mencionado, puedo ir a la sala de estar, darle unos golpecitos sobre el hombro y pedirle que resuelva el problema. O puedo hacerlo por mí misma. Pero gracias a esta nueva comprensión de su masculinidad, puedo aceptarle mejor a él y su diferencia. El efecto de sentirse aceptado es una mayor libertad para ser él mismo y una creciente resolución para aprender y cambiar.

La belleza de comprender las diferencias entre varón y mujer es poder ver con mayor claridad el designio detallado de Dios en los dos sexos. Él no creó al varón como más importante que la mujer. Valora a ambos por igual. Pero a fin de reflejar de manera más precisa la Trinidad ante el mundo incrédulo, Dios nos diseñó sabiamente a ambos, varón y mujer, con distinciones innatas para el propósito de cumplir diferentes responsabilidades en el matrimonio. Al vivir estas pautas bíblicas, no sólo reflejamos la imagen de Dios, sino que ambos cónyuges experimentamos asimismo el contentamiento dispuesto en el matrimonio.

Comprende su necesidad de trabajo

Una segunda área de conflicto para muchas mujeres es el trabajo del marido y sus presiones.

Las últimas tres décadas de las nuevas ideologías acerca de los derechos de la mujer han dejado a las mujeres cristianas en un páramo de confusión. Se nos ha dicho que buscásemos la realización personal a costa de marido e hijos si era necesario. La familia, se nos dice, no debería constituir un obstáculo en el camino del yo.

Y en consecuencia, muchas de nosotras, mujeres cristianas, hemos perdido de vista las necesidades de nuestros maridos al concentrarnos en las nuestras. Aunque más del 50 por ciento de las que leéis este libro estéis trabajando fuera del hogar, me gustaría explicar brevemente la importancia del trabajo en la vida de vuestro marido.

El varón recibió de Dios la responsabilidad de afanarse, de sudar y de ganar del trabajo de sus manos. El trabajo del hombre forma parte del propósito rector y director que Dios proclamó en Génesis 1:26: «Señoree en los peces del mar, en las aves de los cielos, en las bestias, en toda la tierra, y en todo animal que se arrastra sobre la tierra.»

Tu marido necesita trabajar a fin de conseguir la satisfacción inherente a ejecutar el propósito expreso de Dios de regir y dirigir la creación de Dios. Su trabajo le da un sentido de dignidad y de importancia en el mundo, al ver cómo sus esfuerzos afectan a la vida en el presente y en el futuro para bien.

Pero este impulso para lo significativo llega a veces a empujar al varón a extremos. En su esfuerzo por lograr un sentimiento de bienestar y dignidad, a menudo queda esclavizado bajo su trabajo. Tratando de ganar importancia por medio de la riqueza o de la posición, hace de su trabajo su dios. Durante cientos de años, los varones han confundido su valor neto con su valía propia.

Por otra parte, un hombre que no trabaje carece de un verdadero respeto propio. En esta era de adicción al trabajo, perder el empleo es un duro golpe para la propia estima del varón. Le golpea en lo más hondo de su dignidad. Un hombre que no trabaja no puede gozar de la satisfacción de un día de sólida productividad.

Tu marido te necesita para que le ayudes a mantener equilibrados estos dos extremos. Necesita que le encomies por su trabajo, pero no que le empujes para conseguirlo demasiado pronto.

Cuando un hombre pierde su trabajo o lo deja, su propia estima se hunde. En estos tiempos necesitas que te pongas a su lado y que le alientes en su esfuerzo para encontrar empleo. Ofrécete a pasar a máquina su *curriculum vitae*, y hazlo de primera clase. Pide su permiso y llama a algunos amigos en tu iglesia que puedan saber acerca de trabajos. Ora por él para que Dios le conduzca a un trabajo en el que pueda emplear sus puntos fuertes y hacer su propia contribución.

¿Qué pasa si está empleado, pero no te gusta su trabajo? ¿Qué pasa si crees que pasa demasiado tiempo ahí? ¿Sigues apoyándolo? ¿No servirá esto sólo para que se enfrasque más en su trabajo?

Hace unos veinte años, Ann Landers recibió una carta de una mujer solitaria y celosa del tiempo que su marido pasaba en un restaurante local. Ella imprimió la carta con esta respuesta:

«Cuando usted comience a ofrecer lo mismo en el menú en casa, puede que pase más tiempo con usted.»

El argumento de la respuesta de Ann es que te hagas más atrayente para tu marido que sus amistades y trabajo. Regañar no lo traerá a casa. Pero comprendiendo la necesidad de tu marido de trabajar y encomiándole te harás más atrayente para él. Puede descubrir que quiere pasar más tiempo contigo y menos en su trabajo, porque su trabajo no puede suplir su necesidad de compañía.

Comprende su necesidad sexual

La tercera esfera que la mayoría de las mujeres no comprendemos realmente es cómo la propia imagen de nuestros maridos está vitalmente ligada a su sexualidad. A veces, las mujeres juzgamos las necesidades sexuales de nuestros maridos en base de las nuestras.

Muchas esposas cristianas expresan su ofensa porque sus maridos sean criaturas sexuales. Esta actitud comunica rechazo hacia el marido. Ignorar sus necesidades sexuales, resistirse a sus caricias sexuales, o asumir una actitud de mera tolerancia, es herir el mismo corazón de su propia estima.

Jill Renich observa esto en su libro, *To Have and To Hold* [Tener y retener]. Dice que para un hombre «el sexo es la demostración más significativa de amor y de valía. Es parte más profunda de su propia persona.»[2]

La doctora Joyce Brothers arroja luz adicional sobre los hombres y su necesidad de sexo cuando escribe: «Con mucho, los varones son más aprensivos cuando se trata del sexo de lo que podría creer una mujer.»[3] Estas declaraciones van contra las creencias populares, ¿verdad? Los hombres modernos son presentados en los medios de comunicación como confiados y sexualmente agresivos.

La verdad es que el hombre corriente se preocupa mucho. Se

preocupa acerca de su manera de actuar, del goce de su mujer y de su capacidad de satisfacerla. Se preocupa acerca del futuro y de todas las historias que ha oído acerca de perder su capacidad de hacer el amor. Esta preocupación es una señal de una baja confianza en sí mismo. Así, un hombre que se sienta fracasado en el lecho matrimonial pocas veces tendrá el respeto profundo y permanente hacia sí mismo que anhela.

Pero, como dice Jill Renich, «Recibirle con gozo y compartir el placer sexual edifica en él un sentimiento de ser valioso, deseable y aceptable.»[4]

Habla abiertamente con tu marido acerca de esta área de vuestra relación. Cuéntale tus temores, tus preocupaciones, tus falsos conceptos. Permite que te rescate de todos ellos al compartiros la verdad. Pero no le digas nada si sólo estás montando una excusa para dar razón de que no quieres cambiar. Si no estás dispuesta a arriesgar un cambio, lo haces vulnerable a que busque satisfacción a sus necesidades en otra parte.

Pero, ¿qué sucede si tu marido expresa pocas necesidades sexuales? ¿Te sientes superficialmente feliz porque significa menos riesgo para ti? ¿O estás aceptando su indiferencia, o incluso te resientes de ella, sin tratar de comprender por qué?

La doctora Brothers hace frente también a esta cuestión. La llama aburrimiento sexual —complacencia en el dormitorio. Escribe:

> El aburrimiento sexual es un elemento principal en las «fracturas de los veinte años», aquellos divorcios que tienen lugar cuando los hijos han crecido y el marido y la mujer se encuentran solos por primera vez en años. Si se ha perdido el sexo en medio de la actividad de criar a los hijos y de la edificación de la profesión, y si un hombre se encuentra con una mujer más joven que le encuentra atractivo, es enormemente vulnerable. No sólo a causa de su aburrimiento y de la dificultad de ajustarse a la vida de nuevo como pareja, sino también porque él se encuentra en un tiempo de la vida en el que el cambio por

el gusto del cambio le parece bueno de todas formas. Demasiadas mujeres aceptan la disminución de interés de sus maridos en el sexo sin pararse a pensar cuál podría ser la causa de esta pérdida de interés.[5]

Tu marido puede carecer de interés en su relación sexual contigo por alguna de las siguientes causas:

- Puede que esté demasiado ocupado. Muchos hombres adictos al trabajo se quedan sin fuerzas para el hogar.
- Puede que esté sepultando su impulso sexual, junto con muchas otras emociones. Es necesario que tú o un buen consejero cristiano comencéis a ayudar a que se abra.
- Puede que esté sufriendo una depresión, lo cual también elimina otros impulsos básicos.
- Puede que sienta un profundo temor de un rechazo adicional si le has comunicado rechazo de alguna manera en el pasado.
- Desafortunadamente, puede que esté envuelto en una relación con otra mujer.

Las mujeres, por lo general, están mentalizadas hacia la seguridad, pero demasiadas veces la necesidad de seguridad de la mujer la lleva a una rutina sexual. Puede que su marido no diga mucho, pero ella da por supuesto que él está también satisfecho. Pero puede que no lo esté. Cuidado con la complacencia. Debes estar dispuesta a hacer algún sacrificio personal para proteger tu vida matrimonial del aburrimiento sexual.

Un gran sacrificio comunica que hay un gran amor. Darte libremente a tu marido le atraerá mucho a ti, y le atraerá a casa, guardándolo seguro. La mujer que realmente ama a su marido preferirá asumir riesgos para agradar a su marido.

Cuando paséis tiempo juntos físicamente, asegúrate de tranquilizar verbalmente a tu marido dándole tu aceptación incondicional, especialmente si se siente inseguro en esta área. Dile que te gusta su cuerpo y que sus imperfecciones y errores no te importan. Su confianza crecerá si le das la libertad de ser él mismo y de ser imperfecto.

Agradar sexualmente a tu marido significa edificar su sentimiento de valor como hombre. Él se sentirá necesitado, satisfecho y confiado. Experimentará la protección que el matrimonio tenía la intención de proveer frente a las tentaciones del mundo.

Beneficios de la comprensión

Comprender a tu marido y su diferencia, su necesidad de trabajo y su sexualidad te capacitará para aceptarle con más disposición.

Cuanto más le comprendas, tanto más podrás:

- ayudarle a poner la vida en su contexto apropiado cuando se reproche algo a sí mismo;
- ayudarle a comprender su propia humanidad, sus fracasos y fragilidad;
- ayudarle a aprender a reírse de sus debilidades y del proceso de envejecimiento (riéndote con él, pero nunca de él);
- ayudarle a ver su progreso positivo recordándole cuán lejos ha llegado ya.

Comprenderlo te hace valiosa

Al conseguir comprender y dar aceptación, tu cónyuge desarrollará la confianza de ser vulnerable emocionalmente. Se sentirá más libre para expresar sus temores, tristeza, ira y afecto. Llegarás a ser su haber más valioso y te atesorará, confiará y reposará en ti.

Tú experimentarás la verdad de Proverbios 14:1: «Toda mujer sabia edifica su casa; pero la necia con sus mismas manos la derriba» (V.M.).

2. Respeta su persona

Parte de la instrucción específica de Dios a las mujeres se encuentra en Efesios 5:33b: «La mujer respete a su marido.» La Biblia Amplificada inglesa traduce así este versículo: «Y que la mujer respete a su marido —que le observe, considere, honre, prefiera, venere y estime; y que le dé preferencia, alabe, ame y admire en gran manera.»

¿Por qué se centra Dios en esta cualidad de respeto? ¿Por qué no seleccionó otros rasgos positivos y necesarios, como gentileza, simpatía o perdón? ¿Por qué no se hace énfasis en el amor en el caso de las mujeres?

Creo que Dios, como diseñador de los varones, sabía que serían edificados al ser respetados por sus mujeres. Cuando una mujer respeta a su marido, éste se da cuenta —recibe apoyo por ello— y queda fortalecido por ello.

Tu marido precisa y necesita hacer una contribución en la vida que sea digna del respeto de los demás. Necesita saber que tú crees que él es importante. Sin tu respeto, él no se podrá respetar a sí mismo. Tú eres su espejo. Cuando expresas tu respeto, se siente valioso y estimado. Has asegurado más fuertemente su propia imagen.

Conoce a una reina digna

El Antiguo Testamento contiene una maravillosa historia acerca de un matrimonio de gran respeto. Es como una historia de hadas hecha realidad.

El libro de Ester nos cuenta de una celebración hecha por el Rey Asuero (o Jerjes), gobernante del imperio de Persia. Como gran final para los festejos, el rey hizo un generoso banquete para todos los habitantes de la capital, Susa. Llamó a su reina, Vastí, para que acudiera «con la corona regia, para mostrar a los pueblos y a los príncipes su belleza; porque era muy hermosa» (1:11). Pero la Reina Vastí rehusó.

En lugar de obedecer esta petición, la Reina Vastí actuó con «poca estima» (vv. 17, 18). Dejó a su marido en situación desairada delante de toda la población de la capital. Así que, según la costumbre de los tiempos, fue despojada de su posición de honor. Comenzó la búsqueda de una nueva reina, que fuese más digna.

Ester fue seleccionada de entre las mujeres más hermosas del reino para que fuese la nueva reina. Según la historia prosigue, descubrimos que Ester era algo más que una joven hermosa. Su carácter digno se revela al cambiar repentinamente la romántica narración en un drama.

La Reina Ester es informada por su tío de un complot para destruir a todos los judíos viviendo en el reino. El tío Mardoqueo apremia a Ester a ir ante el rey y a rogarle por su pueblo. La joven reina se encuentra con una difícil decisión. Sabe que las reglas y leyes de palacio dictan que nadie puede acudir ante el rey sin ser llamado (4:11), y sabe lo que le sucedió a la reina anterior. Pero estaba dispuesta a arriesgar su posición para un bien más elevado (4:14-16).

En su decisión de acercarse a él, hay varias cosas evidentes acerca de su relación con su marido el rey. Primero, no era presuntuosa. Ella acudió delante de él como su reina, llevando sus ropas regias, pero acudió humilde y se quedó parada y esperó (5:1). No entró impetuosamente en el salón del trono. Aunque tenía una relación con el rey, no abusó de este privilegio. Y Dios la honró. Cuando el rey la vio en pie en la entrada, la llamó y la recibió de buena gana. Ester fue sabia en su elección del momento y respetuosa en su actitud.

Segundo, respetó a su marido y su posición como rey. Al aproximarse al trono, tocó su cetro de oro, mostrando que reconocía su autoridad y poder.

Ester nunca dejó que su respeto disminuyese. No le presentó de repente todos los hechos ni le abrumó tan pronto como estuvo en su presencia. Exhibió su gran respeto hacia su marido dos veces antes de decir siquiera una palabra.

Tercero, Ester comenzó su contestación a su marido: «Si place al rey, ...» (5:4). En las otras dos conversaciones registradas entre este rey y reina, la misma declaración inicia sus observaciones. Ésta *no* era una mera formalidad oficial, sino una expresión genuina ante Asuero de su compromiso global, respeto y sumisión a él como su marido y su autoridad.

A lo largo de los años en nuestro matrimonio, ha habido muchos temas difíciles que he creído necesario presentar a la atención de Dennis. No tenía la seguridad de qué decir. En ocasiones, temía su respuesta. Pero, a lo largo del camino, aprendí lo que conocía la Reina Ester acerca de enfocar temas candentes en el seno del matrimonio.

Aprendí a esperar pacientemente para un momento apropiado. También descubrí la importancia de iniciar mis declaraciones con comentarios de este tipo:

«Tengo algo que decirte. ¿Te parece bien ahora?»

«Quiero que sepas que te quiero y que estoy a tu lado y que creo en ti.»

«Puede que esté equivocada, y si lo estoy, quiero que me lo digas, pero me parece ...» o «Tengo la sensación de que...».

Lo que trato de hacer, y creo que Ester lo hizo también, es asegurar a Dennis mi respetuosa lealtad a él como mi cónyuge y autoridad antes que le presente mi cuestión. Hay ocasiones en las que le hablo con franqueza acerca de sus debilidades y cómo ellas me afectan, pero él puede escuchar mucho mejor dispuesto debido a mi lealtad y seguridades verbales. Sabe que incluso si nada cambia, permanezco a su lado.

Desde el palacio de Persia hasta el presente

Como mujeres, no necesitamos alcanzar la realeza para volvernos como la Reina Ester. Una corona con joyas y un ropaje regio no hicieron de ella una verdadera reina: fue su actitud. Ester nos muestra la importancia de ser estudiantes perceptivas de nuestros propios maridos. Ella conocía bien al suyo. Reconoció su posición y autoridad y escogió darle honra, alabanza y estima.

La vida ha cambiado desde los tiempos de Ester, pero el respeto de la esposa para con el esposo sigue siendo esencial. Cada marido ha recibido autoridad de parte de Dios. Tanto si el reino de tu marido es muy pequeño como si es grande, necesita enormemente tu respeto por lo que es y por lo que hace. Al darle libremente ese respeto, le afirmas en el mismo núcleo de su ser. Él se siente orgulloso de ser hombre. Su propia estima queda más firmemente establecida sobre un sólido fundamento.

Quizá estés pensando: «Pero veo poco que respetar, por no decir que nada.» Quizá seas como la joven madre que conozco, cuyo marido bebía mucho y pasaba poco tiempo con sus hijos. A ella le costaba mirarlo con respeto y honor. Un cambio deliberado de enfoque desde sus puntos débiles a sus pocos puntos fuertes la capacitó para ver a su cónyuge bajo una luz positiva. Adoptar una mejor perspectiva puede también ayudarte a ti para estimar a tu marido.

Cuando fotografiamos un paisaje extenso, es imposible centrarse simultáneamente en las flores en primer plano y los montes en el fondo. De modo que el fotógrafo ajusta las lentes de la cámara para enfocar su área de interés. Cuando la fotografía queda revelada, incluso las malas hierbas del campo se ven bien en el contexto de toda la fotografía.

De manera similar, al contemplar a tu marido, has de escoger tu enfoque. Mirar continuamente sus fallos afectará de manera negativa tu percepción global de él. Sin embargo, puedes desenfocar la imagen de estas debilidades de modo que apenas si te darás cuenta de ellas, y puedes enfocar claramente las cualidades positivas, haciendo que se desarrolle un respeto genuino.

La Escritura dice: «Todo lo que es verdadero, todo lo respetable, todo lo justo, todo lo puro, todo lo amable, todo lo que es de buena reputación; si hay virtud alguna, si algo digno de alabanza, en esto pensad» (Filipenses 4:8, 9). Da atención a las cosas admirables en tu marido, en lugar de a las negativas. Entonces podrás darle el respeto que edificará su propia estima.

3. Adáptate a él y a sus sueños

El camaleón es destacable por su capacidad de cambiar de color y fundirse con su medio. Esta capacidad es su principal medio de protección. Un camaleón puede ser considerado de dos maneras. Primero, podríamos menospreciarlo por su falta de carácter. Después de todo, cualquiera que cambia tan fácilmente no sabe lo que quiere ser. Cambiar constantemente para adaptarse al medio podría ser considerado como siendo superficial y sin personalidad, careciendo de una propia identidad constante.

O podríamos considerar que este cuadrúpedo es sabio. No pierde su identidad como camaleón cuando cambia de verde a pardo. Sólo está protegiéndose de daños y peligros potenciales. Considerado de manera positiva, este humilde reptil se transforma en inteligente, creativo y competente.

Naturalmente, el camaleón no tiene la capacidad de escoger que nosotras las mujeres tenemos acerca de adaptarnos. No tiene libertad. Hace de manera instintiva aquello para lo que fue creado. Ilustra que adaptarnos a nuestros maridos es más que «cómo hacerlo». Es también cuestión de perspectiva.

Una vez le preguntaron a Leonard Bernstein, el famoso director de orquesta: «¿Cuál es el instrumento más difícil de tocar?»

Él contestó: «El segundo violín. Puedo conseguir muchos primeros violines, pero para encontrar uno que toque el segundo violín con tanto entusiasmo, o el segundo trombón, o la segunda flauta, aquí tenemos el problema. Pero si nadie toca el segundo, no tenemos *armonía.*»

Crear una armonía en tu matrimonio demanda adaptación. Adaptarse significa aclimatarse, naturalizarse, acostumbrarse a, familiarizarse con. Cuando una mujer se adapta a su marido, no pierde por ello su identidad, como algunos dirían. En lugar de ello, la ensancha. Al dar, no se vacía por ello, sino que se *expande*, del mismo modo que el segundo violín enriquece la música del primer violín.

Adaptarse es ser una ayuda idónea, no una criada. Es ser un complemento para tu marido, no una competidora. Tu posición como ayuda no fue designada por Dios como cosa inferior. ¿Has observado que en el Nuevo Testamento Jesús se refirió al Espíritu Santo como «Ayudador»? Este título no le hace un miembro inferior de la Trinidad. Dios se refiere a Sí mismo como ayudador en otros pasajes (Salmos 54:4; 30:10; 33:20). El término «ayudador» identifica Su papel; describe Su relación con el hombre.

De la misma manera, el papel de esposa no es menos significativo que el de marido. Los términos usados para describir nuestra función meramente nos dicen *cómo* deberíamos relacionarnos con nuestros cónyuges. No tienen nada que ver con nuestro valor como mujeres.

Es un llamamiento especial el de acudir al lado de un hombre, adaptarse a él, y ayudarle a que llegue a ser todo lo que Dios ha designado. Es un privilegio que no debería ser menospreciado. Sé una partícipe involucrada en tu vida matrimonial. Expresa tus convicciones, opiniones e ideas. A fin de conducir de manera inteligente a tu familia, tu marido necesita tu aporte. Pero mantén el delicado equilibrio de ser una ayuda idónea sin usurpar su liderazgo. Adaptarte a tu marido le da la libertad de conducirte a ti y a tu familia, y le hace más fácil a él seguir a Dios.

Comparte sus sueños

A través de los años, mientras he tratado de cumplir mi papel como esposa, en ocasiones me he debatido con el sentimiento de que mis deseos y sueños se estaban perdiendo en todo el ajetreo. En muchas ocasiones me ha sido difícil adaptarme a mi marido, respetarlo, e incluso comprenderlo. A veces el sacrificio parecía demasiado grande. En estos casos, sentía como si Dios me estuviese conduciendo adonde yo no había decidido ir y a lo que yo no tenía capacidad, debido a Su voluntad para Dennis.

Durante aquellos tiempos, las siguientes creencias me capacitaron para mantener la perspectiva positiva correcta y para ver con mayor claridad mi situación.

1. Creo firmemente en la soberanía de Dios, y estoy segura de Su amante dirección para mi vida.

2. Creo que Dios me condujo soberanamente al matrimonio. Como resultado, he decidido someter mi vida no sólo a la autoridad de Dios, sino también a la de mi marido.

3. Estoy convencida de que Dios sigue guiándome soberanamente a través de mi matrimonio, lo mismo que cuando estaba soltera. La voluntad de Dios para mí no queda estorbada por mi estado matrimonial.

4. Mientras que mucha de la voluntad de Dios para mí es una consecuencia de Su voluntad para Dennis, creo que no soy un remolque ni un apéndice. Somos partícipes; somos uno. La voluntad de Dios para *él* es la voluntad de Dios para *mí*.

Quizá tu marido tenga sueños de otras maneras en que querría emplear su vida y capacidades. ¿Sabes cuáles son? ¿Se siente libre para hablar contigo acerca de nuevas ideas? ¿O ignoras o menosprecias sus pensamientos porque no te gustan, o porque exigirían que abandonases alguna de tus metas, o porque crees que de todas formas son imposibles? Quizá tenías miedo de lo que le costaría a él cumplir su sueño (una mudanza, tu carrera, pérdida de amigos, mayores riesgos financieros, presiones de tiempo, etc.).

Proverbios 20:5 dice: «Como aguas profundas es el consejo en el corazón del hombre; mas el hombre [eso es, varón o mujer] entendido lo alcanzará.» ¿Conoces tú qué planes o sueños o visiones yacen en el corazón de tu marido?

Un hombre que se sienta libre de compartir las profundidades de su corazón con su mujer, sabiendo que ella escuchará sin criticarle, y sabiendo que está dispuesta a adaptarse a todo lo que él quiera hacer con su vida, es un hombre que queda libre para llegar a ser todo lo que Dios quiso y todo lo que Dios ha planeado.

Necesita años para llegar a ser un hombre

Han pasado seis meses desde que comenzó a subir el pequeño centro comercial cerca de nuestra casa. Está ya casi acabado a pesar de su primer revés. Ha habido cambios y modificaciones estructurales. Algunos de estos cambios han sido externos, evidentes para nosotros cuando pasábamos cerca. Se hicieron también otras mejoras estructurales, pero eran de carácter interior, y no podían verse desde el exterior.

Tu marido, lo mismo que aquel centro comercial, sigue estando en construcción. Su propia estima precisará de tiempo, modificaciones y mejoras. Interiormente, tu actitud de aceptación, respeto y adaptación son todas ellas esenciales para su integridad estructural como hombre. También importa tu conducta exterior, porque tus palabras y acciones *pueden* ayudar a construir un hombre seguro.

Recuerda: se precisa de años para que un hombre llegue a ser un marido fuerte. Sé paciente con él. Pon a un lado tus altas expectativas de cómo el marido fantasma conduciría espiritualmente a su familia, o se comportaría socialmente, o actuaría intelectualmente. Mantén tu esperanza en Dios, no en tu hombre. Entonces no quedarás frustrada.

Proyecto de edificación de estima

(Usa una hoja de papel si es necesario.)

1. ¿Cuál de estas actitudes son las que encuentras más difíciles de mostrar a tu marido?

_____1. Comprender su hombría
_____2. Comprender su necesidad de trabajo
_____3. Comprender su necesidad sexual
_____4. Respetarle
_____5. Adaptarte a él
_____6. Compartir sus sueños

2. Da una lista de tres razones

____

____

____

3. ¿Qué puedes hacer acerca de esta área del problema? ¿Orar? ¿Cambiar tu enfoque? ¿Otras cosas?

____

____

4. ¿Cuáles son los sueños y metas de tu marido? Haz una lista de tantos como puedas pensar. Entonces pídele una tarde que mire tu lista y que vea hasta qué punto estás en lo cierto.

5. Pregúntate a ti misma: «¿Estoy realmente dispuesta a que él llegue a ser y hacer todo lo que Dios ha planeado? ¿Qué es lo que más temo? ¿Una mudanza (cerca o lejos)? ¿Un cambio en nuestras finanzas? ¿La posición que yo tendría que desempeñar como consecuencia de la posición de mi marido? En oración presenta a Dios esta área de temor e inseguridad. Pídele que te libere de esta inquietud personal para que no seas un obstáculo en el plan de Dios para la vida de tu marido, sino una verdadera ayuda idónea bíblica.

1. Adaptado de Joyce Brothers, *What Every Woman Should Know About Men* (New York: Ballantine Books, 1981), págs. 29-34.
2. Jill Renich, *To Have and To Hold* (Grand Rapids, Mich.: Zondervan Publishing House, 1972).
3. Brothers, *What Every Woman*, pág. 147.
4. Renich, *To Have*, pág. 55.
5. Brothers, *What Every Woman*, pág. 154.

17

Mantén tu antorcha ardiendo

- El paseo de veinte kilómetros
- Perseverancia y cambio
- Perseverancia y progreso
- Perseverancia y propósito

Nuestra buena amiga Mary Graham nos contó esta conmovedora historia que ella vio desarrollarse en las Olimpiadas de Los Ángeles de 1984.

Con el Coliseo lleno a rebosar y todo el mundo mirando, comenzó la marcha de veinte kilómetros. Difícilmente comparable con los esfuerzos de Edwin Moses por permanecer imbatido, y con las cuatro medallas de oro de Carl Lewis, el acontecimiento comenzó con alrededor de cincuenta competidores. Debían dar siete vueltas al Coliseo, y luego salir de la pista de cuarto de milla y competir por las calles de Los Ángeles durante las siguientes dos horas y media.

Habiendo finalizado sólo tres vueltas, el competidor de El Salvador comenzó a retrasarse de los otros competidores por una gran distancia. En la cuarta vuelta, fue adelantado por todos los otros participantes en la carrera. Mientras los otros competidores salían agrupados del estadio después de finalizar la séptima vuelta, el joven moreno aún tenía que hacer dos vueltas. Pero la multitud le aclamaba, y al pasar cada sección de las tribunas, aclamaban: «¡El Salvador! ¡El Salvador!» Finalmente, salió del Coliseo.

Dos horas y media después, el grupo de marchadores volvió a entrar en el Coliseo, y, naturalmente, uno de ellos se alzó con la victoria. Le dieron su medalla de oro, y lo coronaron con un sombrero, mientras la multitud aplaudía calurosamente su gesta.

La multitud se dispuso luego a ver la carrera de 10.000 metros. Veinte minutos después de haber comenzado la carrera, se unió a los veinte competidores en la pista otro hombre —el marchador de El Salvador. La multitud rugió su aprobación mientras éste marchaba por la pista oval, evitando a los corredores de la carrera que entonces estaba en marcha.

Luego la multitud se levantó sobre sus pies cuando otro marchador entró en la pista del estadio. ¡El decidido marchador de Centroamérica, con dos vueltas de desventaja cuando había salido del Coliseo, había pasado a este otro marchador durante la competición! Al unísono, más de 100.000 personas se pusieron a corear «¡El Salvador! ¡El Salvador!» mientras el joven terminaba el trayecto —y caía derrumbado.

La ambulancia se apresuró a acudir donde él estaba, pero en lugar de llevar al joven marchador directamente a la salida adónde había llevado a otros atletas agotados, el conductor hizo una «vuelta de victoria» para aquel joven olímpico. La multitud se enardeció. Vitorearon y aplaudieron al valiente cuyo nombre ni conocían. No importaba quién hubiese ganado la carrera. El joven de El Salvador había persistido y acabado.

De manera similar, Dios nos ha dado una carrera en la vida. Debemos correrla de tal manera que podamos resistir, para que podamos acabar la carrera que es puesta delante de nosotros.

El libro de Hebreos nos da un sobrio reto: «Por tanto, nosotros también, teniendo en derredor nuestro tan gran nube de testigos, despojémonos de todo peso y del pecado que nos asedia, y corramos con paciencia la carrera que tenemos por delante, puestos los ojos en Jesús, el autor y consumador de la fe, el cual por el gozo puesto delante de él soportó la cruz, menospreciando el oprobio, y está sentado a la diestra del trono de Dios. Considerad, pues, a aquel que ha soportado tal contradicción de pecadores contra sí mismo, para que no desfallezcáis faltos de ánimo.»[1]

Mira a Cristo cuando intentes edificar a tu cónyuge. Él no te defraudará. Él *en verdad* responde a la oración. Él *en verdad* está obrando en tu cónyuge. El *en verdad* sabe lo que está haciendo. Confía en él y manténte creciendo fuerte en Él. Sin Jesucristo, nadie puede perseverar en correr la carrera. Él es nuestra esperanza.

Perseverancia y cambio

Mientras trabajas tenazmente por elevar la propia estima de tu cónyuge, no esperes cambios de la noche a la mañana. Un proverbio chino dice: «Un viaje de mil millas comienza con un primer paso.» El cambio permanente pocas veces ocurre de manera inmediata, pero puede tener lugar si eres fiel en hacer lo recto.

Ten cuidado, no abrigues unas expectativas demasiado altas. Las circunstancias cambian, lo mismo que las personas. El proceso puede parecerse a escalar las Rocosas —subes a un contrafuerte, sólo para encontrar otra montaña delante de ti. Así es la vida. Pero harás poco progreso en tu vida matrimonial excepto dándote del todo. Te animamos a que sigas escalando.

En nuestras Conferencias de Vida Familiar, nos gusta preguntar a la gente: «Si tuvieses cinco ranas sobre un tronco y tres de ellas decidiesen saltar, ¿cuántas ranas quedarían sobre el tronco?»

La respuesta es: *cinco.*

Quedan cinco ranas en el tronco, porque hay una diferencia entre *decidir saltar* y *saltar*. El compromiso nunca debe quedar separado de la acción.

Mientras leías estas páginas, puede que hayas visto un par de estrategias que deberías haber ejecutado, pero no lo has hecho. Parecían demasiado arriesgadas. Pero el compromiso exige asumir riesgos, y el riesgo edifica confianza y fe en tu relación con Dios. ¿Por qué no ejercitas este músculo y «saltas»?

Perseverancia y progreso

La propia imagen de tu cónyuge, lo mismo que la tuya, es progresiva. Esto significa que ambos estáis en un proceso. Se necesita tiempo. Una vida entera. Pablo escribe: «Y todos nosotros, mirando a cara descubierta como en un espejo la gloria del Señor, *vamos siendo transformados* de gloria en gloria a la misma imagen, ...» (énfasis añadido).[2] Dios está obrando. Nosotros no veremos el producto acabado hasta que estemos delante de Él y le veamos cara a cara, pero estamos siendo transformados a la semejanza de Su imagen.

Y este proceso beneficia a otros, además de a ti. Tus hijos necesitan ver un matrimonio armonioso ejemplificado por sus padres. Necesitan veros a los dos, personas imperfectas que sean vasos del perfecto amor de Dios, persistiendo después de haber fallado. Necesitan aprender de vuestro ejemplo.

Según vuestros hijos os vean creciendo en vuestra propia estima, experimentarán más seguridad y desarrollarán también su propia imagen. Una cosa muy importante, podrán obedecer y seguir a Cristo a través de su vida sin verse aprisionados por sus propios sentimientos de insuficiencia y de inseguridad.

El mundo se beneficia también de vuestro ejemplo. Está para perecer. Pero vosotros sois la sal y luz del mundo para vuestros vecinos, compañeros de trabajo, familia y amigos.[3] Para ellos, vuestro matrimonio puede ser el más brillante reflejo de cómo es Dios. De hecho, al pasar al siglo veintiuno, vuestro matrimonio podría llegar a ser uno de los medios más grandes de testimonio en nuestra sociedad.

Perseverancia y propósito

Finalmente, según vayas corriendo tu carrera, mantén claras tu dirección y visión. Por cuanto sois copartícipes para toda la vida, moviéndoos juntos hacia una meta común, podéis soportar la carrera. Como pareja, entregaos a la maravillosa persona de Jesucristo y a vuestro amor hacia Él. Cortad las amarras del mundo y de todos sus seductores disfraces, y aferraos a la imperecedera voluntad de Dios.

También, como pareja, invertid vuestras vidas en otros. Enseñadles cómo edificar la propia estima del cónyuge. Instruidles que dejen una herencia a los que les sobrevivan. La Gran Comisión de Jesucristo sigue siendo la causa más grande que se haya presentado ante el mundo. Id. Predicad. Enseñad. Compartid a Cristo con todos los que escuchen.

Quien sabe, algún día, cuando seáis llevados al cielo, puede que os encontréis con una multitud de ángeles, santos y amigos, que os han estado vitoreando mientras corríais la carrera, juntos, aquí en la tierra. Su aplauso, junto con el gesto de aprobación de Aquel que lo conoce todo, os dirá que vuestra fidelidad no fue en vano.

Para información acerca de otros libros y cintas por los mismos autores, escribidnos:

Dennis y Bárbara Rainey
Campus Cruzade For Christ
P.O. Box 23840
LITTLE ROCK, AR 72221
Estados Unidos de Norteamérica

---

1. Hebreos 12:1-3.
2. 2 Corintios 3:18.
3. Véase Mateo 5:13-16.

Apéndice

Cómo conocer a Dios

El trágico terremoto de 1985 de la Ciudad de Méjico arrebató cientos de vidas, pero en medio de los cascotes y de la ruina surgieron incontables historias acerca de cómo se habían conseguido milagrosos rescates. Uno de estos rescates fue el de Rubén Vera Rodríguez, un administrativo de 38 años que fue sepultado bajo cuatro plantas de ruinas durante casi cuatro días.

«Su prueba comenzó a las 7.18 de la mañana del jueves, cuando la primera onda de choque recorrió la ciudad. Estaba trabajando en el tercer piso de uno de los edificios del Ministerio de Trabajo y de Bienestar Social.

»Las paredes se doblaron, los pilares se deshicieron, y las cuatro plantas encima de él se derrumbaron. Él cayó al suelo. El techo se detuvo a medio metro del suelo. Él había caído cabeza abajo, con los pies hacia arriba. "No podía mover ni un pie", dijo. "No podía levantar ni un brazo. Estaba sepultado vivo."

»Vera Rodríguez oyó a otros empleados de la oficina chillando pidiendo ayuda, y el ruido de cascotes siendo removidos. Pensó que lo rescatarían pronto, pero pasaron dos días sin recibir ayuda. Las voces de sus colegas cesaron.

»Desde el primer día que quedó atrapado, había visto luz desde arriba reflejada delante de él. Así que, desgarrando su carne, fue deslizándose en dirección de la luz. Constante y penosamente fue arrastrándose hacia el tejado. De vez en cuando se detenía e intentaba reunir su energía para otro esfuerzo.

»Cuando la luz disminuía, sabía que se hacía oscuro. Pero seguía reptando. Estaba a unos tres metros de la abertura cuando su avance se vio cerrado por una losa de cemento y una barra de acero. Entonces gritó: «¡Aquí, aquí arriba! ¡Ayúdenme, por favor! ¡Por favor!

»"Los que trabajaban en las tareas de socorro quedaron asombrados. Estaba vivo..." Después de una hora de cavar, fue liberado. "Me sentía como saliendo del vientre. Los trabajadores bromearon acerca de cómo había vuelto a nacer, de cómo había recibido nueva vida. Y así era."»[1]

Lo mismo que Vera Rodríguez, puede que te sientas atrapado. Atrapado debajo de los cascotes de una vida que ha ignorado lo que Dios y Su Palabra tienen que decir acerca de cómo vivir.

Puede que hayas vivido una vida religiosa, pero por alguna causa tu religión no te ha provisto la satisfacción y plenitud que piensas que debiera —algo te falta, y te sientes atrapado.

O quizá te sientas atrapado en un matrimonio que es menos que lo mejor, y te has vuelto a este libro en busca de soluciones, pensando: «Puede que Dios tenga algunas soluciones para mi vida, de todos modos.»

Quizá hayas visto cómo todo lo que tocas «se convierte en oro», y que sin embargo te sientes tan encerrado por las «cosas» que no te han dado la satisfacción que esperabas que te darían.

O quizá te comparas con un amigo que se llama a sí mismo «cristiano». Tu amigo es diferente. La vida no le acosa; no se encuentra debajo de un montón; y parece poder hacer frente a las dificultades de la vida con una perspectiva distinta a la tuya.

No importa qué es lo que te haga sentirte atrapado, debes estar buscando ser aquello para lo que Dios te hizo, o no estarías leyendo este libro. Y quizá, mientras leías este libro, te has vuelto consciente de que para poder edificar la vida de tu cónyuge, debes estar más cerca de Dios de lo que estás ahora. De hecho, puede que te hayas dado cuenta de que necesitas a Dios en tu vida. Punto. Necesitas conocer personalmente a Dios.

Si has llegado a esta conclusión, entonces estás muy cerca de ser «rescatado» y de ser «verdaderamente nacido de nuevo», pero de una manera muy distinta de la de Vera Rodríguez. Deja que te expliquemos cómo puede suceder.

La realidad

Una de las más grandes realidades que las Escrituras enseñan es el amor de Dios para cada persona. Considera estas afirmaciones:

> Porque a mis ojos eres de gran estima, eres honorable, y yo te amo (Isaías 43:4b).
>
> Con amor eterno te he amado; por tanto, te he atraído a mí con mi gracia (Jeremías 31:3b).
>
> Yo os he amado, dice Jehová (Malaquías 1:2a).

El amor de Dios para nosotros se hace patente a todo lo largo y ancho de la Biblia, y también es evidente que Él desea que vivamos una vida llena de significado y de compensaciones. Jesús dijo: «Yo he venido para que tengan vida, y para que la tengan en abundancia» (Juan 10:10b).

Por cuanto es cosa cierta que Dios nos ama, y que Él desea que experimentemos Su propósito último para nuestras vidas, entonces ¿a qué se debe que muchos en la actualidad no experimenten el amor de Dios y la vida que Él ofrece? Y por cuanto Dios *quiere* una relación con cada persona, ¿por qué entonces no todos la tienen de manera automática?

¿Qué es lo que separa a las personas del amor de Dios en la actualidad?

Los cascotes

En los primeros momentos después que las paredes se hubiesen derrumbado y que se asentase el polvo, Vera Rodríguez no comprendía plenamente la gravedad del aprieto en que se encontraba. No se dio cuenta de inmediato de que estaba atrapado sin remedio bajo cuatro plantas de acero retorcido y cemento. Después de esperar dos días para que viniese ayuda, comenzó a trabajar denodadamente durante otros dos días tratando de salvarse él mismo. Aunque se había acercado más y más a la luz, finalmente descubrió un obstáculo impasable entre él y la libertad, cerrando el camino a la vida y atrapándole para una muerte cierta.

De manera similar, el hombre se encuentra irremediablemente atrapado bajo los cascotes de una vida vivida para sí mismo. Isaías escribió acerca de esta actitud egocéntrica: «Todos nosotros nos descarriamos como ovejas, cada cual se apartó por su camino» (Isaías 53:6a).

Ignorar a Dios, ya por un rechazo directo de Dios y de Sus caminos, ya por simplemente ni siquiera preocuparse por prestar atención a lo que Él tiene que decirnos, significa ir «por nuestro propio camino.» El resultado de ambas actitudes es el mismo: separación de Dios. Considera lo siguiente:

> Por cuanto todos pecaron, y están destituidos de la gloria de Dios (Romanos 3:23).

La palabra *pecado* puede que traiga a tu mente listas de normas y prohibiciones. Pero esta palabra viene en realidad de una palabra griega de la disciplina del tiro al arco, empleada para medir la distancia entre la diana y el punto de llegada de la flecha del arquero. A la distancia se le llama «pecado». Literalmente, era la medida de la magnitud por la que el arquero había errado el tiro.

La «diana» para la humanidad es el carácter perfecto de Dios. La Biblia se refiere a Su carácter como santo, impecable y justo. Él es aquel en quien no hay tacha ni imperfección. Y la vida de cada persona tiene que quedar medida frente a esta perfecta norma, ejemplificada por la vida de Cristo. Y cada persona, al pedirse según el perfecto ideal de Dios, se da cuenta de que ha errado el blanco. No sólo una vez, sino que una y otra vez el hombre queda lejos de la diana.

Dándose cuenta de su imperfección, muchos comienzan a trabajar incansablemente en su esfuerzo por hacerse «aceptables delante de Dios». Pero sus esfuerzos son inútiles. La barrera del pecado crea un obstáculo humanamente insuperable entre ellos y Dios. Así como Vera Rodríguez encontró una losa de cemento y acero que le cerraba la salida, así también nosotros encontramos que nuestro pecado y naturaleza imperfecta constituyen una barrera impenetrable entre nosotros y Dios. Ninguna cantidad de «buenas obras» humanas ni de «esfuerzos religiosos» pueden eliminar las consecuencias del pecado.

El resultado del pecado se ve en Romanos 6:23: «Porque la paga del pecado es muerte.» Aquí, *muerte* se refiere a una separación espiritual de Dios.

Si nuestros pecados han creado un obstáculo humanamente insalvable, ¿quién entonces puede eliminar la barrera del pecado y rescatarnos?

El rescatador

El cristianismo es el verdadero relato del rescate personal que Dios hace del hombre. Lo que el hombre no podía hacer por sí mismo, Dios lo ha hecho por él. Por medio de la persona de Jesucristo, Dios ha provisto la vía de escape.

> Mas Dios muestra su amor para con nosotros, en que siendo aún pecadores, Cristo murió por nosotros» (Romanos 5:8).
>
> Al que no conoció pecado, por nosotros lo hizo pecado, para que nosotros fuésemos hechos justicia de Dios en él (2 Corintios 5:21).
>
> Jesús le dijo: Yo soy el camino, y la verdad, y la vida; nadie viene al Padre, sino por medio de mí (Juan 14:6).
>
> Y en ningún otro hay salvación; porque no hay otro nombre bajo el cielo, dado a los hombres, en que podamos ser salvos (Hechos 4:12).

Como ya hemos visto antes, la consecuencia del pecado es la muerte. El pecado exige un pago. Estos versículos nos dicen que Cristo vino a ser el pago personal por nuestros pecados. Jesucristo es la única provisión de Dios por el pecado del hombre. Murió en nuestro lugar en la cruz para abatir la barrera que nos separaba de Dios. Y resucitó de la tumba después de tres días para derrotar la muerte y ofrecer la vida eterna a todos los que creen en Él.

Jesucristo, el hijo de Dios, vino a la tierra para entregar el mensaje de Dios de amor y salvación para la humanidad. Cristo dijo: «Yo soy la puerta; el que entre por medio de mí, será salvo.» (Juan 10:9).

Cristo nos ha abierto a cada uno de nosotros una vía de escape. Pero sólo «saber» que Cristo nos ofrece una vía de escape del pecado y de la muerte no es suficiente. Se trata de algo más que de un reconocimiento intelectual de Su enseñanza, vida, muerte y resurrección.

Entonces, ¿qué se necesita? ¿Cuál debería ser tu respuesta?

Tu respuesta

La única posible respuesta de Vera Rodríguez ante la insuperable barrera fue clamar pidiendo auxilio. Se dio cuenta de que no podía salvarse a sí mismo. De la misma manera, debes llegar a la conclusión de que eres impotente para eliminar la barrera del pecado —tu clamor a Dios ha de ser un clamor de dependencia en la fiabilidad de Dios para salvarte. Él oirá tu clamor de fe —Él eliminará el obstáculo del pecado. Pero *tú* debes creer. Cristo dijo:

> De cierto, de cierto os digo: El que oye mi palabra, y cree al que me envió, tiene vida eterna; y no vendrá a condenación, sino que ha pasado de la muerte a la vida (Juan 5:24).

Aquí, Cristo promete sacarnos de la posición de separación de Dios (muerte), y ponernos en una nueva relación con Dios dándonos vida eterna. Pero la creencia es aquí algo más que un mero asentimiento mental; es un compromiso de confianza y creencia de que Cristo verdaderamente pagó por nuestros pecados en la cruz para sacarnos de la muerte a la vida (una relación personal con Dios).

Tu fe no significa que estás obrando tu camino al cielo y a una relación con Dios. No son nuestros esfuerzos humanos ni nuestra bondad lo que nos lleva a una recta relación con Dios, sino nuestra fe en Su promesa de salvarnos. La Escritura habla claramente: «Porque por gracia habéis sido salvados por medio de la fe; y esto no proviene de vosotros, pues es don de Dios; no a base de obras, para que nadie se gloríe» (Efesios 2:8, 9). Y otra vez en Juan 1:12: «Pero a todos los que le recibieron, a los que creen en su nombre, les dio potestad de ser hechos hijos de Dios.»

Recibir a Cristo significa volverse de uno mismo y de sus pecados a Dios (arrepentirse) y depositar la fe en Cristo para perdón de los pecados. Quizá en este momento estés diciendo: «Ya lo sé, todo esto. Lo he oído antes.» Pero, ¿has hecho tu propia entrega personal a la persona de Jesucristo?

De la misma manera que un matrimonio comienza cuando dos personas se entregan en un compromiso personal, así es con nuestra relación con Dios. Ninguna cantidad de conocimiento acerca de tu futuro cónyuge hará de él eso, tu cónyuge. Es sólo cuando las dos personas pronuncian personalmente sus votos matrimoniales el uno al otro que se convierten en marido y mujer.

Las siguientes seis preguntas pueden ayudarte a clarificar cuál es tu necesidad en este momento:

1. ¿Quieres conocer a Dios de una manera personal?
2. ¿Comprendes que eres impotente para establecer una relación recta con Dios por ti mismo?
3. ¿Estás dispuesto a volverte de tu pecado (arrepentirte) y volverte a Dios para seguirle?

4. ¿Te das cuenta de que *necesitas* la provisión de Cristo para tu pecado?

5. ¿Estás inseguro acerca de dónde pasarás la eternidad si mueres en este momento?

6. ¿Querrías poder llamar a Dios tu «Padre Celestial»?

Si has respondido que sí a las preguntas anteriores, puedes verdaderamente ser «rescatado» ahora por la fe.

Una de las formas que Dios nos ha dado para expresar nuestra fe y confianza en Él es mediante la oración. La oración es sencillamente hablar con Dios, y es una manera de poner nuestra fe y total dependencia sobre el hecho de que lo que Dios ha dicho es cierto. ¿Por qué no expresas tu necesidad de Dios para salvarte ahora mismo poniendo tu fe en Su Hijo Jesucristo?

Lo que sigue es una sugerencia de oración (es esencial tu fe en la promesa de Dios):

> Señor Jesús, ayúdame. Necesito que me salves de mis pecados. Gracias por morir en la cruz por todos mis pecados. Ahora pongo en ti toda mi fe y dependencia para que perdones mis pecados y me des la vida eterna. Vive en mí ahora, y comienza a transformarme en la persona que Tú quieres que sea. Gracias por oír y responder a esta oración.

Si has orado esta oración y has puesto tu fe en Jesucristo como tu Señor y Salvador, entonces tenemos una información gratuita que querríamos enviarte. Escrita por el doctor Bill Bright, presidente y fundador de la *Cruzada Estudiantil y Profesional para Cristo*, explica de manera más plena cómo puedes crecer como cristiano. Por favor, escríbenos:

Dennis y Bárbara Rainey
Campus Cruzade For Christ
P. O. Box 23840
LITTLE ROCK, AR 72221
Estados Unidos de Norteamérica

Cuando depositaste tu fe en Cristo para salvarte, recibiste el don de la vida eterna. Contempla la siguiente promesa de la Escritura:

> Y éste es el testimonio: que Dios nos ha dado vida eterna; y esta vida está en su Hijo. El que tiene al Hijo, tiene la vida; el que no tiene al Hijo de Dios no tiene la vida. Estas cosas os he escrito a vosotros que creéis en el nombre del Hijo de Dios, para que sepáis que tenéis la vida eterna (1 Juan 5:11-13).

Mírate otra vez estos versículos. ¿Qué tienes como resultado de creer en Cristo?

¿Cuán *seguro* estás de que tienes vida eterna? Respuesta: Puedes *saber* que tienes la vida eterna sobre la base de la promesa de Dios. Jesucristo vive ahora en ti.

Una última palabra: ¿Por qué no le cuentas hoy a tu cónyuge acerca de tu decisión de confiar en Cristo? En Romanos 10:9a, Pablo nos alienta a que confesemos con nuestra boca «que Jesús es el Señor.» Compartir con otro acerca de tu compromiso con Cristo afirmará tu decisión.

Lo mismo que Vera Rodríguez, que fue rescatado de una tumba de cascotes físicos, los que hemos puesto nuestra confianza en Cristo hemos sido rescatados de los cascotes del pecado, y verdaderamente hemos «nacido de nuevo». Hemos experimentado el poder liberador de Cristo sobre el pecado y el egoísmo en nuestras vidas.

Esperamos que tú también.

> Yo soy la luz del mundo; el que me sigue, de ningún modo andará en tinieblas, sino que tendrá la luz de la vida.[2]

1. «El Temblor!» Tragedy in Mexico City,» (UPI), *Reader's Digest* (Enero 1986), págs. 63-64.
2. Juan 8:12.

Para mayor información sobre la forma de llevar una vida abundante en Cristo, le rogamos que se ponga en contacto con nosotros en alguna de las siguientes direcciones:

Agape
Diputación 113, esc. D, entlo. 3ª
08015 Barcelona
ESPAÑA

Cruzada Estudiantil y
Profesional para Cristo
en América Latina
Apartado Postal 99-057
México 20, D.F.
MÉXICO

Cruzada Estudiantil y
Profesional para Cristo
Apartado 1897
Santo Domingo
REPÚBLICA DOMINICANA

Vida Para Colombia
Apartado Aéreo nº 1
Cali, Valle
COLOMBIA

Cruzada Estudiantil y
Profesional para Cristo
Casilla 4990
Quito
ECUADOR

Cruzada Estudiantil para Cristo
Apartado Postal 1784
Guatemala
GUATEMALA

Vida Para Todos
Apartado 1461
Valencia, Estado Carabobo
VENEZUELA

Cruzada Estudiantil para Cristo
Casilla 160, Suc. 12
Buenos Aires
ARGENTINA

Publicaciones Vida Para Todos
P.O. Box 1576
San Bernardino, CA 92402
ESTADOS UNIDOS

de FAMILIA a FAMILIA

¿HAY AHORA UN ASPECTO CON MÁS NECESIDAD EN NUESTRO PAÍS QUE LA FAMILIA?

Hay múltiples factores que influencian a la familia de hoy: valores humanísticos, materialismo, padres solteros, estilos de vida desequilibrados, presiones económicas, la carrera por el éxito, pluriempleo... El resultado de estas influencias al margen del fundamento cristiano bíblico ha llevado consigo a un alto nivel de divorcios y separaciones con todas sus secuelas en las personas involucradas, particularmente en los niños.

¿COMO SERAN LAS PROXIMAS GENERACIONES DE FAMILIAS SIN CONOCER EL PLAN DE DIOS PARA EDIFICAR UN HOGAR?

En respuesta a esta necesidad y reto nació De Familia a Familia, una iniciativa de matrimonios y familias cristianas cuyo propósito fundamental es ayudar a mejorar y fortalecer a las familias en todas partes, desde una perspectiva cristiana bíblica.

Nuestro programa incluye:

- **CONFERENCIAS DE VIDA MATRIMONIAL.** Un fin de semana inolvidable.
- **SEMINARIOS DE ORIENTACION AL MATRIMONIO.** Cursillos intensivos para aquellas parejas que se van a casar.
- **ESCUELA DE PADRES.** Fines de semana para mejorar el ser padres de familia.
- **GRUPOS DE HOGAR.** Círculos familiares o grupos pequeños que se reúnen periódicamente por los vecindarios, iglesias, comunidades, etc., para buscar los principios bíblicos y las soluciones prácticas planteados por la dinámica matrimonial y familiar de hoy en día.
- **CENTRO DE RECURSOS FAMILIAR.** Materiales, asesoramiento, documentación, libros...

¿QUE IMPACTO PUEDE TENER SU VIDA Y SU MATRIMONIO SI SE UNE A UN EQUIPO COMPROMETIDO A AYUDAR A CONSTRUIR FAMILIAS SOLIDAS?

Las familias de nuestro país necesitan desesperadamente conocer y entender el propósito de Dios para ellas. Tomando una acción determinada, usted puede tener una parte fundamental en cambiar el destino de la familia en su país.

MARQUE LA DIFERENCIA.
SEA UN "CONSTRUCTOR" DE HOGAR

La necesidad de las familias es tan apremiante que ha llegado el momento para que los matrimonios y familias cristianas tomen la iniciativa de involucrarse en el gran privilegio y tarea urgente de construir, reconstruir, mejorar, fortalecer e influenciar a los matrimonios y a las familias de esta generación dejando una herencia estable para el futuro.

Para España y Europa, escribir a:
DE FAMILIA A FAMILIA
Diputación, 113-115, Esc. D., Entlo. 3ª
08015 BARCELONA (España)
Tel. 93-323 0662 Fax 93-453 0915

Para Estados Unidos (hispano) escribir a:
MINISTERIO HISPANO FAMILIAR
P.O. BOX 790608
San Antonio, Texas 78279-0608 (U.S.A.)
Tel. 1-800-488-8432

Para Estados Unidos (inglés) escribir a:
FAMILY MINISTRY
P.O. BOX 23840
Little Rock, Arkansas 72221-3840 (U.S.A.)
Tel. 1-501-223-8663

DE FAMILIA A FAMILIA, MINISTERIO HISPANO FAMILIAR, FAMILY MINISTRY son un servicio de AGAPE (Cruzada Estudiantil y Profesional para Cristo).

HOJA DE SOLICITUD

Si este libro ha sido de ayuda para usted y quiere recibir más información, rellene esta hoja y envíela a la dirección más próxima a su país.

- ❑ Mi opinión sobre el libro es:

  ....

  ....

  ....

  ....

- ❑ Deseo asistir a una Conferencia de Vida Matrimonial.

- ❑ Quisiera recibir más información sobre:
  - ❑ Seminarios de Orientación al Matrimonio
  - ❑ Escuela de Padres
  - ❑ Grupos de Hogar
  - ❑ Centro de Recursos Familiar

- ❑ Estoy interesado en recibir información regular de libros y materiales relacionados con el tema general de la familia.

(Escribir a máquina o en mayúsculas)

Nombre: ______________________________

Dirección: ______________________________

Código Postal: ____________ **Ciudad:** ______________

País: ______________ **Teléfono:** ______________

Status:

❑ **Pastor / Líder Iglesia** ❑ **Profesional / Empresario**

❑ **Obrero / Empleado** ❑ ....

Cortar y enviar a: DE FAMILIA A FAMILIA *o* MINISTERIO HISPANO FAMILIAR